高等学校“十三五”学前教育专业规划教材

中外学前教育史

（第二版）

主　编　王宜鹏　夏如波
副主编　耿俊霞　钱　慧

南京大学出版社

图书在版编目(CIP)数据

中外学前教育史 / 王宜鹏，夏如波主编. —— 2 版
. — 南京 ：南京大学出版社，2018. 6(2023. 1 重印)
高等学校“十三五”学前教育专业规划教材
ISBN 978 - 7 - 305 - 19770 - 3

Ⅰ. ①中… Ⅱ. ①王… ②夏… Ⅲ. ①学前教育—教育史—世界—高等学校—教材 Ⅳ. ①G619. 1

中国版本图书馆 CIP 数据核字(2017)第 317774 号

出版发行　南京大学出版社
社　　址　南京市汉口路 22 号　　　　邮　编　210093
出 版 人　金鑫荣

书　　名　中外学前教育史(第二版)
主　　编　王宜鹏　夏如波
责任编辑　丁　群　钱梦菊　　　　编辑热线　025 - 83597482

照　　排　南京南琳图文制作有限公司
印　　刷　江苏凤凰通达印刷有限公司
开　　本　787×960　1/16　印张 12.75　字数 240 千
版　　次　2023 年 1 月第 2 版第 6 次印刷
ISBN　978 - 7 - 305 - 19770 - 3
定　　价　35.00 元

网址：http://www.njupco.com
官方微博：http://weibo.com/njupco
微信服务号：njuyuexue
销售咨询热线：(025) 83594756

第二版前言

2012年尾，应南京大学出版社之约，参与了他们“高等学校‘十二五’学前教育专业规划教材”系列中《中外学前教育史》的编写工作。由于出版社要求本教材要在2013年度出版，编写工作在2013年初匆匆忙忙地开始了。在出版社的一再督促之下，编写组同仁加班加点，教材终于于2013年11月仓促付梓。虽然算是勉强完成了任务，由于时间比较匆忙，内心一直忐忑。后出版社告知，这本匆忙中编写的教材在使用中竟然意外地得到很多学校的欢迎，以至于多次印刷，售出了万余册。编写组得知这一消息，一则以喜，一则以惧：喜的是自己的工作得到了别人的承认；惧的是由于水平有限，时间又较仓促，怕难免灾梨祸枣之讥。

就在喜忧参半之时，出版社给了我们改正自己错误的机会。由于本教材在编写体例上尚有可取之处（其实这完全是出版社的功劳），出版社决定重新出版。利用这次再版的机会，我们对书稿认真校阅了一遍，对一些错字、漏字、语句不通现象做了订正；在本教材的第八章增加了“当代西方学前教育的发展趋势”作为第三节。虽然由于水平的限制，未能对教材做大的调整，只做了些修修补补的工作，但聊胜于无，总算是可以安慰一下自己了。

在修订过程中，得到了南大出版社工作人员的很多帮助，尤其是钱梦菊、丁群二位同志不厌其烦地一再提醒，对于我们能按时完成修订任务起了很重要的作用。在此，对她们表示衷心的感谢！

教材中的错误及不足之处依然在所难免，希望能继续得到使用者和同行专家的批评指正。

是为前言。

编　者

2018年1月

目 录

第一章　原始社会的幼儿教育

原始社会是人类历史发展的第一阶段，经历了数百万年漫长的历史时期。由于缺乏文字记载，对这一时期幼儿教育的研究，主要通过考古学者发掘的文物资料及人种学者对现存的、具有原始性的民族的教育活动进行的观察与描述来推断。少数古代典籍对原始社会的追记也可提供若干材料。

第一节　我国原始社会的幼儿教育

一、原始社会儿童的社会公育

在原始社会，学校尚未产生，自然也不可能有学前机构教育，但是这并不意味着此时没有对年幼儿童实施教育。事实上，在原始社会中一直存在着以社会公育形式进行的儿童教育。

在原始社会，由于生产资料公有，没有阶级，没有家庭，所有的成员在以血缘关系为纽带组成的集团中，在平等互助的基础上进行着集体的生产与生活活动，因此对儿童的教育也是由整个群落承担的。

《礼记·礼运》中说："大道之行也，天下为公……故人不独亲其亲，不独子其子。"这也反映了当时并不注重父母与子女的关系。由此可见，最早的幼儿教育是一种"公育"。

在原始社会，对儿童实施社会公育，其教育内容均与儿童今后将要参加的集团内共同的生产和生活实际密切相关。除了生活和劳动教育外，原始社会对儿童的公育内容还包括思想教育，主要是道德教育和宗教教育。通过道德教育，可以使儿童从小学会遵守氏族公社成员间待人处事的规范，养成照顾、赡养老人的观念和敬重、服从家族族长的思想；通过宗教教育，不仅能使新生的一代养成宗教意识和情感，而且能使儿童在参加宗教祭祀活动中学到一些生产知识、历史传说、自然常识，如让儿童参加自然崇拜性质的祭日活动，无形中便把太阳与万物生长的关系，以及靠太阳定时间、定方向等知识传授给下一代。

在原始社会后期，确切地说大约在五帝时期（公元前2700年左右），我国原始社会进入了部落联盟与军事民主制阶段，也就是即将跨入阶级社会时期，这时产生了名为“庠”的教育机构。据史料记载，“庠”是虞舜时代的学校名称，如《三礼义宗》中说：“虞氏之学名庠。”但从严格意义上说，“庠”还只能算作学校的雏形，是原始社会养老和实施儿童公育的机构或场所。在原始社会，教养新生一代的任务主要由老年人承担，因此“庠”后来又具有对幼儿进行保育和教养的功能。并且，随着社会的向前发展，这种功能越来越占据主要地位，使其成为学校的萌芽，抑或是对儿童实施社会公育的专门机构。

二、原始社会幼儿教育的特点

原始社会是我国幼儿教育发展史上的初期阶段，该阶段幼儿教育的主要特点如下：

(1) 对儿童实施社会公育。

(2) 原始部落的老人是原始社会儿童教育工作的主要承担者。

(3) 原始社会儿童教育的内容是多方面的，是与儿童日后将要进行的生产、生活实际密切相关的。

(4) 原始社会儿童教育的方法，主要是采取口耳相传、在实践活动中进行教育等方法。

第二节 其他地区原始社会的幼儿教育

一、幼儿教育的形式

在人类历史的最初阶段，没有一夫一妻制的家庭（因为当时小家庭没有条件成为生产单位）。在这种情况下，部落内实行儿童公有和儿童公育。在原始社会发展的不同时期，有关情况则不尽相同。

在前氏族时期，老年人对儿童的教育起着特殊的作用。这一时期的劳动，还无男女两性的分工。成年男女都外出猎捕野兽，老人体弱不能胜任捕猎，于是便留下来照顾儿童。

到了母系氏族社会，男女两性分工加强，这种分工也明显地反映在教育的实施上。男女儿童在8岁之前，不分性别地生活在一起，统一由妇女负责照管。一个婴孩属于共同喂奶并一起照护所有儿童的全体母亲们，不管她们同男孩的个人关系如何。8岁以后，男孩由成年男子指导，学习男子应做的事情；女孩则由妇女教导，学习女子应尽的职责。

当历史进入父系氏族阶段，儿童的教育改由以父系为主的大家庭来承担。以往在母系氏族时期，女子处于主导地位，儿童"但知有母，不知有父"；到父系氏族时期，形成以男子为核心组成的多妻大家庭。儿童在幼儿期一般全是由大家庭中的成年妇女教导的，但在施行某些严格训练时，生母的弟兄予以协助，祖父和外祖父也来帮助。在这种制度下，儿童感到全家男女成人都是可以依赖的，必须服从他们的教导。这种情况在美洲印第安人中可以看到。"大家庭"与现代家庭不同，由它负责儿童教育的任务，仍然具有公育的意味。

由于儿童公有和儿童公育的传统，原始社会的所有儿童都享有平等的教育权利，都在氏族无偏无私的教导下，成长为合格的成员。

二、幼儿教育的内容

原始社会幼儿教育的内容是多方面的，概括说来主要包括以下三个方面。

1. 社会道德教育

幼儿生活在复杂的血缘关系和氏族部落中。从孩提时代开始，他们就接受一般的社会方面的训练。以美洲印第安人为例，他们的这项教育内容包括：① 认识各种亲属和血缘关系，如夫妻、父子、母子、母女、兄弟、姐妹、姐弟、兄妹等。第一代就有8种关系，第二代发展到33种，到第三代，这种血缘亲属关系增加到151种。这是一种按几何级数增加的血缘关系。② 取得家庭成员资格，并严格遵守家庭的惯例，接受家庭的传统，尽到对家庭的责任。具体而言，诸如氏族部落的成训礼法、历史传说、风俗习惯、禁忌、图腾崇拜等均构成教育内容。总之，适应这密密层层的家庭关系和社会关系，是儿童应接受的第一课。这一课不学成，就无法生存在这个以血缘关系为基础的社会之中。此类学习自幼年开始，直至长大成人，其目的在于养成氏族、部落或大家庭的自豪感、责任感，以及忠于氏族和部落、肯为集体而奋斗和牺牲的精神。

2. 生产劳动教育

在原始社会中，生活和劳动浑然一体，儿童自幼年起就从旁观察成年人的生产劳动，并在游戏中模仿这些生产劳动。根据人种学者的报告，每当成年人制造器具、设陷阱捕兽、养育动物或播种收割时，儿童就从旁观察并在游戏中模仿这些生产劳动。以后随着年龄增长，儿童逐渐由观察模仿者成长为一个帮手，再成长为独立的劳动者。

3. 宗教教育

在原始社会中，儿童在文化学习上有其局限性，但精神成长并未被忽略。他们通过参加崇拜氏族神的活动(有时和图腾崇拜或其他社会道德教育交织在一起)，启发了想象力。由于宗教和其他原因而产生的音乐、舞蹈、绘画和体育竞技等，也丰富了儿童的精神生活。

三、幼儿教育的方法

在原始社会中，对幼儿的教育或幼儿的学习活动，均是在社会生活和生产劳动过程中进行的。

幼儿教育的一种方法是在游戏中模仿成年人的行为。以生产劳动为例，非洲儿童以模仿成人设陷阱猎兽为游戏，美洲爱斯基摩儿童以仿照母亲为玩具娃娃做衣物为游戏，亚马孙河谷的儿童以仿制陶器为游戏，维达的儿童以爬山、模仿采蜜为游戏。游戏为儿童学习和掌握实际劳动的能力提供了机会。等到适当年龄，他们就要到现场由观察者逐步成为合乎规格的劳动者。除生产劳动外，有关社会生活、宗教生活等方面的学习，也都是如此。

长辈的解说、训诲和启发、诱导，同样也是原始社会中对幼儿进行教育的重要方法。这种方法在社会道德的培养方面尤为明显。以美洲印第安人为例，每到天寒季节，合家老少都围着火炉听父辈或祖辈讲述氏族传统和历史故事，有时一个故事连续讲述数夜之久。这些故事通常十分有趣，儿童听得心醉神迷，有时讲到精彩情节，合家老少鼓掌欢腾。而且，长辈不只讲述故事，还时常对故事中的情节进行分析评价，并且让儿童在第二天复述，目的是要使儿童牢记在心。

原始社会对儿童的教育，经过长年累月的教育实践，也摸索出一些比较成熟的教育技巧。例如，印第安的苦美族人就会利用激励、警告、申斥，或用奖品、赞誉分别作为引发儿童学习动机或鼓舞优良成绩的手段，利用示范、解说、表演作为指导学习的方法；其他印第安民族也以奖励、特权、赐名等办法鼓励学习和行为优良的儿童。

综上所述，原始社会的幼儿教育具有如下主要特点：

(1) 对儿童实行公有公育，教育无阶级性，人人享有平等的教育权。

(2) 为社会关系的需要和生产劳动的需要而培养儿童，始终保持学用结合。

(3) 没有专门的教育机构，在一般社会实践中附带进行教育。

(4) 教育的内容具有多方面性。

原始社会的教育为历史条件所制约，具有原始性，尤其在文化学习上有其局限性。此外，还保留着不少诸如弃婴、杀婴等落后的习俗，因此不宜将其理想化。但这种教育是符合并满足当时社会经济和文化对年幼一代的要求的，因而对推动人类社会的发展做出了贡献。

第二章　古代幼儿教育

第一节　古代东方的幼儿教育

人类由原始社会进入奴隶社会是由古代东方率先开始的。人类进入阶级社会后，幼儿教育发生了很大的变化。下面简要介绍古代东方几个奴隶制国家奴隶主及自由民阶层幼儿教育的概况。

一、古代埃及的幼儿教育

在古代埃及，幼儿教育主要在家庭中进行，由母亲负抚育教子之责，子女们主要在日常活动中接受教育，并常以玩具做游戏。这些玩具包括带毒牙的鲜鱼、双臂能动的木偶等，不少玩具构思奇巧，有较高的制作水准。男孩稍长，即转由父亲教育。由于从事僧侣、建筑师、木乃伊师等职务的人往往世代相袭，故在家庭中常以父子相承的方式传授专业知识或相应技能。

在古王国和中王国时代，法老王所居住的王宫成为王公贵族的活动中心。其五六岁以上的子弟亦可出入宫廷，与法老的子孙共同嬉戏或学习。据说，有时法老也以和他们游戏为乐，并派官员进行教育。

约在公元前 2500 年，埃及出现了有史记载的最早的学校。该学校年满 5 岁儿童可入学，初级阶段以文字书写为主课，严格要求 5～10 岁儿童整日刻苦练习；开始时，由教师示范写字，继而临摹，以后还需抄录格言或故事；在学校中，可以施行灌输与惩戒，教师施行体罚被视为正当合理行为。古代埃及谚语说："学神把教鞭送给人间"，"男孩的耳朵是长在背上的，打他他才听"。有的人甚至将教育比作驯兽，把教鞭当作教育的同义词。

二、古代希伯来的幼儿教育

古代希伯来位于现在的西亚，为现代犹太人祖先的居住之地。希伯来人将妇女生孩子看作上帝的恩赐。他们盼望生孩子，尤其渴望生儿子，因为儿子长大后可以增加财富，扩大家族的规模，并能保持祖传遗产。按照希伯来习俗，婴儿出生后要用盆水擦洗。希伯来幼儿一般由母亲哺乳，3 岁时才断奶。

希伯来盛行以父权为主的家长制。犹太教《摩西十诫》中明确规定妻为夫之财产，受丈夫的严格约束；子女亦须听命于父母。希伯来经典称："我儿，要听你父亲的训诲，不可离弃你母亲的法则。"男孩稍大，须交给父亲管教，父训就是法律。希伯来经典要求以色列人的父亲"殷勤教训你的儿女"，"无论你坐在家里、行在路上、躺下、起来，都要谈论"，并称这是出自上帝的"律例诫命"。

希伯来人一般以家庭作为子女受教育的场所，父亲既是家庭的祭司，又是孩子的教师。父亲的管教颇为严格，棍打、鞭抽并不鲜见。希伯来人认为儿童生来愚昧无知，本性向往堕落，故须严加管教和约束。

在经过先知摩西的改革之后，希伯来的家长制具有较多的民主色彩，儿童在家庭中的地位上升，在家庭教育中注重父子之间的亲密感情和说服感化。犹太教仅次于《希伯来圣经》的经典《塔木德》规定：子女并非父母私有物，而是未来的天国公民，他们赋有独立的人格；要求家长"努力理解儿童，唤起他的兴趣，赢得他的积极同情"，为儿童提供玩具，乃至与儿童共同游戏娱乐。在儿童观及幼儿教育方法上，古代希伯来有其独到之处。因为一般古代国家的家长制都给予父亲以绝对尊严，掌握子女的生杀之权，而这种严父在希伯来逐渐为慈父所代替。希伯来的父亲虽有权惩戒和体罚其子女，但实际上常采取积极影响的手段。在先知运动的影响下，希伯来儿童的待遇不断改善。当时地中海区域的其他国家（如希腊的斯巴达）盛行弃婴之风，但这一现象在希伯来却很少见。希伯来的这一风气通过后起的基督教传入罗马，改变了弃婴的坏风俗。

在教育内容上，由于希伯来人视信神为天经地义，故家庭教育以培养宗教信仰为最重要的目标。希伯来人极为重视早期教育，《圣经》中所记载的最著名的先知以赛亚主张婴儿断奶时就应开始受教育。犹太哲学家斐格甚至要求婴儿在被袱中就应知道上帝是宇宙间唯一的神和创造者。家长主要以可视为上帝意旨的《圣经》去教导子女。这种经典学习并不重知识传授，而重宗教信仰和宗教感情的陶冶，是道德的而非理性的训练。此外，由于希伯来人持有"不信上帝即属罪恶，而无知的愚人乃是不能真正侍奉上帝的"这种信念，因此，在儿童教育中，作为宗教教育的附带，也教授简单的文化知识以及民族传说和祖先的训诫。至儿童稍长，家庭还对男孩进行职业技能的传授。

希伯来的女孩子基本上由母亲管教，主要的目的就是将其培养为贤妻良母。

三、古代印度的幼儿教育

在公元前2000年前后，印度河流域出现了奴隶制城邦国家。从公元前1000年到公元前600年，逐渐形成了一套严格的等级制度——种姓制度。这种制度把人分为四个等级（种姓），依次为婆罗门、刹帝利、吠舍和首陀罗，其中前两种为高级种姓。

在古印度，教育以维持种姓压迫和培养宗教意识为核心任务，《吠陀经》被当作统治阶级信奉的经典，为教育提供了主导思想。

在各等级中，婆罗门作为最高级的种姓，所受的教育体系比较完备。婆罗门在吠陀时期，以家庭作为对儿童施教的场所。儿童3～5岁，经过剃度礼，开始接受家庭教育，教育内容包括养成日常生活习惯的规则。母亲在儿童的早期训练中担任重要角色，家庭教育的另一项重要内容是学习《吠陀经》。当时盛行家长制，父亲作为全家的统治者，决定子女的命运，有权出卖甚至处死子女。子女的教育更属父权范围。为保持种姓的世袭，父亲必须在家指导子女记诵《吠陀经》。这种神学学习从儿童幼年开始，直到成年取得僧侣资格后才可结束。《吠陀经》的学习极其艰巨，要求儿童耗费大量的精力和时间。其他种姓的子弟则要减少《吠陀经》的学习数量，抽出时间学习与军事或实际有关的知识。

第二节　中国奴隶社会的幼儿教育

一、学前教育计划的制订

公元前11世纪是我国奴隶社会鼎盛的西周时期，当时人们已经能够按照婴幼儿年龄来制定循序渐进、有条不紊地实施学前教育的计划。其记载见于《礼记·内则》一文中。具体安排如下：

> 子能食食，教以右手。能言，男唯女俞。男鞶革，女鞶丝。六年，教之数与方名。七年，男女不同席，不共食。八年，出入门户及即席饮食，必后长者，始教之让。九年，教之数日。十年，出就外傅，居宿于外。学书计。

这是一个比较系统的家庭教育计划。《礼记·内则》中记载的学前教育计划作为我国教育史上最早的关于学前教育的记录，不仅是当时学前教育发展的一个标志，而且对封建社会的学前教育实施产生了一定的影响。

二、宫廷学前教育

（一）宫廷学前教育的重要意义

在古代君主专制制度的统治下，君主是天下唯一的主宰者，有“普天之下，莫非王土；率土之滨，莫非王臣”之说。君主的意志就是最高的法令，是臣民必须依从的。在这种情况下，君主本人的素质如何，是决定国计民生的首要因素。在一个“明主”的统治下，可以出现“太平盛世”的繁荣昌盛局面；相反，一个暴君或昏君，则能导致政治腐败、民不聊生，甚至国破家亡。因此，古代的学者在提倡以德治国的宗旨下，尤其重视君主教育，特别是君主接班人——太子的教育。

在这种情形下，由朝廷派人对未来王权继承人——太子进行早期的学前教育，使其德性趋向完善，是至关重要的大事。由此可见，加强宫廷学前教育具有政治与教育的双重意义。

（二）保傅制度

所谓的保傅制度，是指朝廷内设有专门的师、保、傅官以对君主、太子进行教谕的制度。据史料记载，早在西周以前，就曾设置太师、太傅和太保的官职，合称“三公”；它们的副职分别是少师、少傅和少保，合称“三少”，这类官员统称为师傅、师保或保傅。“三公”对太子实施教育时有着明确的分工，其中，“保，保其身体；傅，傅之德义；师，道之教训”。保其身体，即负责身体的保育；傅之德义，即负责培养道德；道之教训，即进行文化知识及统治经验的传授。可见，师保之教的内容是较全面的，包括了德、智、体三方面的内容。

（三）“备三母”制

所谓的“备三母”制，是指在后宫挑选女子担任乳母、保母等以承担保育、教导太子、世子事务的制度。根据《礼记·内则》记载，太子、世子出生后不久，即“异为孺子室于宫中，择于诸母与可者，必求其宽裕、慈惠、温良、恭敬、慎而寡言者,使为子师,其次为慈母,其次为保母,皆居子室。他人无事不往”。子师、慈母、保母合称“三母”,她们分别承担母亲的部分职责,其中,“师,教以善道者;慈母,审其欲恶者;保母,安其寝处者”。总之,由她们共同负责太子、世子德性的培养和日常生活起居的料理。

除“三母”外,还要从大夫之妾或士之妻中选择乳母以哺育世子。乳母哺育世子至三岁断奶,然后出宫,国君通常要给予厚赏。特别是太子即位后,为报答哺育之恩,封乳母以厚禄显爵更是常见之事。

三、早期胎教的实施

我国是世界上最早提出胎教的国家。所谓的胎教就是在母亲怀孕期间所采取的一系列自我和外部的措施,用以对胎儿施加特定的影响,这是一种重要的早期教育措施。

据史料记载,我国实施胎教的历史,可以上溯到距今两千多年的西周时期。最早实施胎教的是西周文王的母亲太任。根据《列女传》记载,太任自妊娠后,“目不视恶色,耳不听淫声,口不出敖言,能以胎教”。贾谊《新书·胎教》篇中也记载:“周妃后妊成王于身,立而不跛,坐而不差,笑而不喧,独处不踞,怒而不骂,胎教之谓也。”《韩诗外传》记载,孟子母亲怀孕时,“席不正不坐,割不正不食,胎教之谓也。”以上三篇谈到的胎教内容都是孕妇对自身的严格要求。在古籍《表史氏之记》中则记载了母亲怀孕时的外部约束。王后怀胎七个月的时候要搬到分娩前的专门居室——“篓室”中去居住,由太师持奏乐用的律管守于右窗下,太宰持烹炊用的斗器守于左窗下,太卜持占卜用的蓍草和龟甲守于前门外。在十月分娩前的这几个月里,如果王后要听的乐曲不合礼制,太师则以“未习”而婉言谢绝;如果王后想吃的东西不合正味,太宰则回答“不敢拿这样的食品侍奉您腹内的王太子”。这是防止孕妇在不能自行胎教时所采取的外部管束,目的仍是保证避免对胎儿的不良影响。早期的胎教虽然大多数是针对君主而言的,但也有普遍的意义。

第三节 古希腊、古罗马的幼儿教育

古希腊位处地中海东部,公元前 8 世纪开始进入奴隶社会。在奴隶制形成的过程中，古希腊出现数以百计的城邦国家，其中最强大且最有代表性的是斯巴达和雅典。这两个国家虽同属西方奴隶制国家，但由于政治、经济和地理条件不同，其文化教育的发展也各有特征，并给后世以重要影响。

一、斯巴达的幼儿教育

斯巴达是一个以农业为主的奴隶制公社国家，四周群山环绕，交通阻塞。斯巴达人原系外来的入侵者，总数只有 9000 户。他们属于奴隶主阶层，不参加工商业劳动，却统治着 250 000 以上的希洛人和皮里阿西人。斯巴达人的残酷剥削和压迫激起奴隶与平民的经常性的反抗与暴动，这使得斯巴达人经常处于军事戒备状态；加之尚武的民族传统及封闭的地理环境，有关因素便决定了斯巴达教育是单纯的军体教育而忽视文化教育。

斯巴达人的教育目的是培养性格坚强、英勇善战的军人，以确保对奴隶与平民的统治，并支持对外的掠夺或防御战争。斯巴达人在其内部实行财产公有，并将对年轻一代的教育看成国家的职责。儿童属于国家所有，婴儿一出生就要受到国家长老的检视，凡体弱、畸形的，就被抛到弃婴场，合格的儿童交由父母代替国家抚养。故在斯巴达，只有强健的、可能成长为良好战士的婴儿才被允许养育成人。

斯巴达的母亲实际上是国家的保姆，她们以抚养孩子的能力而著称。斯巴达式的训练始于诞生。新生儿通常要放在酒中洗浴，斯巴达人相信这种洗浴能去除软弱，增进健康。斯巴达的母亲从不用衣物包裹婴儿，以便让婴儿的四肢能够自由运动，并增强适应力。她们还努力使婴儿知足、愉快、不哭泣、不怕黑暗、不怕独处、不计较食物、不任性、不顽皮、不高声叫喊。故自婴幼儿时期开始，孩子们便被教会忍受饥饿和痛苦。由于斯巴达妇女有高超的育儿技能，外邦人常常雇用斯巴达的保姆。当男孩长到 5 岁或 6 岁时，便常被其父亲带到斯巴达成年男子聚会或集体用膳处，通过观察成年人的活动，从而受到斯巴达生活方式的初步熏陶。7 岁以后，男孩被送入名叫“教育场”的国家公育机构，过军营生活。在教育场中，除严格的军事训练外，尤为注重性格教育，儿童们终年赤足，严冬只穿单衣，用石板做枕头，以芦苇当垫褥，吃的常常只有清汤。为了锻炼或考验儿童的忍耐力，常令他们做苦工，或借敬神为名，在神庙前鞭笞年轻人，并且不许呼号，否则可能招来杀身之祸。

据史料记载，从小经历过严酷训练和教育的斯巴达青年，个个举止庄重、态度严峻、静如处子、动如脱兔。雅典作家色诺芬在描写他们时说：“在斯巴达，从男孩那里比从石像还难得听到声音，可以说男孩比女该还要娴静寡言。”

斯巴达的教育，属于外铄论及社会本位论的典型范例。

二、雅典的幼儿教育

雅典位于希腊半岛南端，作为国家约形成于公元前8世纪。此处有优良的海港、丰富的自然资源及发达的手工业。因在地理位置上靠近埃及和腓尼基，彼此接触频繁，所以先进的东方文化源源不断地流入，从而促进了雅典科学文化的发展。

约公元前6世纪末，通过经商发迹的新兴工商贵族战胜了保守的农业贵族，确立了奴隶制度下的民主政体。在民主政治下，雅典全体公民（包括奴隶主及有公民权的平民）都拥有参加公民大会的权利，决定国家一切重要事务。这种政治体制要求雅典公民具有全面的认识与“无所不包的才能与活动”。

雅典的教育与其民主政体及社会需要相适应，不仅要训练身强力壮的军人，更要培养具有多种才能、能说会辩、善于通商交往的政治活动家和商人。为适应这种需要，在雅典的教育中，除了军事、体育以外，还有较多的智育成分。随着政治、经济的发展，在雅典人中间，逐渐形成一种身心和谐发展的教育理想。身体的教育不仅着眼于军事准备，而且注意到躯体的健美匀称、动作的灵活适度。心灵的教育在雅典又称为“音乐教育”，既包括狭义的音乐教育，也包括文字、文学等文化教育。至于宗教、道德教育，则贯穿在全部的身心教育之中。雅典的统治者认为这种教育兼顾个性与公民性两方面的要求，只有身心和谐发展的个人才能最好地履行公民的职责。

这种身心和谐发展（或称体、智、德、美多方面发展）的教育思想充分反映在雅典的教育制度中。

雅典儿童在7岁以前，由家庭负责教养。孩子的诞生对雅典人的家庭来说，通常是一件喜庆之事。婴儿出生后第5天要举行一项仪式，以向神灵表示敬意。仪式通常由奶妈或祖母主持，仪式中，家中的女性成员怀抱婴儿在燃烧着的祭坛前绕行几周。除举行仪式外，还要设宴庆祝，并在门上为女孩悬挂羊毛，为男孩悬挂橄榄树枝编织的王冠。孩子出生第7天时，为婴儿取名，并再次设宴。第40天时，孩子的名字就被注册登记在部族的花名册上。雅典有重男轻女的倾向，故男孩的出生较之女孩的出生更被看成一件值得庆贺之事。

雅典儿童在襁褓期间，通常由母亲或奶妈抚育。富裕人家喜欢雇佣斯巴达妇女，因为她们善于调教婴儿，而且身体健康、奶水充足。婴儿断奶后，则由家庭女教师照料。家庭女教师通常是一个上了年纪的、人生经验丰富的女奴。家庭幼儿教育的内容包括听摇篮曲，唱歌，听寓言、童话或神话故事，玩玩具，以及礼貌行为习惯的培养等。雅典的幼儿享有许多玩具，如娃娃、皮球、小马、小狼、铁环、陀螺、玩具车、拨浪鼓等。其中，拨浪鼓是数学家阿契塔发明的。

童话、故事和《伊索寓言》在他们的教育中占有重要的地位。儿童还时常听到母亲和女仆们做针线活时，在乐器的伴奏之下吟唱的歌曲。7岁以前，男女儿童在家庭中享受同样的教育。7岁后，女孩仍留在家中过着幽居的生活，男孩子则先后进入文法学校、弦琴学校、体操学校等各类学校学习，获得智、德、体、美和谐发展的教育。在雅典，父亲通常不关心年幼子女的教育。柏拉图在其著作《拉开斯篇》中对此进行了批评。

三、古代罗马的幼儿教育概况

古代罗马是欧洲第二个典型的奴隶制国家。一般认为，罗马文化是希腊文化的继续，但罗马文化教育相比较而言更注重实用性。

（一）罗马前期的幼儿教育情况

在罗马前期，以农业作为城邦的基础，教育的主要场所是家庭。

古代罗马以其父权的家长制著称。在公元前451—前450年颁布的罗马第一部成文法《十二铜表法》的第4条“父权法”中规定：子女乃父母的私有财产，父亲对子女有生杀予夺之权；尤其对残疾儿童，出生后应“立即灭绝”。儿童初生，要由父亲决定是留养或抛弃。弃婴的命运多半是死亡，少数较幸运的可被穷人或奴隶收养，长大后或被作为家奴使用，或被作为奴隶贩卖，丧失了自由民的资格。

在罗马的家庭中，母亲亦须顺从父亲的意志，并承担抚育子女的义务。与雅典家庭教育不同，在罗马，即使是地位显赫的家庭里，母亲也以自己能待在家里尽抚养孩子的义务为一种荣誉，不愿假手他人。由于罗马的家庭教育中母亲处于中心地位，因此男人一般都很注重择偶。

当男孩满7岁时，由母亲承担主角的女性教育便告结束。从此时起，父亲被看成是儿童的真正教师。男孩在跟随父亲外出工作或参加社会活动的过程中接受父亲的影响和教育，也有些儿童可进入学校学习文化知识。女孩子则留在家里跟随母亲学习纺织羊毛，做家务活。

除父母须承担子女的教育任务外，每个家族都要选出一位品行端正的长辈主管儿童教育。在其指导下，对孩子们的学习、工作、娱乐都做出适当安排。

据史书记载，在罗马，祖父母等长辈也可承担幼儿教养的义务。古罗马有早婚习俗，女孩子14岁就嫁人生子。此时，孩子的祖父母辈不少尚健在。倘若父亲或父母均去世，孩子的教养则可由祖父母等来承担，如皇帝韦斯巴芗是在曾祖母的教育下成长起来的，著名皇帝奥古斯都则曾教育过 5 个小外孙。

罗马幼儿教育的内容主要是有关礼貌及宗教的知识，以父亲的格言及歌谣的形式为主。加图为教子而编写的《道德格言》流传甚广，甚至对中世纪乃至近代的儿童教育都产生过相当大的影响。在共和政体后期，由于受到希腊教育的影响，罗马幼儿教育还增加了希腊语的初步知识、简单的字母书写等内容，它们是为儿童进一步的学习做准备的。

（二）罗马后期的幼儿教育情况

公元前 30 年，罗马人建立了横跨欧、亚、非三大洲的罗马帝国。到了一世纪末，处于帝国鼎盛时期的罗马世风日下，达官贵人醉生梦死，上层家庭的主妇亦抛弃亲自教养孩子的传统，而将婴幼儿交给希腊侍女或奴隶照管。儿童从小耳闻目睹的是靡靡之音、放荡的举止、穷奢极欲的场面及荒唐的故事，幼稚的心灵被毒害。古罗马著名教育家昆体良曾写道：

> 他们在轿椅里长大，一旦两脚着地，就得两边有侍者搀扶着。他们说了下流话，我们也为之高兴，他们说的即使是出自我们的僮仆亚历山大里亚少年之口，也是不能容忍的，而我们对这些话也报以微笑和亲吻。他们这样满嘴污秽是不足为奇的，这是我们教的，他们是在听我们说话时学会的。
>
> 他们所看到的是情妇和娈童。每次宴会时室内充斥着靡靡之音，人们羞于出口的事却触目皆是。正是从这样的实践中养成了习惯，以后就变成了天性。可怜的孩子在还不知道这些事是邪恶时就学会了这些邪恶。于是，他们变得放纵、娇气。

第四节　中国封建社会的幼儿教育

一、封建社会的学前家庭教育

（一）学前家庭教育发达

幼儿教育全部是在家庭中进行的，小学教育的很大一部分也是在家庭中实施的，即便是那些入私塾、书馆上学的儿童，家庭教育仍是不可缺少的补充。何况许多私塾、书馆本身就是家族所办，是扩大了的家庭教育，如《红楼梦》中贾宝玉所上的学校就是这种类型。在许多书香世家中，其子弟的全部教育甚至都完成于家庭教育中，如孔子家族的经学，司马迁、班固家族的史学都是世代相传。各类技艺之学更是如此，一般都是祖传密授，不教外人，甚至传男不传女。

古代家庭教育的发达是由古代家庭所处的特殊的经济、政治和社会地位决定的。在以农业和手工业为主要方式的小生产条件下，最基本的生产单位就是家庭。家庭实际上是一个缩小的社会，生产的组织进行、财产的管理分配、生活的安排筹划均有一定的规定，每一个成员在家庭中的地位、权利和义务也有明确的规定。整个家庭不仅是经济生活的共同体，在政治上也是"祸福相依、荣辱与共"，"一人得道，鸡犬升天"，个人的命运与家庭的命运息息相关。古代家庭这种高度的凝聚力与多功能性，决定了家庭教育的必要性及其广泛的施教内容。因此，封建时期幼儿家庭教育十分发达。

（二）封建社会学前家庭教育的目的

封建社会学前家庭教育是为培养封建社会需要的统治人才服务的，因此封建社会的许多家庭在实施学前家庭教育的过程中常以"学而优则仕"的思想教育儿童，以日后求官晋爵的知识启蒙儿童。同时，统治者也非常重视学前家庭教育，视其为封建教育的重要组成部分和造就官僚后备军的人才教育的开始。如果说家庭是缩小的社会，那么社会是便是扩大的家庭，封建社会的政治统治就是建立在家庭的基础之上的，"国"与"家"常常合为一词，"国"即为大"家"。因此，古代儒家士大夫将进取目标概括为"修身、齐家、治国、平天下"。从这个意义上讲，为齐家治国奠定基础，也是幼儿教育的目的之一。

如果说齐家治国是政治家为古代学前家庭教育制定的终极目标，那么光宗耀祖则是普通百姓家庭实施幼儿教育的实质动机与最实际的目的。在封建社会，家中长辈都视子女为私有财产，希望通过家教早日使子孙"成龙"，以达到振兴家业、光宗耀祖的目的，同时，子孙们亦以身许家，把光宗耀祖作为自己的奋斗目标和报答父母养育之恩的最好方式。

（三）封建社会学前家庭教育的内容

封建社会的学前家庭教育的内容主要包括思想品德教育、生活常规教育、文化知识教育、身体保健等方面的教育。

在家庭中对幼儿进行思想品德教育，主要是使儿童形成初步的道德观念，养成良好的行为习惯。家庭道德的基本观念——"孝"和"悌"是整个封建社会伦理道德的出发点。"孝"是子对父的道德规范，"悌"是弟对兄的道德规范。事父孝，则事君必忠；事兄悌，则事上必顺。

封建社会的家庭对学前儿童实施生活常规教育，主要包括日常生活中礼仪常规的训练和卫生习惯的养成。在封建社会，幼儿的礼仪姿态训练又称为幼仪教育，它充溢着封建“礼教”的思想和内容。幼仪教育，首先是合乎礼仪的姿态训练，《礼记·曲礼》中说：“童子，立必正方，不倾听。”即要求儿童站要有“站相”，须直身而立，两眼平视前方，而不要耸肩塌背和左右倾斜。其次，对幼儿进行尊老敬长的礼仪常规训练，是幼仪教育的一项重要内容，这实际上也是一种礼貌知识教育，它要求幼儿对长者必须谦恭、礼让，如尊老敬长、礼让客人等，不可恣意妄行。此外，养成日常生活中的卫生习惯，是幼儿家庭生活常规训练的另一项重要内容。幼儿不仅要注意个人卫生习惯的养成，还要为家庭的环境卫生做一些力所能及的“洒扫”小事。这不仅能培养幼儿爱清洁的习惯，对于养成儿童勤劳的习性也是大有益处的。

封建社会家庭还重视文化知识，主要是儒家经典的学习。在“万般皆下品，唯有读书高”的思想支配下，文化知识教育便成为众多家庭幼儿教育的主要内容。封建社会家庭对幼儿实施的文化知识教育，主要是教他们识字、学书、听解《四书》，以及学习一些名诗、名赋、格言等。

古代学前儿童的教育内容以思想教育与文化知识教育为主，但同时在许多家庭中也注意到教养结合的问题，注重对婴儿的身体保健工作。民间有“若要小儿安，常带三分饥与寒”的谚语，元代的张从政甚至主张“儿未坐时，卧以赤地，及天寒时，不与厚衣，布而不绵”。古代家庭中还利用游戏来加强幼儿身体的锻炼，主要有拔河、跳百索、跳绳、放风筝、踢毽子、踢球等至今仍为幼儿所喜爱。

封建社会学前家庭教育的内容是非常丰富的，它涵盖了德、智、体等诸方面，但过于突出德育与智育，而且许多繁杂的教育内容过于成人化与教条化，使幼儿难以承受，在很大程度上扼杀了儿童的天性。

二、胎教的发展演进

封建社会胎教的进一步向前发展，主要体现在中医学理论的发展与介入，这使得人们对胎教的认识与实施更加科学化。隋唐以后，我国医学处于迅速发展时期，大批中医学家介入胎教的研究与提倡，进而积累了大量经验。

第一，高度注重外界环境对胎儿的影响。在“外象内感”的理论指导下，古人强调要为怀孕的母亲创造一个尽可能良好的环境，避免各种不良事物对胎儿的影响。“外象内感”理论虽然较为原始，但确实具有一定的科学性。

第二，高度注重母体的精神因素对胎儿的影响。这也是“外象内感”的一个重要方面，因此古人要求母亲在怀孕期间一定要保持良好的、稳定的情绪，节制喜、怒、哀、乐等情感以及各种欲念的过度发作。孕期保持良好的情绪对胎儿身心发展大有好处，这是具有一定科学性的。

第三，高度重视母亲良好生活习惯的培养。例如，强调坐、卧、立均应有正确的姿态，饮食也要有所选择，虽然“席不正不坐，割不正不食”的要求有些苛刻，但母亲保持良好的生活习惯，对胎儿的发育无疑也是大有益处的。

第四，我们分析评价古代胎教时还应注意到一个重要方面，就是胎教实际上也是母教。胎教也是培养作为家庭教育的主要师资——母亲的一个重要手段，它的作用除当时影响到胎儿的身心发育外，还将延伸到此后的婴幼儿教育以至整个家庭教育之中，具有长远的效应。从认识观念上说，重视胎教等于在教育方面创造了一个良好的开端，也将促进此后各个年龄阶段的儿童教育。

三、我国封建社会幼儿教育的特点

两千多年的封建社会是我国古代幼儿教育大发展时期，这个时期幼儿教育体现出如下特点：

(1) 打破了过去奴隶主贵族垄断幼儿教育的局面，使幼儿教育成为普通平民家庭教育的重要组成部分。

(2) 幼儿教育的内容大为丰富，涵盖了德、智、体诸方面，并出现了许多专为幼儿编写的用于思想教育、文化知识教育等方面的教材。

(3) 幼儿教育的实施具有浓厚的功利主义色彩，在实施过程中，总体上是重教轻养。

(4) 儒家思想和规范指导着幼儿教育的实施。

第五节　欧洲中世纪的幼儿教育

一、中世纪前期的幼儿教育

(一) 欧洲中世纪前期的思想特点

公元 476 年，西罗马帝国灭亡，西欧自此进入中世纪。西欧封建化的过程相当漫长，约到 11 世纪才完成。由于摧毁西罗马帝国的日耳曼部族当时尚处于原始阶段，不懂得科学文化的价值及其重要性，故在其铁蹄践踏下，毁灭了古代的文明。在这种普遍愚昧及原始、落后的状况下，宗教和僧侣有机可乘，获得了政治、经济、文化思想的控制乃至垄断权。这是西欧封建社会的突出特点之一。在中世纪，基督教会的宗教观成为维护封建社会形态的精神支柱。基督教会在思想意识上主要提倡或推行以下观点、政策。

1. "原罪"说

教会引证《圣经》，宣传自从人类祖先亚当和夏娃偷食了"禁果"，其子孙后代天生地就有了罪过，这便是所谓的"原罪"。由于人是带着"原罪"来到世间的，因此人生在世就要不断用自己的血汗来洗涤自己的罪过，以求得上帝的赦免和救赎。

2. 禁欲主义

从"原罪"的立场出发，教会宣布"肉体是灵魂的监狱"，要求禁绝或抑制一切成为万恶之源的欲望。在中世纪，禁欲主义成为基督教会所提倡的世界观的主要特征。

3. 蒙昧主义

教会为了使禁欲主义的荒唐说教为人们相信和接受，为了把上帝的神话变成人们的信仰，公开宣扬蒙昧主义。其实质是愚民政策，即禁止文化教育的传播，并禁绝一切独立思考。教会鼓吹一切认识都来自"神启"，"一切真理都已经在《圣经》一书中提出来了"，迫使科学和哲学成为教会恭顺的奴仆。

4. 文化专制主义

为了推行蒙昧主义，除了欺骗以外，教会必然要实行文化专制主义，即用强制手段禁止并扼杀一切与基督教教义不同的精神文化的滋生、传播。

由于基督教宗教蒙昧主义的黑暗统治，阻碍了科学文化的发展，造成了中世纪初期西欧文明的衰落及普遍的愚昧。

（二）中世纪的儿童观及幼儿教育

在中世纪基督教会地位独尊，并控制了精神、思想、文化的情况下，也必然获得了教育的垄断权。教会提出了服从宗教信条、教义的儿童观。中世纪的儿童观及教育措施大致如下。

1. 教会倡导性恶论的儿童观及畏神禁欲的教育

基督教义声称儿童是带着"原罪"来到人世的，故生来性恶。中世纪基督教教育理论的奠基人奥古斯丁声称，在上帝面前，没有人是纯净无瑕的，即使是刚刚出世的婴儿也不例外。他说儿童的纯洁不过是肢体的脆弱，还说他见过也体验过孩子的妒忌："还不会说话，就面若死灰，眼光狠狠盯着一同吃奶的孩子”；婴儿往往因得不到所想要的东西而发怒，乃至要打人，因此，不能说婴儿“本心无辜”。教会鼓吹人人必须历经苦难生活的磨难才能净化灵魂。为了得到未来天堂的幸福，人人应当听从教会的训诫，常年敬畏上帝，实行禁欲；应当从幼年起就抑制儿童嬉笑欢闹、游戏娱乐的愿望，并采取严厉措施来制止这类表现。在教会学校中，宗教居于所有学科的“王冠”地位；儿童从小要盲信、盲从圣书及其讲解人——教师的权威，不允许有任何自主性及独立意识的流露。以性恶论及禁欲主义为依据，教会要求摧残肉体以使灵魂得救，因此教育中体罚盛行，且完全取消了体育。教会对多神教所创造的古代文化（特别是崇尚和谐发展的雅典文化教育）持敌视态度。

2. 社会上流行“预成论”

中世纪前期，欧洲在基督教宗教蒙昧主义的统治下，自然科学的发展长期停滞，教育理论亦徘徊不前，幼儿教育的研究更是成为被人遗忘的角落。在此状况下，一种沿袭自古代的、人们称之为“预成论”的儿童观，与上述教会所宣传的性恶论的儿童观并存，在社会中占据着统治地位。预成论认为，当妇女受孕时，一个极小的、完全成形的人就被植于精子或卵子中，人在创造的一瞬间就形成了。婴儿是作为一个已经制造好了的小型成年人降生到世界上来的，儿童与成人的区别仅仅是身体大小及知识多少的不同而已。故在社会上，儿童被看成小大人，一旦他们能行走和说话，就可加入成人社会，玩同样的游戏，穿同样的服饰，要求有与成人同样的行为举止。总之，按照预成论的观点，儿童与成人没有重要区别，从幼儿开始，儿童的身体和个性已经成人化了。由于受预成论的影响，欧洲 14 世纪以前的绘画，总是不变地以成年人的身体比例和面部特点来画儿童的肖像。显然，预成论的要点是否认儿童与成人在身心（尤其是后者）特点上的质的差异，也否认了儿童身心发展的节律性和阶段性。

预成论的形成与流行除与古代自然科学（尤其是与人身心有关的医学、生物学、生理学等学科）的滞后有关外，还有两个原因：其一是由于古代儿童死亡率高，因此人们不愿对儿童的特点给予较多的关注；其二是与成人的自我中心主义有关。

由于受预成论的影响，人们在所有教育中都忽视儿童的身心特点，忽视儿童的爱好及需要，对儿童的要求整齐划一，方法简单粗暴。预成论的影响一直延续到 17～18 世纪乃至更后。

二、文艺复兴时期的幼儿教育

（一）文艺复兴时期教育观念的转变

以人文主义为指导，文艺复兴时期的人文主义教育家和思想家批判了性恶论的儿童观，反对把儿童看成被“原罪”浸染的有待赎罪的羔羊；认为儿童是自然的生物，应当得到成人的悉心关怀、照顾。他们重新提出了身心全面发展的培养目标和塑造新人的教育理想，重视教育培养人的作用，注意到儿童身心发展的一般规律和个别差异，强调体育和游戏的重要性。他们都重视家庭教育，认为儿童虽然以 7 岁入学为宜，但在入学之前，儿童应在家庭中受到良好的预备教育，尤其是道德行为和语言文字方面的教育。他们看到了家庭环境对儿童教育的影响，要求父母、教师或保育人员以身作则，为幼儿树立榜样。他们要求减轻对儿童的体罚，建议用儿童的荣誉心、竞争心作为推动儿童学习的积极手段。在教学工作上，注意到儿童的兴趣与积极性的启发。所有这些，相对中世纪前期的教育来说是一个重大的进步，并深刻影响到后来的教育。

（二）伊拉斯莫斯论儿童教育

伊拉斯莫斯是文艺复兴时期具有重要国际影响的人文主义学者。他通过发表教育论文、编写拉丁文教科书等形式大力促进了欧洲中等学校的人文主义化。

在政治思想上，伊拉斯莫斯是王权拥护者。在他生活的时代，国王和新兴市民阶层正联合起来反对教会，加强王权是符合当时历史发展趋势的。伊拉斯莫斯所理想的国家是一个由贤明君主统治的国家。他把自己的政治理想寄托在明君的身上。他所写的《一个基督教王子的教育》就是一部专门探讨如何造就明君的著作，其中不少地方涉及幼儿教育。伊拉斯莫斯的重要教育著作还有《幼儿教育论》。伊拉斯莫斯提出了以下重要教育观点。

1. 教育对于改造社会和改造人性具有巨大作用

伊拉斯莫斯认为，教育无论是对于国家、君王还是人民，都是极其重要的。一个国家要想治理得好，有赖于君王贤明，而一个贤明君王的培养，则有赖于教育。此外，国家的希望全在于青年一代的品质。他呼吁国家有责任担负起教育年轻一代的重任。伊拉斯莫斯也相信教育对于人的培养的作用。他列举了影响儿童成长的三个因素：天赋、教导和练习，并指出了后两者的主导作用。伊拉斯莫斯相信，任何人都是可教育的。他还指出，家庭条件优越的儿童更要加强教育；土壤的质地越好，如果农人不注意，则越易荒芜，以致长满无用的野草，育人的道理与此相似。

2. 强调对儿童进行早期教育

伊拉斯莫斯认为，从襁褓时期开始，就要对儿童进行教育，以便使有益的思想充满孩子尚未成形的心灵；然后，把道德的种子播撒在孩子精神的处女地上。随着年龄和经验的增长，这些种子会逐渐成长成熟，在整个生命的过程中种植牢固。他强调说，从来没有什么东西像早年学习的东西那样根深蒂固，幼年所吸收的东西对一生是最重要的。

3. 遵循儿童身心发展的特点施教

针对中世纪教会的原罪说，伊拉斯莫斯指出，"儿童"这个词在拉丁语中意味着"自由者"，因此，自由的教育是符合儿童的，用恐怖的教育手段来使之弃恶，将原本是自由的儿童奴隶化，是极其荒谬的。此外，他还要求教师切不可把幼儿视为小大人，告诫教师："记住，你的学生还是一个小孩，而你自己也曾是一个小孩。"故施教时必须考虑儿童的身心特征，并照顾儿童的个别差异。他主张：当孩子交到教师手里管教时，教师的首要任务是仔细观察，掌握孩子的性情，然后有的放矢。当教师发现孩子的弱点时，应当用优良的理论和适当的教导影响他，设法将其引上正路。如果教师发现了孩子的长处，就应更加努力做到扬长避短。

4. 论述了幼儿教育的内容和方法

根据幼儿的特点，伊拉斯莫斯提出，可以通过有趣的故事、令人忍俊不禁的寓言和巧妙的比喻来引入教师的教导。当孩子听完以后，教师要及时指出其中的教育寓意。

伊拉斯莫斯在《幼儿教育论》中说，儿童会通过对教师的爱达到对学习的爱。所以作为教师，能否深受儿童爱戴是至关重要的。他强烈地抨击当时的学校中虐待儿童的做法，反对讲授大道理。在《一个基督教王子的教育》中，他讲到教师对任何人的教育，必须采取中庸之道。教师可以严厉，对孩子有威慑力，但又应对孩子有友好的了解，以减弱与缓和其威严。伊拉斯莫斯讨论了如何正确运用表扬和批评，认为应该给孩子表扬，但表扬要合理、得当；教师对孩子的申斥应秘密进行，并且态度要和蔼，稍微减少训诫的严肃性。

5. 强调幼儿期良好家庭教育环境的重要性

伊拉斯莫斯认为，只能让幼儿和品德优良、谦虚谨慎的孩子交朋友；应使孩子远远避开顽童、酒鬼、下流的人，特别是溜须拍马的人，不要让孩子听到或看到他们，以免受其不良影响。

伊拉斯莫斯的上述教育观点有不少系对前人的承袭，同时给后人以重要影响。

（三）蒙田的儿童教育观

蒙田是法国人文主义者。他的《蒙田随笔》为法国乃至世界文学名著，其中有一些篇章专门论述了儿童的教育问题。

蒙田认为，人类的学问中最困难而又最重要的一门就是儿童的教育。对于人类来说，生孩子容易，但要把他们教育成人，却是一件困难、艰巨的工作。生活中有一些不明智的教师，执教时往往和儿童的天性背道而驰；这些人经常花费很多的时间和儿童谈论他们天性不喜爱的东西，企图按主观意志控制儿童心智的发展，其结果总是事倍功半。蒙田认为，作为教育工作者，如果不了解儿童的天性，是不可能教育好儿童的。在蒙田看来，教育的目的是培养思想健全、有判断力、能充分理解人生意义的人，而不是使儿童成为学者。为孩子选择的教师应当是一个头脑精明的人，而不一定是学识渊博的人，并且要采用新的教学方法，即不能再用那种像把水灌在漏斗里一样的照本宣科、死记硬背的方法进行教学。总之，作为教师，不能老是先开口和自言自语，而是要听学生说话，像苏格拉底那样。蒙田还引用西塞罗的话说："教师的权威常常是好学的人的障碍。"因此，教师的正确做法是让学生在前面跑，判断自己应该降低到什么程度去迁就学生的能力。蒙田强调说："能够迁就和指导学生的幼稚步态就是一颗崇高强劲的灵魂的标志。"

教师不应只是传授知识，更要注意让儿童理解所学的知识。判断儿童的进步不仅根据他的记忆力，还要根据他各方面能力的提高，看他能否用自己的话去表达所学到的知识，并能运用自如。要教育学生仔细筛选所学的知识，而不要盲从权威；要消化所学的知识，把它们化为己有。教育工作的目的，就是要培养这种消化力。在日常生活中，教育工作者应当采取多种方法来锻炼儿童的思考力、判断力和理解力。

蒙田认为，让小孩在父母那里受到抚育是不合理的，那种出于天性的挚爱使得做父母的太温柔、太慈爱了，他们不忍惩罚孩子的过错，不忍看见他的衣食太不讲究，不忍看他运动回来满身大汗和灰尘，等等。蒙田指出，如果要想使儿童变成一个有价值的人，必须在他年轻的时候一点也不姑息迁就，必须常犯医学的"戒条"，让他常待在旷野里，在警觉中过日子。单是锻炼儿童的灵魂还不够，还得锻炼他的筋骨。蒙田认为，人们所训练的，并不仅是灵魂，亦不仅是肉体，而是二者不可分割的一个人，要使二者齐头并进，犹如两匹套在同一根辕木上的马。

蒙田也十分重视道德教育。他要求教师应当明了其责任是用对道德的挚爱多于对道德的尊崇来充塞学生的心。他认为应该教育儿童树立这样的道德观：道德的崇高和价值在于实践时容易、快乐和有用；获得的方法是自然，而不是勉强；重要的问题是自幼培养。儿童犹如黏土，趁它还湿润且易塑时对他进行抟造。在这里，蒙田从道德观到德育方法，已完全不同于中世纪教会那种强迫压制的方法，而采取了符合新兴市民阶层的世俗的、现实的内容和方法，这在历史上是一个很大的进步。他的这些重要思想对后世的洛克与卢梭等产生了重大影响。

第三章　古代幼儿教育思想

第一节　颜之推的家庭教育思想

一、颜之推生平与教育实践

颜之推(531—595),字介,北齐文学家,建业(今南京市)人,祖籍琅琊临沂。出身士族高门,官至黄门侍郎、平原太守。齐亡后入周,为御史大夫,隋开皇年间,被召为学士。早年接受家传儒学的教育,奠定了他作为一位儒家学者的学术思想基础。他对当时的佛教流行、鲜卑语传播、俗文学盛行都做了记录,还涉及算术、医学、语言文字、音韵学、艺文理论等,收录了许多重要的历史资料,为保留祖国的丰富文化遗产做出了一定贡献。他根据自己几十年为官、求学、处世的经历和体验,写出了我国封建社会第一部系统、完整的家庭教科书——《颜氏家训》,用以“整齐门内,提撕子孙”。《颜氏家训》以儒家学说为立身治家之道,涉及内容比较广泛。其中,颜之推的家庭教育思想影响最为广泛而深远。《颜氏家训》共20篇,其中序致、教子、兄弟、治家、慕贤、勉学、涉务诸篇是研究颜之推家庭教育、学前教育思想的主要依据。

二、颜之推的家庭教育思想

(一)及早施教

幼儿期是教育的最佳时期,有条件的家庭均应及早施教。颜之推认为人在幼年,心理纯净,精神专一,可塑性大,此时进行教育是最好的时机。教育孩子应从婴儿时开始,这不仅利于养成儿童良好的习惯,而且能够收到最佳的效果。有条件的家庭甚至可以实行胎教。颜之推对古时圣王实施胎教的做法深为赞赏。

（二）威严而有慈

“威严而有慈”就是将慈爱与严格教育有机地结合起来。颜之推认为，父母对子女要爱护，父母对子女不仅有爱护的职责，更有教育的义务，教育好子女，才是对子女最大的爱护。许多家庭忽视对子女的教育，对子女百般溺爱，他对此非常反对，认为父母对子女从小任其所为、不加管束，子女成年以后终将成为道德败坏之人。他还指出，有的家庭虽然对子女也注意进行严格的教育，但由于担心伤害孩子身体，却舍不得施以肉体上的惩罚，以促其反省悔过，殊不知鞭挞是家庭教育不可缺少的有效手段，“笞怒废于家，则竖子之过立见”。在他看来，以体罚教育孩子，是完全必要的，犹如以苦药治其病，他说：“当以疾病为谕，安得不用汤药针艾救之哉。”

（三）均爱勿偏

所谓均爱，是指父母对所有子女应一视同仁，给予相当的慈爱，而不应偏袒个别孩子。颜之推认为，父母对子女中聪颖者或年幼者的偏袒爱护，客观上会助长他们的骄横暴蛮习气，其结果必然是“虽欲以厚之，更所以祸之”。父母对子女施爱不均，不仅直接造成受偏宠者的骄横习气，客观上还会导致兄弟不睦。为引起后人对家庭教育中“均爱勿偏”原则的重视，颜之推还从反面列举了古今许多事例，以为家庭教子的龟鉴。

（四）广泛学习，重视实用

颜之推要求子弟博习多种知识，他认为家庭教育不能仅限于学习五经，还应兼习百家之书，以及琴、棋、书、画、文学等今后士大夫生活所必备的学问，否则就会见闻狭隘，头脑闭塞。但是，颜之推以囿于士大夫正统儒家的偏见，认为非五经均为杂艺，行有余力，方可学之，而且只可兼习，不可专业。

颜之推还提出，知识不但需要广博，还要能抓住要领，灵活应用。如果一味追求广博，夸夸其谈，不知要领，则如“博士买驴，书券三纸，未有驴字”，不能不令人气塞。因此，颜之推在提倡博习的同时，更注重培养子弟经世致用的本领。他教育子弟不要把读书当作追求功名利禄的敲门砖与高谈阔论的资本，要把学习当作自己修身利行的途径。

（五）重视环境的教育作用

颜之推认为：“人在年少，神情未定，所与款狎，熏渍陶染，言笑举动，无心于学，潜移暗化，自然似之。”年幼儿童性情未定，常受外部环境的影响，尤其是来自父母的影响。父母对子女的影响远远超过他人，故为父母者必须加强自我道德修养，给孩子树立好的榜样。在家庭教育中，父母除注意自身与其他家庭成员的影响外，还必须关心儿童所结交的朋友。儿童与贤人君子交往，则自己的道德也会受其影响而日臻完善；相反，与邪恶之人为友，自己的思想也将日趋堕落。儿童必须“与善人居”、“慎交游”、“交益友”。

颜之推的家庭教育思想是他整个教育思想的精华，涉及了古今家庭教育中普遍存在的问题，包含有一定的合理因素。尤其是《颜氏家训》在漫长的封建社会里，其训诫的意义远远超出颜氏一门，成为一部影响广泛而深远的作品，被人们视为家训的鼻祖、家教的规范，认为它“篇篇药石，言言龟鉴，凡为人子弟者，可家置一册，奉为明训”，这对当前的学前教育仍有着重要的借鉴价值。

第二节 朱熹的儿童教育思想

一、朱熹生平

朱熹（1130—1200），字元晦，号晦庵，晚称晦翁，谥文，又称朱文公。汉族，祖籍南宋江南东路徽州府婺源县（今江西省婺源），出生于南剑州尤溪（今属福建三明市）。南宋著名的理学家、教育家、诗人，闽学派的代表人物，世称朱子，是孔子、孟子以来最杰出的弘扬儒学的大师。生于书香门第，父朱松进士出身，曾师从北宋理学家二程的再传弟子罗从彦。朱熹天资聪颖，自幼接受儒学教育与理学启蒙，奠定了学术思想基础。18 岁“举澄州乡贡”，次年考中进士，授泉州同安县主簿，开始其政治与教育生涯。

朱熹一生热衷于教育事业，从政仅 14 年，而专门从事教育活动时间达 40 年之久。朱熹师事二程的二传弟子李侗，他的理学思想直接继承了二程（特别是程颐）的学术思想，同时吸收了周敦颐、张载的主张，成为宋代理学思想的集大成者。朱熹著作颇丰，主要有《四书集注》《近思录》等，后人编有《朱文公文集》《朱子语类》等。他的儿童教育思想除散见于一些诗文中，还见之于他为儿童编写的教材《小学》与《童蒙须知》中。

二、重视蒙养教育

朱熹依据古代的教育经验，把整个学校教育的过程划分为小学与大学两个阶段，8～15 岁为小学教段，即蒙养教育段；15 岁以后为大学教育段。他认为这是两个相对独立、相互联系的阶段，小学教育是大学教育的基础，大学教育则是小学教育的扩充和深化。

朱熹特别重视蒙养阶段的基础教育作用，他说："古人之学，因以致知为先，然其始也，必养之于小学。"又说："古人由小学而进于大学，其于洒扫、应对、进退之间，持守坚定，涵养纯熟，固已久矣。大学之序，特因小学已成之功。"他认为如果儿童在幼时"不习之于小学，则无以收其放心，养其德性，而为大学之基本"。同时，他从儿童的心理特点和教学的要求出发，指出只有使儿童"进而习之于幼稚之时"，才能收到理想的教学效果。

为了说明蒙养教育的重要性，他还把小学阶段的教育形象地比喻为"打坯模"，并指出倘若自幼失了小学，或坯模没打好，大了要补填就十分困难。总之，在他看来，蒙养阶段的教育非常重要，必须抓紧抓好。

三、要求"慎择师友"

由于幼儿模仿性强，是非辨别能力弱，周围的环境对他们的影响很大，因此朱熹也与古代许多教育家一样，强调在幼儿教育中应注意慎择师友。

朱熹认为，对于普通的士大夫家庭，慎择幼儿的教师应自慎择乳母开始。因为乳母与婴幼儿接触的时间较长，对婴幼儿的影响也较大，作为婴幼儿的最初教育者，"乳母之教，所系尤切"。如何选择乳母呢？朱熹提出的标准是：必选求宽裕慈惠、温良恭敬、慎而寡言者为子师。这是对乳母的要求，实质上也是朱熹期望儿童所应具有的品行。

儿童稍长，除须慎择教师外，还应开始注意培养儿童辨别是非、交游益友的能力。朱熹曾在《与长子受之》这封家信中教育儿子所交朋友要有亲疏之分，"益友"应近之，"损友"则应远之。

普通人家的子弟要善择师友，对太子、皇孙来说，师友的选择就更为重要。针对当时皇太子、皇孙师友选择不当的情形，他大胆地指出太子、皇孙左右的官僚之选罕有称其职者。同时，他还劝告统治者，应效仿古之圣王教世子法，选拔端方正直、道术博闻之士为太子师友。

四、强调学"眼前事"

朱熹认为小学的主要任务应当是"学其事"，学习眼前日用的事。他指出："小学之事，知之浅而行之小者也。"具体而言，包括"洒扫应对进退之节"、"礼乐射御书数之文"和"爱亲敬长隆师亲友之道"这样一些内容。朱熹认为，儿童学习这类"眼前事"不仅符合儿童认识的发展水平，而且能够为大学阶段"学其理”打下基础，因为“理在其中”，事事物物之中都存有一个理。

为使儿童“眼前之事”的学习有章可循，朱熹亲自为儿童编写了《小学》与《童蒙须知》两部教材。《小学》系将古代童蒙读物加以选择、扩充，加上古今圣贤名流的嘉言善行汇集成书，全书共分内外两篇，内篇有四:《立教》《明伦》《敬身》《稽古》;外篇有二:《嘉言》《善行》。《小学》一书对后世所产生的影响极其深远，其地位相当于《四书》。《童蒙须知》则是朱熹为儿童制定的学习“眼前事”的具体标准与要求。它依童蒙习学之序，始于衣服步履，次及言语步趋，再及洒扫清洁，又规定“凡百器用，皆当严肃整齐，顿放有常处”等，虽然比较琐屑，但也有不少合理成分。

朱熹强调学习“眼前事”，注重道德行为操作的训练，要求儿童的学习由浅入深、由近及远，这不仅符合儿童认识发展与道德形成的规律，易为儿童掌握，而且有助于培养儿童良好的道德习惯，养成践履笃实的作风。古语说:一室不能扫，何以扫天下？小节不拘，大德又如何能成？注重“眼前事”的学习，也就是要求从小事、身边事做起，至今这仍是儿童品德教育中必须遵循的原则。

五、提倡正面教育

朱熹在教育工作中一直重视和提倡以正面教育为上，尤其是对儿童教育他更为强调多积极诱导、少消极限制，要求“多说那恭敬处，少说那防禁处”。同时，在他编写的《童蒙须知》中，对儿童的日常生活行为规定也主要着眼于进行正面的具体的指导。

根据正面教育为主的原则，朱熹还对教师提出指导、示范和适时启发的要求，并把教师对学生的适时启发比喻为“时雨之化”。

朱熹的儿童教育思想是他多年教育实践经验的总结，在某种程度上反映了他对儿童身心发展规律的直观理解，包含了不少有积极意义的内容，在古代幼儿教育理论发展史上有着重要的地位。

第三节　王守仁的儿童教育思想

一、王守仁生平与教育实践

王守仁(1472—1529)，汉族，浙江余姚人，字伯安，号阳明子，世称阳明先生，故又称王阳明。中国明代最著名的思想家、哲学家、文学家和军事家。陆王心学之集大成者，不但精通儒家、佛家、道家，而且能够统军征战，是中国历史上罕见的全能大儒。

其理学思想继承了南宋理学家陆九渊的“心学”主张，并加以发展，提出“心即理”、“致良知”、“知行合一”等学说，这种学说也成为他的教育思想的理论基础。王守仁关于儿童教育的论述，主要见于他任南赣巡抚时所做的《训蒙大意示教读刘伯颂等》和《教约》（合称《社学教条》）以及言论录《传习录》中。

二、王守仁的儿童教育思想

（一）儿童教育必须顺应儿童的性情

王守仁认为：“大抵童子之情，乐嬉游而惮拘检，如草木之始萌芽，舒畅之则条达，摧挠之则衰萎。”一般说来，儿童性情好动，喜欢嬉戏玩耍，而害怕受到拘束和禁锢，就像草木刚刚萌芽，顺其自然就会使它长得枝叶茂盛，摧挠它则很快会使它衰败枯萎。因此对儿童进行教育，必须注意顺导儿童性情，使它们趋向鼓舞，中心喜悦，这样进步自然不会停止，就像春风滋润草木花卉，没有不生机勃发的，自然而然地一天天长大；反之，则如同遭遇冰霜的花木，“生意萧索，日就枯槁”。

（二）教育要考虑儿童的可接受性，量力施教

王守仁认为，教育者必须根据儿童这种“精气日足，筋力日强，聪明日开”的成长过程，循序渐进地进行教育，不可揠苗助长。循序渐进的原则应用到教学中，必然要求教育者在确定教学内容时，注意量力而施，符合儿童的认识发展水平。儿童良知发展到何等水平，教学就只能进行到什么水平。同时他又指出：“与人论学，亦须随人分限所及。如树有这些萌芽，只把这些水去灌溉，萌芽再长，便又加水，自拱把以至合抱，灌溉之功，皆是随其分限所及。若些小萌芽，有一桶水在，尽要倾上，便浸坏他了。”为此，他要求指导儿童读书不能读得过多。如果教学内容过多，要求过量，超出学生的接受能力，不仅会加重学生负担，使其视学习为“厌苦”之事而不乐为，而且会影响学生对知识的理解和掌握。

（三）教育应关注儿童个体差异，因材施教

每个人都有自己的个性特征，王守仁已经充分认识到这一点，他认为：“人的资质不同，施教不可躐等。”教育者对儿童施教，不仅要考虑儿童认识发展水平的共性特征，而且要注意个体发展水平的差异，针对每个学生的个性差异，因材施教，就像良医之治病，对症下药，方可药到病除。王守仁认为，因材施教

的目的在于使受教育者“各成其材”。他说：“因人而施之，教也，各成其材矣，而同归于善。”他认为每个儿童都有其长处，教育者如能就其长处加以培养，就可以使他们某一方面的才能得到发展。

王守仁的儿童教育思想反对“小大人式”的传统儿童教育方法和粗暴的体罚等教育手段，要求顺应儿童的性情，根据儿童的接受能力施教，具有自然主义教育倾向，这是难能可贵的。

第四节　张履祥的家庭教育思想

一、张履祥生平与教育实践

张履祥(1611—1674)，字考夫，号念芝，浙江嘉兴府桐乡县人，明末清初理学家、教育家，因世居清风乡炉镇杨园村，故学者称杨园先生。张履祥早年信守“阳明学”，曾师从明末理学家、亲王学的山阴人刘宗周，学习“慎独”之学，后悟师说之非，乃力辟王氏，专心于程朱理学，晚年仍潜心研录朱熹著作不辍，以为传世书鉴。后人称其“践履笃实，学术纯正”，为“理学真儒”。同治十四年(1871年)从祀文庙。有关张履祥的家庭教育的言论，主要散见于《愿学记》《初学备忘录》《训子语》及《训门人语》中。

二、张履祥的家庭教育思想

(一) 注重早期教育

张履祥曾说：“幼稚之时，必见奋起之志，若举动无恒，苟且颓惰，即将事无一济矣。”因此，家庭教育要从儿童早期开始。张履祥认为，幼年是个体道德形成的关键期，也是道德教育的最佳期。他说：“少年血气未定，善者固易流于不善，不善者亦易反而之善。”也就是说，人在少年时期，善与不善具有很大的可变性，此时若无良好的家教与良善者的引导，不善之习将难得改正，到成年时积习已深，不仅会影响个人的前途，而且会影响子孙后代的道德形成，早期教育不仅是家教的起点，也是家庭重点，不可以疏忽。

(二) 实施严格教育

张履祥极端反对父母溺爱子弟，认为溺爱只会使孩子是非不明，沦为不肖子弟，因此父母应“勿以幼儿而宽之”，必须自幼即实施严教。严教与否是贤与不肖子弟产生的关键，他说：“子弟童稚之年，父母师傅严者，异日多贤，宽者多至不肖。”因此，在家庭教育中，为父母的“严君之职，不可一日虚矣”。

（三）主张耕读相兼

张履祥还提出无论为农为士者，均须耕读相兼，虽肄《诗》《书》，不可不令知稼穑之事；虽秉耒耜，不可不令知《诗》《书》之义。家庭对子弟实施的书本知识传授与稼穑教育不可偏废，不可流为虚名，耕则力耕，学则力学，须知“读而废耕，饥寒交至；耕而废读，礼义遂亡”。张履祥认为，懂得稼穑的艰难，不但有利于培养子弟勤俭的作风，而且有助于锻炼身体，促进身体健康，他说：“筋力有用也，逸则脆弱。”他还指出通过农业劳动亦可由此培养人坚强的意志，“磨炼出一副精坚强忍智力”，并且由于从事农业劳动是一种重要的“治生”手段，对子弟自幼进行习耕教育，也能培养他们独立生活的能力。

（四）关注家长素质

张履祥十分重视父母自身素质的提高，认为父母提高自身素质是教育好子女的前提，是家庭教育成功的保障。他说：“修身为急，教子孙为重，然未有不能修身而能教其子孙者也。”张履祥还认为，父母不但要注意提高自己在道德、文化知识方面的修养，还应重视学习运用正确的教育方法，因为能否运用正确的教育方法也是教育者素质的一种表现。为此，他反对有的父母教子不从时就怪罪子弟愚不可训。

张履祥是一位生活在封建社会中下层的知识分子，作为受传统思想影响很深的儒家学者，他的教育思想主要以程朱理学为依据，其中封建性成分不少，但他也是一位长期从事教学实践的教育家，其思想中除有继承传统的部分外，还有自己教学经验的总结，因此也包含了一些合理的因素。尤其是他提出的耕读相兼不可偏废的主张，实质上是倡导劳心与劳力并重，在当时具有明显的进步性质和积极意义。

第五节　柏拉图的幼儿教育思想

一、柏拉图的生平及世界观

柏拉图是古代希腊著名的哲学家，出身于雅典一个贵族家庭。在西方哲学史上，他是客观唯心主义的奠基人，建立了一个完整的客观唯心主义世界观体系，叫“理念论”。他认为，世界的本质是一种精神性的东西，叫作“理念”。柏拉图认为存在两个世界：一个是现象世界（即客观世界），一个是理念世界（即精神世界）。理念世界是真实的、永恒的；现象世界是虚幻的、无常的，不过是理念世界的淡薄的阴影和“分有”的结果。高下不同的理念构成了理念世界，理念世界中最高的理念是“善”，即宇宙精神及真理的化身，亦可视为主宰一切的神。

在社会政治立场上，柏拉图对雅典的奴隶主民主政治不满，认为这种政治的最大缺点是搅乱了长幼尊卑的秩序；而只有把社会划分为等级，才是维持社会安定统一的必要条件。于是柏拉图又提出一套上帝造人并分为金、银、铜铁质三等的理论。他认为金质的人其特性是理性发达，只有他们才能认识最高的理念——“善”，并根据“善”来治理社会，从而达到天下太平。这一部分人理所当然地应成为上层统治者。银质的人其特点是意志刚强、勇敢，他们适合担当卫国者的任务。至于铜铁质的人则以贡献为特征，只宜成为工农商各业的劳动者，他们应习惯于克制欲望，服从前两种人的领导。要实现理想国的政治理想，就要求这三部分人各安其位，协调一致。欲达此目的，需要借助教育的手段。他认为，通过教育可以发现及发掘三种人各自的天赋特质，并根据这种特质加以定向培养，以取得各自应有的社会地位；通过教育，才能使人们养成各安其位或守法的观念。在柏拉图那里，教育是被当作实现理想国的重要手段或工具来加以重视的。

应指出的是，柏拉图虽然主张先天决定论，但这并不等同于血统论。柏拉图声称：“虽则父子天赋相承，有时不免金父生银子，银父生金子”，乃至钢铁之人生金、银子，“错误变化，不一而足”。由此可见，柏拉图所谓人生来分为三等之说，基本上是指禀赋的差异。此外，柏氏在《理想国》中还设想通过一种筛选的教育机制来发现及区分三等人，并将含金、含银及含铜铁之人分别培养成哲学家、军人及工匠、农夫、商人等。但这种筛选机制约在儿童 17 岁才发挥效能。对所有学前期的自由民的儿童，柏氏主张实施一样的教育；在此时期他较为强调的是守法观念的培养，以便为成年后各安其位奠定基础。

柏拉图充分吸取了斯巴达和雅典的教育实践经验。他重视斯巴达由国家统一办理教育、视教育为国家的重要职责、严格教育、培养忍耐力、对培养勇敢精神的音乐和唱歌教材的仔细选择、重视女子教育等经验；从雅典教育中吸取了学校制度、音乐教育、广泛的学科范围及和谐发展的经验。尽管柏拉图的哲学观是唯心主义的，但在对当时教育实践经验的吸取，以构成自己的教育体系、观念等问题上，又体现出一种自发的唯物主义趋向。

柏拉图的教育思想主要反映在《理想国》一书中。他在此书中构筑了一个从优生、优育到成人教育的系统教育体系，幼儿教育是其中的重要组成部分。

二、柏拉图论早期教育的意义和任务

从实现理想的政治目的考虑，柏拉图非常重视儿童的早期教育。在西方教育史上他是第一个提出较为系统的学前教育思想的人。柏拉图认为，对儿童的教育开始得越早越好，甚至提出了优生、胎教的问题。他说：

> 凡事开头最重要。特别是生物，在幼小柔嫩的阶段，最容易接受陶冶，你要把它塑成什么形式，就能组成什么形式。
>
> 先入为主，早年接受的见解总是根深蒂固、不容易更改的。
>
> 一个人从小所受的教育把他往哪里引导，就能决定他后来往哪里走。

教育的主要任务在于对儿童施加合适的影响，以形成良好的习惯。柏拉图注意到幼儿的心理特点，提出“快乐”和“痛苦”是儿童最先的知觉；要通过这方面的训练，把对善与恶的认识的最初的种子播撒到儿童心灵上，引导儿童恨他所应恨的、爱他所应爱的。开始时，儿童或许不能认识这些东西的性质，但当他们获得理性的时候，他们就会发现，将上述对立的情感集于一身是和谐的。这种对儿童进行快乐和痛苦的真正训练，柏拉图称之为教育的一个原理。在训练的方法上，柏拉图强调要利用儿童喜欢模仿这一特点，去引导儿童学习一些适宜的东西，声称：“从小到老一生连续模仿，最后成为习惯，习惯成为第二天性，在一举一动、言谈思想方法上都受到影响。”他主张让儿童从小模仿与他们专业或天性相符的人物，模仿那些勇敢、节制、虔诚、自由的一类人物；凡与自由人的标准不符合的事物，就不应让儿童去参与或奉为楷模。总之，应通过对于正确事物的模仿，逐步培养儿童良好的道德习惯。

三、优生、学前教育阶段的划分及教育内容

（一）优生

柏拉图不仅重视早期教育，而且是历史上最早论述了优生问题的思想家。在《理想国》一书中，柏拉图提出了一些大胆的甚至可视为惊世骇俗的思想。他主张取消家庭，实行共妻共子制；实行计划生育，好男配好女，尽量减少不良男女的相配；妇女怀孕期间要注重精神因素对胎儿的影响；子女生下后由指定

官员进行审视，不良、孱弱的孩子则予以抛弃。他认为只有这样，儿童长大后才可能成为国民中的优秀分子，才能一代胜过一代。这些观点的提出显然受到斯巴达习俗的影响。

（二）学前教育阶段的划分及教育内容

除倡导优生外，柏拉图还主张优育。他借鉴斯巴达人办教育场的做法，并下移到幼儿阶段，提出实行儿童公育的制度。在《理想国》中，柏拉图主张婚配和育儿都由国家负责。他把儿童从出生到6岁作为学前教育期。这个时期又可进一步细分为两段：0～3岁为第一阶段，3～6岁为第二阶段。在前一个阶段，儿童出生后，交给国家特设的养育院，由乳母养育，并对婴儿用摇篮曲、儿歌施加教育的影响。在第二阶段，即儿童满3岁后，要集中到附设在神庙里的儿童场里去，由保姆监护。在这一阶段，儿童的本性需要游戏，同时，他们的性格比较任性，特别需要用正确的方法加以引导。教育者应掌握分寸，既不可放纵，也不要损伤他们的自尊心。

柏拉图认为，和谐的教育应当是："用体操来训练身体，用音乐来陶冶心灵。"柏拉图指出，一生专门从事体育运动而忽略音乐文艺对于心灵影响的人，往往变得野蛮残暴；反之，又不免过度软弱柔顺。"理想国"未来的护卫者需要两种品质兼而有之，彼此和谐。凡达此境界者，其心灵便既勇敢又温柔，并克服了粗野及怯懦。由于音乐和体育能使人的智力和激情这两部分张弛得宜，配合适当，达到和谐，故应予重视。为使儿童从小就通过教育而达到和谐发展，柏拉图为幼儿安排了广泛的教育内容，包括故事、寓言、诗歌、音乐、艺术、体育锻炼等。

四、教材的选择

柏拉图认为，开始教育，应是先教音乐（包括故事），后教体操。他重视给儿童讲故事，认为讲故事是进行道德、政治教育的有效方式。他特别重视对故事材料进行选择。在西方教育史上，柏拉图是第一个提出要精选教材的人。

在当时的希腊诗歌和其他文学作品中，各种神也和凡人一样，有喜怒哀乐、悲欢离合，他们也有着人类的一些弱点，如嫉妒、阴险、凶狠、互相残杀、以下犯上等。柏拉图则认为，儿童教材中，神的形象应神圣无瑕，英雄人物应公正无私，这样才有利于培养儿童的美德。他举例说，诗人赫西俄德在《神谱》中对于天神乌拉诺斯这位最伟大的神及其儿子的描写就丑恶不堪，不足为训。柏拉图认为，理想国中是不允许有互相残杀、犯上作乱情况存在的，因为不符合各安其位的伦理道德。

柏拉图还认为，史诗中的一些英雄人物爱动感情，动辄哭泣，这是软弱的表现。作为城邦护卫者的军人，不应以此为表率，而应坚定、勇敢。

五、柏拉图论游戏

柏拉图指出了游戏在学前教育中的重大意义。他认识到游戏是符合幼儿身心特点的重要活动，认为对于符合儿童天性的这种要求，成人应予满足，但应遵守一条原则，即游戏的内容和方式必须符合法律精神，有利于国家的安定。他说："我们的孩子必须参加符合法律精神的正当游戏。因为，如果游戏是不符合法律的游戏，孩子们也会成为违反法律的孩子，他们就不可能成为品行端正的守法公民。"

柏拉图关于游戏的论述有一些自相矛盾的地方：一方面，他重视儿童的游戏，主张为他们提供游戏的机会以符合其天性；另一方面，他又要强迫儿童局限于同样的游戏方式、玩同样的玩具，实际上又限制了儿童的发展。柏拉图游戏思想中的这些趋于保守的观点和他的哲学观与政治观是相联系的。在他的心目中，完善的理念世界是永恒不变的，根据这种理念世界而确立的社会制度也应是永恒不变的，因而，游戏的方式和玩具，甚至包括体育和音乐都不能花样翻新，违反固有的秩序。在柏拉图看来，任何创新对于国家都是充满危险的。

柏拉图重视教育的政治意义；在西方首次提出优生、胎教及公共学前教育的思想；阐述了游戏在学前教育中的重大意义；提出了慎选故事教材的问题，提倡身心和谐发展的教育。这些观点在西方幼儿教育史上都具有重要意义。尤其是公共学前教育的思想，给文艺复兴后的许多教育家以重要启迪，为近代公共学前教育理论及机构的创立提供了思想资料。

第六节　亚里士多德的幼儿教育思想

一、亚里士多德的主要世界观

亚里士多德是古代希腊博学的哲学家和科学家，柏拉图的学生。在社会政治观点上，亚里士多德是中等奴隶主的思想代表，主张中庸和适度，反对过分和不及。在哲学观（包括认识论）上，亚里士多德摇摆于唯物主义和唯心主义之间。一方面，他承认感觉在认识过程中的地位，甚至在历史上第一个提出并论证了“白板说”，即认为人心犹如“白板”或“蜡块”，知识来源于对事物的感觉及后天经验；另一方面，他又认为真理只能通过理性活动而获得。值得注意的是，亚里士多德的思想含有丰富的辩证法因素。他认为：“每一类事物中，都有潜在和完全实在之分”，事物蕴藏着发展的可能性，事物的生成变化是从潜在的有到实在的有，事物自身的目的就是将潜能变为现实，“潜在者本身的现实化称为运动”；人生来具有自然所赋予的发展能力的胚芽，依赖教育，即能使可能性变为现实。这些思想蕴含着“内发论”的因素。亚里士多德的教育观点散见于《政治学》和《伦理学》等著作中。

二、关于灵魂的学说和教育的顺序

柏拉图认为人的灵魂（心理）有三个部分：理性部分、意志部分和感情部分。亚里士多德发展了柏拉图的有关思想，认为人的灵魂和肉体是互不可分地存在着，就像形式和质料一样。他提出人的灵魂由三部分组成：① 植物部分，即身体的生理部分；② 动物性部分，指本能，欲望和情感；③ 理性部分，即真正的人性部分。顺应着灵魂的上述三个部分，亚里士多德主张相应进行三种教育：体育、德育和智育。三者是相互联系的，只是低级的部分应服从高级的部分，即体育应服从德育，德育应服从智育。教育的目的在于发展灵魂的高级部分，即理性部分和意志部分。他主张通过体育、德育和智育三部分的教育，使人得到和谐的发展。

三、优生与年龄分期

（一）优生

亚里士多德在《政治学》中提出，立法者在考虑年轻一代的教育问题时，要从根本抓起，“首先要注意的”便是婚配问题。他反对早婚及过晚生育，因为“太年老的人和太年轻的人所生的儿童身心都有缺陷”。此外，还应计划生育：“各家繁殖的子嗣应有一定的限数，如果新妊娠的胎婴已经超过这个限数，正当的解决方法应在胚胎尚无感觉和生命之前，施行人工流产。”

针对当时杀婴的习俗，亚里士多德要求制定法规，禁止抛弃婴儿，但又说畸形或残疾者例外。当妇女怀孕后，应善自珍摄，适当从事运动，注意营养，保持心灵的宁静，“因为子嗣的天性多得之于其母，有如植物得之于土壤”。上述观点有些反映了柏拉图的影响，除个别观点外，至今看来还是合理的。

(二) 年龄分期

在西方教育史上，亚里士多德首次提出了教育要与人的自然发展相适应的观点。根据对儿童身心发展特点的观察研究，他在教育史上第一个做出儿童生长发育年龄分期的尝试，并探讨了各个年龄阶段教育的具体要求、组织、内容和方法。

亚里士多德将人的自然生长发育按每 7 年定为一个自然阶段，共划分为三个时期：0～7 岁为第一个时期；7～14 岁（亚里士多德称 14 岁为“发情期”）为第二个时期；14～21 岁为第三个时期。和柏拉图相比较，亚里士多德更多地注意到儿童身心发展的阶段性，并努力根据这种心理学的考察来安排教育工作。

四、论婴幼儿的教育

亚里士多德提出的教育的第一时期，相当于学前阶段。他又把这一时期细分为两个阶段：0～5 岁为前期，5～7 岁为后期。亚里士多德认为，在前一个阶段，应顺应自然，以儿童的身体发育为主。首先要特别重视对婴儿的抚育，其成败对其今后的发展会有很大影响。这时要多给孩子喂哺乳成分丰富的食物，并通过游戏的方式让儿童多进行身体活动。在活动的过程中，要注意保护儿童脆弱的肢体，免得骨骼弯曲，同时，还要让儿童循序渐进地进行习惯于忍受寒冷的锻炼。

在第二个阶段，即 5～7 岁的教育中，应以习惯的培养为主。亚里士多德分析了儿童道德品质构成的三个因素：自然（天性）、习惯与理智。他把重点放在习惯的形成上面。习惯的形成主要通过行动。例如，只有通过勇敢行动的反复练习，才能培养出勇敢的道德品质。据说，“习惯成自然”这句著名西方谚语即源于亚里士多德。

为了培养儿童良好的习惯，亚里士多德还要求注意防止环境中的不良影响。7 岁前的儿童，都应住在家里，“务使他隔离于任何下流的事物，凡能引致邪恶和恶毒性情的各种表演都应加以慎防，勿令耳濡目染”。此外还应教育幼儿，使他们能够以正当的快乐为自己的快乐，以正当的痛苦为自己的痛苦，如果戒绝了寻欢作乐，就可以成为有节制的人；如果养成蔑视可怕事物，以及在它们面前不退缩的习惯，就能变成坚定勇敢的人。

亚里士多德提出，5 岁后的儿童可以开始课业的学习。但主要是让儿童旁观将要学习的诸科目，要注意学习负担不宜过重，以免妨碍身体发育，同时仍应有充分活动，以免肢体不灵。亚里士多德承袭其师柏拉图的观点，认为幼儿多听神话故事很有必要，但须慎重地选择故事材料。

亚里士多德哲学及教育思想中的许多见解，如"白板说"及"内发论"的最初表述、和谐发展的思想、关于教育学和心理学的联系、教育遵循自然的原则、年龄分期的尝试、关于教育环境的思想、注重道德习惯和道德实践的培养等，大多开创了同类思想之先河，给后世以重要影响。其中，教育遵循自然的思想，在17～18世纪发展成为重要的教育思潮。

第七节　夸美纽斯的幼儿教育思想

一、夸美纽斯的生平

夸美纽斯是17世纪欧洲最杰出的教育家。他出生于一个隶属于新教卡尔文教系，在教派内推崇平等、互助精神的"捷克兄弟会"会员的家庭。夸美纽斯从小就受到捷克兄弟会的宗教思想和民主主义精神的熏陶。夸美纽斯从小父母双亡，在兄弟会的资助下接受了中高等教育，大学毕业后担任兄弟会的牧师，兼任兄弟会学校校长。1618年欧洲爆发"三十年战争"，捷克失败。夸美纽斯和其他兄弟会成员被迫于1628年流亡国外。在极其艰苦的条件下他仍孜孜不倦地继续从事教育理论研究及教育实践工作，还到过英国、瑞典等国从事教育改革工作，最后于荷兰去世。

夸美纽斯在教育方面的代表作有：《大教学论》，于1632年写成，为近代资产阶级教育理论的奠基之作；《母育学校》于1630年写成，1633年出版，1652年改名为《幼儿学校》，为世界史上第一部幼儿教育专著，详细论述了在家庭中进行幼儿教育的各个问题；1654年完成，1658年出版的《世界图解》则是历史上第一部对幼儿进行启蒙教育的看图识字课本。

二、夸美纽斯的思想基础

夸美纽斯生活于欧洲从封建制度向资本主义过渡的时代。一方面，资本主义生产方式在各国有不同程度的发展，近代自然科学体系正在形成，人文主义思想广泛流传；另一方面，封建制度在多数国家中仍居统治地位，宗教神学世界观仍然禁锢着人们的头脑。受时代的影响，夸美纽斯的世界观充满了新与旧的矛盾。在社会政治观方面，夸美纽斯有着强烈的民主主义精神，痛恨不平等现象，同情劳动人民的不幸，并幻想通过教育来进行社会改革。他的教育思想中的民主性以及普及教育的思想，都和这种民主主义的社会政治思想紧密相连。

在人性论问题上，夸美纽斯受人文主义的影响，否定了中世纪天主教会力倡的“原罪”论、性恶论及禁欲主义，赞成性善论，重视人的现实生活及积极创造能力，关心人的健康与幸福。

在自然观上，夸美纽斯有深厚的宗教信仰。他相信上帝是万物的创造者和主宰者。但受时代和自然科学的引导，又重视大自然的存在及其威力，力图探索自然的奥秘及其法则并运用于教育。

在认识论上，夸美纽斯一方面接受了英国唯物主义哲学家培根的感觉论观点，认为感觉是认识的起点和源泉；另一方面，基督教世界观仍根深蒂固，认为《圣经》也是认识的源泉。

夸美纽斯“泛智”的思想也体现了其世界观的进步性。所谓“泛智”，就是指把一切有用的知识教给一切人，并使其智慧得到普遍发展的理论。该思想反映了文艺复兴以来新兴资产阶级反对宗教蒙昧主义、提倡科学的时代精神，以及普及教育的民主要求。泛智的思想，是夸美纽斯教育思想的核心，是他从事教育活动的宗旨。

三、夸美纽斯论教育的作用

夸美纽斯受到古代罗马的西塞罗和昆体良以及文艺复兴时期人文主义教育家伊拉斯莫斯等人的影响，高度评价了教育在社会生活和人的发展中的重要作用。

夸美纽斯认为，教会与国家的改良在于青年得到合适的教导。他希望通过教育改变社会道德普遍堕落的现象；同时，坚信受到良好教育的民族，将善于利用地下宝藏，扫除愚昧和贫困，过上富足和幸福的生活。夸美纽斯还高度评价了教育对人的发展的作用。他认为，人生而具有学问、道德和信仰的种子，但这些种子的发展如何，取决于人所受的教育。夸美纽斯声称：“假如要去形成一个人，那便必须由教育去形成”，“只有受过一种合适的教育之后，人才能成为一个人。”他认为，只要教师像高明的画家和辛勤的园丁那样，肯于努力，同时又讲究工作艺术，那么人的智慧可以无限地发展起来。夸美纽斯同意昆体良的意见，认为人人都可以接受教育，智力极低的人犹如生来便没有手脚的人一样极其少见。他告诫教师不要对儿童的发展失去信心，更不要轻易地给儿童下一个“难于教育”的结论而放弃自己应有的努力。

四、夸美纽斯论教育适应自然原则

“教育适应自然”或称自然适应性，是夸美纽斯提出的教育的根本指导原则乃至原理。早在古代希腊，亚里士多德就提出过教育要适应儿童自然的思想。在夸美纽斯所处的时代，受生产技术和自然科学发展的影响，有些先进人士一反过去引证《圣经》的惯例，转而引用自然的方法论述问题，夸美纽斯受到这种时代精神的影响。

夸美纽斯认为，旧学校最大的弊病就是违背自然，用无用的知识填满学生头脑，方法是死记硬背，造成学习时间和儿童精力的极大浪费；要想改革旧教育，就必须贯彻适应自然的原则。

所谓适应自然，按照夸美纽斯的看法包括两层含义：① 遵循自然界的“秩序”。他认为，在自然界中存在着一种起支配作用的普遍法则，他称其为“秩序”或“事物的灵魂”。夸美纽斯把人也看作整个自然的一部分，因此人的发展以及对人进行的教育，也应服从这一普遍法则。② 依据人的自然本性和身心发展的规律进行教育。在上述两方面中，第一层含义占主要地位。

夸美纽斯教育思想中许多有益的主张与合理的因素并不是模仿自然秩序得出的结论，而是他本人和前人长期的教育实际工作经验的总结。夸美纽斯对他的教育经验进行理论论证时，不是依据《圣经》和神学教条，而是采用引证自然的新方法，以合乎自然秩序来论证自己教育改革主张的合理性，反映出他力求摆脱神学束缚，使教育工作科学化的良好愿望。

五、夸美纽斯论幼儿教育

（一）儿童观及幼儿期教育的意义

夸美纽斯在《母育学校》中，以满腔的热情，把儿童比作“上帝的种子”，是比金银珍宝还要珍贵的“无价之宝”，并警告那些欺侮儿童的人，要他们像尊敬上帝那样去尊敬儿童。在夸美纽斯的儿童观中，虽然还表现出宗教思想对他的束缚，但毕竟已从根本上不同于中世纪的性恶论的儿童观，表达了夸美纽斯的人文主义思想以及将实现新社会的理想寄予新生一代的热切愿望，

夸美纽斯的幼儿教育思想立足于深信幼儿期教育的重要意义这一基础之上。他从教育适应自然的原则出发，把儿童比作种子、嫩芽等，声称“任何人在幼年时代种下什么样的种子，那他老年就要收获那样的果实”。为此，夸美纽斯呼吁父母们都要承担起孩子的教育责任，指出人比其他动物更高贵，不能像动物那样只注意身体的养护和外表的装饰，而更要注意人的灵魂；要以教育去

滋补、抚爱和照管他们的心智，对他们施以包括诚信、德行、知识和体育在内的全面的训练，把他们培养成忠实的、能够智慧地管理自己各种事务的有才能的人。

（二）母育学校的性质、意义和任务

夸美纽斯依据儿童年龄特征，在《大教学论》中构筑了一个四级学制：① 从出生到 6 岁，为婴幼儿期，在母育学校接受家庭教育；② 6～12 岁，为童年期，由设在每个村庄的国语学校进行初步教育；③ 12～18 岁，为少年期，由设在每个城市的拉丁语学校实施中等教育；④ 18～24 岁，为青年期，通过设于省或王国的大学接受高等教育。

在夸美纽斯看来，每个家庭都可成为一所学校，孩子的母亲便是主要教师。他在教育史上第一次从普及教育的角度和儿童心理发展的连续性和阶段性的角度考虑学前阶段教育的任务。他认为儿童到成人的发展分为婴儿期、童年期、少年期和青年期四个阶段，每一个发展阶段都有自己专门的教育任务，同时，每个阶段之间又存在密切联系。从上述观点来看待学前教育，母育学校乃前后衔接而统一学制系统的第一阶段，也是必不可少的阶段。他把为儿童奠定体力、道德和智意发展的基础，作为第一个阶段教育的主要任务。

（三）幼儿的体育和德育

夸美纽斯在《母育学校》中引用一位作家关于"健康的精神寓于健康的身体"的忠告，提醒父母们首先应注意的重要的事情是保持其子女的健康，宜从胎儿时期就加以注意。他强调孕妇的心理状态对于胎儿的影响。夸美纽斯还非常重视锻炼和娱乐对儿童身心发展的重要性，主张不要让儿童习惯于用药，要使他们生活有规律并保持愉快的心情。

夸美纽斯十分重视幼儿的道德教育，因为儿童生下来不是要做一头小牛或一匹小驴，而是要成为一个有理性的人。他强调必须在幼年生活中的头几年，就奠定他们的每种良好德行的基础。在道德教育的内容方面，夸美纽斯强调儿童学习有关德行的初步知识，包括节制、整洁、礼节、尊敬长辈、诚实、不损害他人、不嫉妒、落落大方和爱劳动。在上述一系列品质中，夸美纽斯特别重视节俭和勤劳等良好品质的培养。他认为节制和俭朴是健康和生活的基础，是其他一切良好品德的根本。道德教育的方法和手段主要有三种：训斥、榜样和练习。其中，练习尤为重要，宜多运用。

夸美纽斯在倡导温和的纪律及积极的方法的同时，对中世纪以来家庭教育实践中广泛采用的体罚持反对态度，主张在万不得已时才使用。

（四）幼儿的智育

夸美纽斯幼儿教育思想中最有特色的部分，是他在西方教育史上第一次

为6岁以下儿童的智育提出了一个广泛而详细的教学大纲。有关思想的理论基础是他的泛智论、自然适应的原则及唯物主义感觉论。根据幼儿的年龄特点，夸美纽斯认为这一时期智育的主要任务是训练幼儿的外部感觉、观察力及获得各类知识，同时发展语言、思维，为他们以后在初等学校里的系统学习作准备。

夸美纽斯为母育学校制订的智育计划包括自然、光学、天文学、地理学、年代学、历史学、家务、政治学、辩证法、算术、几何学、音乐、语言等学科。他强调："应当把一个人在人生的旅途中所当具备的一切知识的种子播植到儿童身上。"夸美纽斯相信，通过这种启蒙性质的教育，就可以为儿童奠定各门科学知识的最初步的基础。

夸美纽斯要求以易于了解的形式使儿童认识历史、经济和政治的初步原理。具体做法是：要儿童记住昨天、今天、过去一年发生的事情；知道谁是自己家庭的成员，谁不是；具有关于各种政府官员的概念（如市长和法官）等。学习社会知识时，夸美纽斯也力求教会儿童能知、能言、能行。

夸美纽斯重视训练儿童的"体外感觉"及分辨外界事物的能力，其中尤为重视视觉的培养。夸美纽斯接受了培根的唯物主义感觉论的观点，认为感觉是知识的主要源泉，所以为发展儿童的视觉，培养儿童的观察力，提出了相当细致的意见。例如，他建议在儿童2～3岁时，即向他们显示涂过颜色的东西，及看天空、树木、花朵和河流等。4岁后，为扩大儿童的视野，可带他们到户外去观察各种动植物，或欣赏书中的图画。夸美纽斯认为，通过不断扩展范围的观察，儿童的视觉和观察力有了发展，也就会获得关于天文、地理和自然等方面的初步知识了。发展外感觉能力时，他强调要循序渐进。

（五）幼儿的游戏

在夸美纽斯的教育体系中，游戏得到很高的评价，被认为是在母育学校时期对儿童进行全面教育的最主要手段。夸美纽斯从幼儿的年龄特征出发，强调多给幼儿活动的机会。他认为，儿童天性好动，他们血气旺盛，不许他们静止，所以对儿童不应加以限制，而应让他们常常有事可做，像蚂蚁一样不停地忙碌。他甚至规定了这样一条原则：凡是儿童喜欢玩的东西，只要对儿童没有什么损害，那么就应该让他们通过玩而得到满足，而不应加以阻止。夸美纽斯认为给儿童以活动的自由有三大好处：一是可锻炼身体，增进健康；二是可运用和磨炼思想；三是可练习四肢五官，使之趋于灵活。

他指出，游戏的时候，儿童的精神专注于某种事物，自然本身在激发他们去做事情。用这种手段，儿童就可以受到一种积极生活的锻炼而没有任何困难。但这并不是说儿童的父母可以让儿童自由玩耍，自己却袖手旁观，而是要积极行动起来，帮助和指导儿童游戏，甚至直接参加游戏。

夸美纽斯对玩具也提出了详细意见。他认为真的工具常会给孩子带来危险，所以必须找些可取代的玩具，如小的铁刀、木剑、锄头、小车、滑板、踏车、建筑物等。儿童也可以用自己所喜欢的泥土、木片、木块或石头搭起小房子，这样显示他们建造房屋的一种初步建筑术。夸美纽斯还提议要为儿童的眼、耳及其他感官提供一些小的作业，认为这些作业对增强他们的身心力量将是大有裨益的。

从上述主张中，我们可以看到夸美纽斯提出了涉及游戏教育意义的一些重要问题：游戏是符合儿童天性的能量的散发；游戏是组织愉快的幸福童年的手段，是儿童生活所不可缺少的伴侣；游戏是儿童的一切力量和才能所借以发展的重要的智力活动，是扩大和丰富儿童观念的有力手段；游戏是生活的预备。此外，他还提出了成年人领导或参与游戏的必要性等。夸美纽斯的这些思想在儿童游戏理论的发展史上有着重要的意义。

（六）幼儿的劳动教育和语言发展

夸美纽斯鄙视懒惰，视之为“撒旦的蒲团”，主张从小培养儿童的劳动习惯，让他们逐年获得劳动技能。如在儿童出生后的前3年，应当学会倒水，把东西从一处移到另一处；学会卷起、展开、折弯、弄直、戳穿等。在儿童4～6岁时，应当从事手工劳动，包括各种建造活动。为了发展手的技能，夸美纽斯主张利用幼儿易懂的图画和习字，用粉笔或炭条教他们画直线、勾弯、十字、圆圈，并建议这些课业用游戏形式进行。他认为幼儿习惯于拿粉笔写字母，以后可减轻小学教师的气力。

为了发展儿童的语言，夸美纽斯认为首先必须教会他们清楚准确地发出字母、音节和全字的声音，然后说出他们在家中所见的以及作业用的一切东西的名称。夸美纽斯也建议采用游戏的方式来发展语言。母育学校除了培养儿童正确地使用本族语说话的技能以外，还应当打下发展思维的基础。他认为这个阶段的儿童已表现出这方面的萌芽。

（七）幼儿的集体教育

夸美纽斯在《母育学校》中也强调了幼儿集体教育的必要性。他认为同龄儿童在态度和思维方面的进步是相同的，他们能比成人对儿童的教育更有效地相互促进智力的发展。因为某个儿童的发展对于其他儿童来说，不会是太高的；在他们中间，既没有某个儿童对其他儿童施加控制，也没有强制，更没有恐怖，相反，有的是情感、公正以及对所发生问题的自由讨论。所有这一切，都是成人对待儿童时容易掉以轻心之处。由于同龄儿童可能比其他任何人更宜于提高伙伴的才能，所以每天都应让他们聚集在一起追逐嬉戏。与此同时要教育他们分辨善恶，防止同坏人交往。

(八) 进入公共学校的准备

夸美纽斯还详细论述了儿童应在何时入学以及入学前应做些什么准备的问题。他认为儿童6岁前入学是不合适的。一方面，幼龄儿童需要更多的监护和照顾，这远非一位教育许多儿童的教师力所能及；另一方面，在五六岁以前，儿童的脑还是不凝固的，故对于该年龄的儿童来说，使其在游戏中自然地、不自觉地来感知事物是最好的方式。但是，他又指出：

> 6岁以后的儿童，若非把他们立即送入学校受较高一级的教育，他们将会始终如一地变为有害无利的懒惰，而最终将变得像一匹野驴驹。另外，还会有令人更担心的事发生，就是从那不注意的懒散中沾染恶习，这会像一种毒草一样，以后是很难连根拔掉的。

考虑到儿童的发展存在差异，夸美纽斯提议，任何人一旦有一个才能优越或低下的儿童，他就应该去请教教师或学校的训导员。夸美纽斯认为，据以发现某儿童进入公共学校能力的标志有三点：① 该儿童是否真正获得在母育学校所应学会的东西；② 他对问题是否有注意、辨别和判断的能力；③ 他是否有进一步学习的要求或愿望。

夸美纽斯指出，父母没有准备就将其子女送往学校是不智之举，学校教师将会为这样的孩子所困扰。更为糟糕的是一些父母所做的错误准备。这些父母用儿童对教师和学校的恐惧来惊吓、刺激儿童，其结果使儿童沮丧，对学校和教师持有更加憎恶和奴隶般恐惧的情绪。他指出，正确的准备应当是：第一，在儿童接近入学的时候，父母、家庭教师和监护人应当以快乐的心情尽力鼓舞儿童，要告诉儿童入学获得学问是何等美好的事情；第二，应当努力激发儿童对于未来教师的信心和爱戴。

(九) 父母教育指导书和儿童教材

夸美纽斯在《大教学论》第28章中，专门讨论了幼儿父母教育指导书和儿童读物的问题。他认为，要想帮助父母和保姆有效地教育好孩子，必须考虑为他们编写一部手册。该手册应包括以下内容：① 父母及保姆的教育责任；② 儿童所应当学习的各种科目的教学大纲；③ 教学方法，主要是指出教导每一种科目的最合适的时间和灌输它们所应当采用的最佳的言语和姿态。夸美纽斯的上述思想在其幼教专著《母育学校》里得到详尽阐述。

夸美纽斯还认为，应当为儿童编写一本可直接供其观赏的图画书。他已意识到，在幼儿阶段，教育的主要媒介应当是感官的知觉，而视觉又是感觉里面最主要的一种，所以应当把各门学问中最重要的事物以图像形式输送给儿童，包括物理学、光学、天文学、几何学等知识。这本书还应当画出高山、低谷、树木、鸟、鱼、马、牛、羊和各种年龄、高度的人们等。总之，图画书中的内容正好和《母育学校》中提出的教学大纲相对应，可以配套使用。夸美纽斯也重视儿童语言的发展。他提出每张图画的上端应写出它所代表的物体的名称，如“屋”、“牛”、“狗”、“树”等。夸美纽斯认为，这种图画书有三个用处：① 使事物能在儿童心理上留下一个印象；② 使孩子们形成一种观念，认为从书本上面可以得到快乐；③ 帮助儿童学习阅读，掌握语言文字。上述原则都体现在他后来编写出版的《世界图解》一书之中，全书完成后共计 150 课，由 187 幅插图及对插图加以解说的拉丁语、民族语基本词汇组成。

五、夸美纽斯的历史地位

夸美纽斯对幼儿教育的贡献主要表现为：详细论述了教育的作用及人受教育的可能性；在历史上第一次把学前教育纳入其充满民主色彩的单轨学制；撰写了历史上第一部幼儿教育专著《母育学校》，以及与其配套的亦可堪称历史第一的看图识字课本《世界图解》；首次深入研究了在家庭条件下学前教育的完整体系，规定了它的目的、内容和基本方法。

夸美纽斯的幼儿教育思想影响深远。不仅在他之前，甚至在他之后的近 200 年中，还没有一个人对学前教育做过当时条件下所允许的系统研究，更没有人写过全面论述学前教育的专门著作。近代著名幼儿教育家福禄倍尔、蒙台梭利在创立自己的理论时都明显受到了他的影响。

《世界图解》是夸美纽斯所编众多教材中对后世影响最大的一部，该书自 1658 年正式出版后，被迅速译成欧洲各国的文字，流行达 200 多年之久，启迪了一代又一代幼儿。歌德在其自传里称此书为他童年时代儿童们“唯一的一本书”。当代儿童心理学的研究成果进一步证明了夸美纽斯有关思想的合理性和正确性。今天，儿童看图识字的出版物已普及千家万户，追本溯源，它们实滥觞于《世界图解》。

夸美纽斯的思想对后世学前教育制度的发展也有重要影响。1873 年，美国圣路易城首次将幼儿教育纳入当地公立学校教育系统。20 世纪后，幼儿教育普遍成为各国学制的一部分，这些做法都反映了夸美纽斯早年的理想。

作为一位新旧交替时期的历史人物，夸美纽斯仍有其局限性，如他的教育思想（包活幼儿教育思想）仍受宗教观的束缚。但以其贡献而论，总的来说，有人将他称作“在教育史上居于首屈一指的地位”，应该不算溢美之词。

第四章　近代幼儿教育概况

18 世纪 60 年代工业革命前，幼儿教育的主要形式仍是家庭教育。进入近代后，各国社会上虽增设了不少诸如孤儿院、育婴堂等收容幼儿的机构，但属于贫民救济设施的组成部分，目的在于挽救贫民婴幼儿的生命，无多少教育意义可言。

18 世纪下半叶至 19 世纪末是近代幼儿教育制度产生、发展的重要时期。近代资本主义及生产力的迅猛发展急剧改变了社会生活，对幼儿社会教育及公共教育提出了迫切的要求。由欧文所创立的幼儿学校于 19 世纪上半期曾遍及欧美各国，形成一场规模广泛的幼儿学校运动。与此同时，各国政府的幼儿教育政策亦有很大发展。在欧美各国，出现了许多致力于发展、维护和普及幼儿教育机构的团体。19 世纪后半期，福禄倍尔主义幼儿园逐渐占据主导地位。各国成立了许多团体，致力于福禄倍尔教育思想的研究和传播。至 19 世纪末，幼儿教育在西方各国教育制度中已基本确立了其基础地位。

我国的近代社会较西方要晚得多，幼儿教育制度及思想也是在西方幼儿教育思想传入以后才建立起来的。所以，本章我们将中国幼儿教育放在外国幼儿教育后面来介绍。

第一节　18 世纪下半叶至 19 世纪上半叶英、法、德、俄四国幼儿教育的发展

一、英国的幼儿教育

（一）工业革命与幼儿教育

英国早在 1640 年就发生了资产阶级革命，到 1688 年确立了资本主义制

度。18 世纪 60 年代，英国又率先开始了以蒸汽机的创造和使用为标志的第一次工业革命。随着蒸汽机的应用和推广，人类第一次大规模地把热能转换为机械能，以大机器工业代替了手工业，生产力得到了巨大的发展。

科学技术及生产力的发展不仅是一种探索自然和改造自然的历史活动，同时引起了生产关系及社会阶级结构的大变动。无产阶级登上了历史舞台，劳资斗争拉开了序幕，资产阶级依靠先进的技术大力发展生产，彼此展开激烈的竞争，从劳动人民身上获取财富；工业革命每向前推进一步，无产阶级和其他劳动人民所遭受的剥削和苦难就加重一层。企业主贪得无厌地追求利润，女工和童工人数急剧增加。随着这种情况的普遍化，幼儿教育问题日趋严重。首先是幼儿的健康和保护问题。劳动妇女早出晚归，无暇照顾自己的孩子（包括哺育婴儿）；加之生活贫困，劳动阶级的幼小子女普遍得不到必需的营养及合适的居住环境，上述原因导致婴幼儿大量死亡。其次，工业技术的变革迫切要求劳动者掌握一定的文化技术知识，由于广泛使用童工，平民子女受教育的机会很少，故须将初等教育的内容提早到幼儿阶段。此外，工人父母长时间工作，其幼小子女无人管教，极易受坏人引诱，导致道德堕落，这在当时也成为严重的社会问题。出于对这些社会问题的关心及对穷苦幼儿的同情，19 世纪初，慈善家、教会人士着手建立幼儿学校，来保护和教育贫苦幼儿。40 年代后，政府也参与了进来。

（二）怀尔德斯平的幼儿学校

欧文于 1816 年在新拉纳克正式创办了英国第一所幼儿学校，激起了巨大的社会反响。1818 年，兰斯登侯爵及布鲁姆勋爵等英国上流社会人士在伦敦威斯敏斯特开办了第二所幼儿学校，并邀请欧文幼儿学校教师布坎南担任校长。1820 年，怀尔德斯平夫妇又在斯平脱场开办了第三所幼儿学校。19 世纪上半期，热心于幼儿学校教育的人士固然不少，但将欧文开创的幼儿学校推向全国，形成幼儿学校运动，并对完善幼儿学校内部制度做出了最突出贡献者，当推怀尔德斯平夫妇。

怀尔德斯平出身贫寒，早年当过学徒和贫民日校的教师。从青年时代起，他就关心幼儿教育，曾多次向欧文请教办理幼儿学校的经验，获益良多；但同时感到欧文的幼儿学校制度不够健全，决心在这方面有所作为，并在实践中逐渐形成了有自身特色的幼儿学校体系。

在招生对象上，怀尔德斯平的幼儿学校和欧文的幼儿学校一样，主要招收贫民和工人的幼儿。他要求重视幼儿的安全和健康。怀尔德斯平继承了欧文“游戏场”的思想，将游戏场作为幼儿学校的重要组成部分。但在他的幼儿学校里，游戏和运动是在孩子们学习感到疲劳、注意力开始松弛的时候才开展的放松活动，而不是幼儿学校的主课。

怀尔德斯平幼儿学校的德育目的主要在于预防贫穷幼儿的道德堕落，消除虚伪、下流、贪欲、残酷、粗暴等不道德行为；培养爱怜之心、服从父母、守秩序、正直、勤勉、节制和尊重私有财产等德性。德育的方法强调“爱”和“赏”。

怀尔德斯平幼儿学校的智育目标是致力于贫民子女的“知识改善”。在智育方法上，他继承了欧文幼儿学校的传统，反对背诵式的做法，重视实物教学，主张让学生思考、讨论，学会比较和判断以获得独立求知的能力。他将自己的方法及原则归纳为五个方面：激发好奇心、通过感觉学习、从已知到未知、让儿童独立思考，以及将教学和娱乐结合起来。为了有利于教学，怀氏设计了“阶梯教室”、“教学柱”、“数学架”、“调换架”等教具、设备，编写了“发展课文”等教材。智育的内容包括国语、算术、自然、社会、音乐和宗教。这些内容实际上是把初等教育的内容下放到幼儿教育阶段。在这一问题上，怀氏背离了欧文反对对幼儿进行系统书本知识教学的主张。但怀氏的智育计划乃形势发展的需要，而非单纯个人的好恶。一方面，幼儿家长要求按照原来初等学校的方法教授读、写、算；另一方面，在当时的英国，贫民子女的教育期实际上被限制在 8 岁以内，因为 8 岁后他们就被迫参加各种形式的劳动以谋生。上述现实不是怀氏所能改变的。

怀氏对幼儿学校的教师提出很高的要求，要求他们具有“受人欢迎的风采”、“生气勃勃的气质”、“很大的忍耐性、温顺、坚韧、冷静”，同时要具有关于人性的知识，以及通晓音乐。怀氏还号召幼儿学校的教师致力于不断研究幼儿的心理。

为了更好地贯彻自己的教育主张及指导幼儿学校的办学，怀氏还写了不少教育著作，包括《关于教育贫穷儿童的重要性》《幼儿期教育例解》《少年教育体系》等。

在各方人士的支持下，1825 年，伦敦幼儿学校协会成立。协会将普及幼儿学校的任务委托给怀氏。在以后的 20 年里，怀氏不辞劳苦，风尘仆仆，周游了整个英国，致力于完成这一重任。在旅途中，他有时实地作幼儿学校的教学示范，有时就幼儿学校的设立提供指导。在他的努力下，英国幼儿学校有了长足的发展。他被公认为英国幼儿学校运动的领袖。怀尔德斯平不仅对英国的幼儿学校发展做出了重要贡献，也对 19 世纪欧美各国幼儿学校运动产生了广泛的影响。

（三）英国政府的幼儿学校政策

英国自 1833 年开始实行从国库拨款的教育补助政策。1840 年后，幼儿学校开始从这项政策受益。该年 8 月，枢密院教育委员会视学官首次发出关于幼儿学校检查项目的训令，视学官提出的这些项目可以看作对当时大多数幼儿学校特点的总结，同时也表明了英国政府对于幼儿学校的设施、设备以及教育内容和方法的态度。其中，重视读和写、重视阶梯教室的教学以及将娱乐限定在休息时间内等意见，反映了怀尔德斯平传统方法的影响。政府通过派遣视学官对幼儿学校检查及控制师范学校等方式，加强了对幼儿学校的控制。当时欲接受国库补助的幼儿学校，必须接受政府的监督和控制。19 世纪 50 年代末，幼儿学校的就学率达到贫民子女的 12%左右。

二、法国的幼儿教育

（一）奥柏林的编织学校

在法国，最早在历史上有记录的幼儿教育机构是奥柏林的“编织学校”。奥柏林是法国新教派的一位牧师，1770 年，奥柏林创设了编织学校，招收对象为所在地区贫民的 3 岁以上的幼儿。学校有两名指导教师，其一任手工技术指导，另一名任文化和游戏方面的指导。

编织学校的教学内容包括标准法语、宗教赞美歌、格言、观察和采集植物、绘画、地理、做游戏、听童话故事、传授缝纫及编织方法等。学校每周只开放两次，主要是教育而非保育。在 1826 年奥柏林去世前，附近 5 个村庄均办起了同类学校。

奥柏林创办的编织学校不仅在国内，而且对英、德等国的幼儿教育都产生了一定影响。据说，欧文 19 世纪初在英国创办幼儿学校时，曾从奥氏的编织学校获得过启示。在奥氏去世后，编织学校仍存在一段时间；但它从未受到官方的扶持，同法国其他的幼教机构并没有直接的延续关系。

（二）托儿所及托婴所

1801 年，法国著名妇女社会活动家及慈善家帕斯特莱侯爵夫人在巴黎创办慈善性质的收容贫民婴儿的育儿院。此机构产生了一定的影响，但教育意味不浓。1826 年，她又领导妇女会创办了法国最早的托儿所。19 世纪上半期，法国的主要幼教机构为托儿所及托婴所。柯夏、帕斯特莱及马尔波对这一类机构的建立和发展分别做出了重要贡献。

柯夏是巴黎第十二区的区长，曾赴英考察幼儿学校，并深受启发。1828 年，在巴黎创办与英国幼儿学校性质相似的托儿所（名曰“模范托儿所”）；同时，积极协助帕斯特莱夫人领导的妇女会开展托儿所运动，并在理论方面提供了重要的指导。柯夏在他所著的《托儿所纲要》里论述了幼儿教育。

柯夏说明了设立托儿所的必要性，指出托儿所是招收 2 岁以上幼儿的最有效的公共贫民救济设施和儿童教育设施，无论于国于民都有重要意义。柯夏讨论了托儿所的教育内容，强调把宗教和德育摆在首位。教育方法上提倡人文主义态度，反对体罚。在智育方面，柯夏受到怀尔德斯平幼儿学校的影响，主张注重知识教育，包括读、写、算、几何、地理、历史、博物、图画等。这同当时初等学校的教学内容完全一样，只是程度上有所差别。

马尔波也是巴黎政府官员。鉴于法国的托儿所招收对象为较大的幼儿，而乳婴儿则无处可收的状况及社会需要，他于 1844 年 11 月创办托婴所，并撰写《关于托婴所》的小册子。其主张受到社会欢迎，各地遂陆续开设同类机构。他的主张对欧美各国也产生了影响。

(三) 法国政府的托儿所政策

法国自拿破仑时代开始，就形成了一套中央集权的教育领导体制。法国早于其他各国制定了旨在保护和教育幼儿的设施法令，并借助国家的威力迅速增加了幼儿教育设施。

在 1832 年基佐法案颁布之后，法国政府将注意力转向托儿所，认为它是初等教育的基础。1835 年 2 月，法国政府颁布《关于在各县设立初等教育的特别视学官的规定》，提出视学官对托儿所具有视察和监督的权力。这是国家正式管理托儿所的开端。1836 年 4 月，教育大臣布雷发出传阅文件，明确了托儿所是公共教育部领导下的学校，因此应同其他的初等学校一样，接受市镇村教育委员会和郡教育委员会的领导。

1837 年，法国政府发布了最早的有关托儿所管理和监督体系的规定。其主要内容有：① 托儿所是慈善设施，分公立和私立两种，教学内容包括宗教、读、写、算、唱歌、画线等。② 托儿所所长称“监督”，24 岁以上的男女均可担任，但须具有三种证书：A. 考试委员会发给的“能力证书”；B. 地方自治体负责人发给的“道德证书”；C. 大学总长授予的“住地证书”。③ 市镇村郡乃至中央的各级教育委员会，对于托儿所具有一般的管理、监督和惩戒的权力。④ 建立托儿所女视学官制度。自上而下，设有一般女视学官、特别女视学宫和首席女视学官。这项规定将法国托儿所纳入中央集权教育行政管理体制的轨道。

国家在加强对托儿所行政领导的同时，也加强了对托儿所的财政资助。1835 年，公共教育部给予托儿所的补助金达 25 900 法郎。1840 年，创设了由国库支付的托儿所基金。同年，自治体向托儿所交付的补助金达 245 631 法郎，受到补助的托儿所达550所。到1840年，除四个县外，法国所有的县都设有托儿所。有效的行政管理和大量的财政资助，是法国托儿所得到迅速普及的主要动力。

三、德国的幼儿教育

19世纪上半期德国幼儿教育的产生与发展大致可分为两个时期：19世纪最初20年，各地虽建有不少私立幼儿教育设施，但其重点在于保护婴幼儿健康，且多为季节性设施；20年代中期后，在英国幼儿学校及其他因素的影响下，德国的幼儿教育有了快速发展，但绝大部分仍属慈善机构。各邦政府从有效利用贫民劳动和维持治安的角度考虑，力图控制这些设施，却未从财政上给予有效资助。

（一）保育所、托儿所及幼儿保护机构

在德国最早的幼儿教育设施中，巴乌利勒保育所最具代表性。巴乌利勒夫人从慈善家立场出发，从1799年开始致力于贫民救济工作。1802年受法国帕斯特莱夫人创办育儿院的启示，在多特蒙德设立保育所，作为其救济设施的组成部分。

巴乌利勒保育所招收的对象是母亲从事日间农业劳动并已断奶的1～5岁婴幼儿；保育时间是农忙季节上午6点至下午8点。巴乌利勒把婴幼儿的健康摆在工作的首位。保育所有良好的卫生条件和营养丰富的饮食，鼓励户外游戏。教育内容有语言训练、唱歌、社会道德训练和生活规律的教养。

1819年，幼儿教育家瓦德切克以城市劳动阶级子女为对象，设立柏林最早的托儿所。该机构开始时只招收9个月到2岁的婴幼儿，后扩大到3岁，并实行24小时保育。这一机构与保育所不同，是常设的，而不是季节性的。19世纪30年代后，德国各邦一度兴起托儿所运动，德国的托儿所与法国托儿所的重要区别之一是注重保育，而不注重文化知识教育。

19世纪上半叶中，热心幼儿教育的著名人士还有威尔玛·格罗斯曼。格罗斯曼是法兰克福大学教授，著有《学前教育》一书。她在书中提出：学前教育应有专人负责，其设施宜由民众团体筹措解决。此主张受到许多人赞同。1830年，为贯彻这一主张，注重保育的第一所“幼儿保护机构”诞生。至1845年，在柏林一地便建立了29所同名机构。此类机构及其他幼教机构得到了教会的大力支持。

（二）弗利托娜的幼儿学校运动

弗利托娜是阿尔萨斯州威尔特城新教派牧师，曾经两度前往英国参观那

里的幼儿学校。1835 年，她在自己的教区设立了奥柏林式的编织学校，一年后改名为“幼儿学校”，招收赤贫工人的幼儿 40 人。教学内容包括宗教、道德、读、写、算、图画、军事活动、直观练习、手工劳动等。这些正规课程多以游戏的方式教给幼儿。学校设有游戏场。幼儿学校力图使幼儿养成礼貌、节制、服从命令、勤劳和卫生等习惯。

弗利托娜的幼儿学校还附设了幼教师资培训机构，通常学习 3～4 个月。经过培训的女教师能承担音乐、算术、博物、德语和地理等课程的教学。弗氏的幼师培训工作不仅提高了幼儿教育的水平，而且扩大了幼儿学校运动的影响。至 1842 年，在其影响下，以莱茵省为中心的地区共设立了 38 所幼儿学校。到 1851 年，培训女教师累计达 400 人之多。

（三）各邦的幼儿教育政策

在英国幼儿学校的影响波及德国以后，各邦政府纷纷采取措施加以推广。1827 年，普鲁士教育部颁发文件，推荐怀尔德斯平的幼儿教育论文，并号召各地迅速建立幼儿学校，但后来又转而支持发展托儿所。普鲁士政府对以贫民子女为对象的幼儿教育设施采取了一些保护措施，包括：1838 年，承认了为资助柏林托儿所、由私人捐款设立的“中央基金”；1842 年，根据国王敕令，免除了托儿所关系团体的印刷税；1843 年，免除了托儿所地租。

19 世纪上半期，德国各邦的幼儿教育政策是：① 将幼教机构视为私人或团体的慈善设施而予以鼓励设立，并加强监督管理；② 在幼儿学校及托儿所中加强对贫民子女的宗教、道德教育，作为抵制当时革命运动及维持社会秩序的一种手段；③ 认为贫民幼教设施不应像英、法的幼儿学校或托儿所那样进行读、写、算等正规学校课程的教学，主要是给予幼儿家庭式的照料和安排室外游戏，以保持身体健康。

四、俄国的幼儿教育

在沙俄时代，俄国的经济与文化教育均较西欧落后。十月革命前，一般的学前教育还处在萌芽或起步状态，但也出现过不少进步人士积极推动幼儿教育的发展。19 世纪中叶前，幼儿教育主要在教养院或孤儿院中进行。

（一）18 世纪后半期的儿童教养院

在 18 世纪后半期，俄国的封建农奴制度开始解体，城市工商业有所增长，市民阶层对教育提出了一定要求。与此同时，法国的启蒙运动也影响到俄国。在此背景下，俄国女皇叶卡捷琳娜二世起用了进步教育家伊・伊・别茨考伊来从事教改活动。

别茨考伊旅居法国多年，了解医院和各种慈善机构的工作，并撰写过一些有影响的关于儿童教育的著作。1763年，他呈给叶卡捷琳娜二世一份奏折，请求为“弃子孤儿”在莫斯科开办教养院，并为贫穷的产妇在教养院内附设一个医院，获得批准。1763年，俄国的第一所教养院和产科医院在莫斯科开办。别茨考伊被任命为教养院的院长。1770年，在彼得堡开设了莫斯科教养院的分院。不久，这所分院成为最大的彼得堡教养院。后来，教养院在各省市都开办起来。

别茨考伊负责的莫斯科教养院主要收容2～14岁的儿童。教养的内容包括游戏、体育、德育、劳动等。教养院未得到政府的财政资助，主要依靠慈善募捐来维持运作，经常处于入不敷出的困境。由于物质极度匮乏，入院儿童死亡率高，故此类教养院曾获“天使制造所”之恶名。

(二) 19世纪上半叶的儿童教育

1. 葛岑教养院中的幼儿教育

1802年，彼得堡教养院在彼得堡近郊葛岑村开设了葛岑村教养院。其办院宗旨是：为儿童提供自然清新的生活环境，以期降低其死亡率。自1808年起，该教养院开始将7岁以下的儿童交给保护人寄养。1832年，俄国进步教育家奥波多夫斯基、古里耶夫和古格里等向教养院领导人建议：在教养院内附设幼儿学校，凡是留在保护人家中的7岁以下儿童，白天都应到幼儿学校来上学。由于教养院主持未采纳此计划，古格里和古里耶夫遂在奥波多夫斯基的支持下，在葛岑教养院内以自己的资金设立了一所很小的实验幼儿学校，招收了10名在葛岑村居民家中寄养的儿童。

古格里根据在幼儿学校的工作经验制订了改革葛岑村教养院组织的计划。自1837年起建立了如下制度：儿童4岁前交给保护人养育；4～8岁的儿童住在寄宿舍内，每间房子住5～6人，男女儿童分住；儿童日间就学于教养院内为他们建立的幼儿学校，学校分为两班，小班为4～6岁儿童设立，大班为6～8岁儿童设立。儿童自8岁起即可升入葛岑村与彼得堡教养院。

大班和小班的教育工作各有不同，小班内设有严格的作业和上课时间表。古格里认为，发展幼儿的感受性与观察力，使之获得初步的道德概念，培养良好的行为习惯，是小班教育的主要目的。大班按照课表进行的作业大纲包括：直观地研究外部世界的物体、智力练习，掌握朗读、计算和书写方面的熟练技巧。

2. 收容所、孤儿院中的儿童教育

19世纪上半期，俄国农奴制经济的危机日益加重，农民及城市劳动者的苦难有增无减。劳动者及其子女的悲惨生活引起俄国一些进步知识分子的同情,他们力图组织社会力量来帮助贫苦的人们。19 世纪三四十年代,在彼得堡和俄国其他城市里出现了各种致力于给农民、乞丐和孤儿以帮助的慈善团体。

1837 年,彼得堡一所名为"劳动妇女救济院"的慈善机构开办了一个"收容所",这是为出外谋生的母亲所留下的儿童设立的。在这里教儿童学习神学、阅读、书写、计算、唱歌、体操等。由于不久即人满为患,因此劳动妇女救济院于 1838 年在彼得堡郊区又开设了四个分所。不久,在首都和其他城市中也设立了名为"孤儿院"的类似机构。

孤儿院事业最初的领导者是 19 世纪上半期的一些进步教育家,以奥多耶夫斯基为代表。他创作了许多极有趣味、具有文学价值和教育意义的儿章读物,如《伊里涅爷爷的童话》。此外,他还撰写了一些总结初等教育经验的作品。

第二节 19 世纪下半叶欧美和日本的幼儿教育

如果说 19 世纪上半叶是欧文引发的幼儿学校运动独领风骚,19 世纪下半叶西方各国幼儿教育的发展则主要来自福禄倍尔幼儿园的影响。1837 年福禄倍尔幼儿园创立之后,首先在德国境内兴起了福禄倍尔主义幼儿园运动。到 19 世纪 50 年代,福禄倍尔式的幼儿园先后传到英、法、美、俄、日等国,对于西方各国及日本的幼儿教育发展,产生了极为深刻的影响。

一、德国的幼儿教育

1848 年欧洲革命失败后,德国政府趋向保守和反动。在此形势下,德国教育一度处于停滞不前的局面。由于幼儿园曾获进步势力的支持,导致当局不满。1851 年 8 月,普鲁士政府以种种莫须有的罪名查封了福禄倍尔幼儿园,直到 1860 年才取消禁令。随后,各地纷纷成立福禄倍尔幼儿园团体,将幼儿园运动推向深入发展。

(一)福禄倍尔幼儿园协会的活动

幼儿园禁令废除之后,德国各地相继出现了许多幼儿园协会。在这些协会的领导下,德国的福禄倍尔幼儿园运动全面展开。柏林福禄倍尔主义幼儿园妇女促进协会于1860年成立。次年，该协会设立四所幼儿园和一个幼儿园师资培训机构。1863年，家庭教育和民众教育协会亦告诞生。该协会的目标是根据福禄倍尔的思想，致力于幼儿教育的全面改革，包括设立幼儿园和幼儿园师资培训机构、创办以福禄倍尔方法为指导的儿童游戏场、使幼儿园向民众化方向发展以及将福禄倍尔方法引入女子学校等。至1869年，该协会共设立7所幼儿园；到1870年，培训幼儿园女教师200多人。1874年，上述两个协会合并为柏林福禄倍尔协会。

（二）别劳夫人的历史贡献

别劳夫人是一位侯爵夫人，1849年结识福禄倍尔，从此成为福禄倍尔的坚定支持者和得力助手。1860年幼儿园禁令的废除是与她的努力分不开的。

福禄倍尔逝世后，别劳夫人作为福禄倍尔幼儿园运动的中心人物及领袖，在19世纪50～70年代的20余年中，不辞劳苦，周游列国，致力于宣传福禄倍尔教育方法。50年代初，她曾到伦敦开展讲演宣传活动。1855年又到法国，在那里住了三年，宣传讲演达100多次，使福禄倍尔的教育方法被引入法国的托儿所。1858年，别劳夫人应邀访问比利时，途中还顺道访问了荷兰，进行了多场讲演，使幼儿园在这两个国家得到发展。1871年，她又到意大利宣传福禄倍尔方法，亦产生很大影响。

二、英国的幼儿教育

英国的福禄倍尔幼儿园最先由德国的洛安格夫妇引入。19世纪50年代是福禄倍尔幼儿园在英国初步发展的时期。60年代后，其发展因受政府政策的影响一度受阻，70年代后方踏上坦途。此外，自引进福禄倍尔幼儿园后，英国的幼儿教育呈现两种制度并存局面：一种是幼儿学校及收容幼儿的小学，仍以贫民和工人的子女为对象；另一种则是幼儿园，以中上层阶级的子女为对象。不过英国传统的幼儿学校也逐渐受到福禄倍尔运动的影响。

（一）幼儿园的引进及受阻

在别劳夫人来到英国之前，福禄倍尔幼儿园就已由德国的流亡政治家洛安格夫妇引进英国。洛安格原是德国法兰克福联邦议会的议员，因反动势力的迫害，流亡英国，住在伦敦。1851年在英设立德语幼儿园，1854年又设立英语幼儿园。1854年，伦敦举行教育博览会，洛安格夫人赴会并发表讲演，宣传福氏幼儿园，获得巨大反响。1855年，洛安格夫妇为解答参观者的问题，编著《英语幼儿园入门手册》。19世纪50年代到90年代，此书再版十余次，足见其影响之大。1855年4月，洛安格夫妇还开办了福禄倍尔主义初等学校。该校打破传统的小学课程，重视发展儿童个性，倡导创造性教育，对于英国一向沉闷的小学教育界产生了较大的影响。

正当幼儿园在英国稳步发展之际，却遇到意想不到的打击。1861 年，英国政府公布经过修订的教育法规，宣布实行以读、写、算学习测验成绩决定国库补助的政策。这一政策遂成为指挥棒，各类学校均加强知识教学，以争取政府资助。在这个政策面前，不注重读、写、算教学的幼儿园则遭到冷落，故其发展一度处于停滞状态。

(二）幼儿学校被纳入初等义务教育系统

1870 年，英国颁布了《初等教育法》。19 世纪 80 年代又颁布并落实了义务教育的规定，确立了儿童从 5 岁开始进行初等义务教育的制度，从而将英国的幼儿学校纳入这一系统。此后，不仅 5 岁以上学龄儿童基本入学，5 岁以下幼儿也大量进入小学。在拥有众多幼儿的小学里，通常将未满 7 岁的儿童分为两个班级：以 5 岁以下幼儿为对象的班称为“小幼儿班、组”，以 5～7 岁幼儿为对象的班称为“大幼儿班、组”。

(三）19 世纪 70 年代后福禄倍尔运动的发展

自初等教育法颁布后，学力测验作为指挥棒的影响开始淡化。在这一形势下，幼儿园重新获得发展的动力。1874 年，伦敦福禄倍尔协会宣告成立。翌年，协会开设幼儿园教师培训所及幼儿园。1876 年，又实行幼儿园教师资格考试。考试分为预备考试和正式考试两部分。预备考试的内容包括读、写、算、英语文法、文学、地理、历史等基础课。正式考试则加考教育学、教育史、博物学、生理学、卫生学、体育、音乐、福禄倍尔著作、幼儿园作业等专业课。

伦敦福禄倍尔协会为了普及福禄倍尔教育方法，还坚持不断与政府进行接触，使政府在 1881 年教育法中规定：在幼儿教育中，除读、写、算等传统的学力考试科目外，增加实物、自然，以及和日常生活有关的课业；采用幼儿园的恩物和作业，注意手和眼的正确训练。1892 年修订后的教育法规定了作为幼儿教师“女助教”的资格，要求持有福禄倍尔协会的资格证明。新教育法还决定今后不再对幼儿进行读、写、算的学力考试。在附件《关于幼儿教学》中还提出：幼儿教育必须重视儿童的自我运动，促进儿童各种能力的全面协调发展，并批评了那些只重视恩物游戏效果而忽视恩物智力教育价值的错误做法。

三、法国的幼儿教育

在别劳夫人的努力和法国政府的支持和协助下，福禄倍尔幼儿园运动于 19 世纪中叶被引进法国，并取得了许多重要成果。与此同时，法国的助教机构开始向双轨制方向发展。19 世纪下半期,法国继续颁布系列法令来指导幼儿教育的发展,并确立了近代幼教制度。

(一)福禄倍尔幼儿园方法的传入

1855 年,别劳夫人到达法国。在三年逗留期间,她向法国听众系统地介绍了福禄倍尔的教育思想及其幼儿园事业。此外,她还向法国领导人提出在法国托儿所引进福禄倍尔教育方法的请求,得到批准,遂以"国际托儿所保姆培训学校附属托儿所"为试点,通过法国中央集权的教育领导体制,自上而下顺利地把福禄倍尔的教育方法引进法国。

在福禄倍尔幼教思想日益扩大影响的同时,法国还出现了少量幼儿园,以及开展了以福氏思想为指导的幼儿师资培训工作;但法国的幼儿园为上流社会子女的专利品,平民子女则只能进传统的托儿所。这种双轨制的现象与英国相似,19 世纪 80 年代后方有所改变。

(二)近代幼儿教育制度的确立

1855 年 3 月,法兰西第一帝国皇帝拿破仑三世颁布了托儿所敕令。敕令指出:"托儿所不论是公立或私立,都应当成为 2～7 岁的两性儿童在道德和身体的成长中得到必要照顾的教育设施。"教育的内容包括宗教教育、德育、读写算、常识、手工、体育。与此同时,政府还制定了具体的托儿所内部规章制度。1881 年,法国通过《费里法案》,宣布国民教育三原则为"免费"、"义务"和"世俗化"。同年 8 月,在政府颁布的教育法令中又宣布,将托儿所等幼教机构统一改称"母育学校",并将其并入了公共教育系统,以实施"母性养护及早期教育"为宗旨。母育学校招收 2～6 岁儿童,根据年龄男女混合编班。保教内容有德育、日常生活知识、语言训练、绘画、书法、唱歌、体操、博物,以及初步读、算等。宗教教育被取消。1881 年的两个法令基本上确立了法国的近代幼儿教育制度。"母育学校"作为法国统一幼儿教育机构的名称一直沿用至今。

1886 年,法国政府规定,凡拥有 2 000 名居民以上的乡、镇,都必须建一所母育学校。1887 年,法国政府又发布政令,对母育学校应具备的设施详加列举,虽仍保留了偏重知识教育的特点,实际上倡导采用福禄倍尔幼儿园的教具和教育方法。但在 19 世纪末的法国各类文件、记录中,避免提到福禄倍尔的名字,社会也拒绝幼儿园的发展。有人认为,这是由于普法战争失败造成的民族情绪,使得法国人不愿直接承认受到德国的影响。

四、俄国的幼儿教育

俄国于 1861 年废除农奴制后,生产力发展较快,社会改革运动风起云涌,幼儿保教问题引起更多人士的重视。与此同时，福禄倍尔幼儿园运动也波及俄国。这两方面的因素直接推动了19世纪福氏幼教理论及幼儿园的运动。1871年，彼得堡福禄倍尔协会率先在彼得堡创立福禄倍尔学院，此后，各地纷纷效仿。“十月革命”前，这些福禄倍尔学院是培养有资格的学前教育人员的唯一机构。免费的平民幼儿园在19世纪末才在俄国出现。

(一) 19世纪下半期的幼儿教育

俄国农奴制于1861年废除后，资本主义有了迅速发展，在19世纪90年代，大工业急剧增长，英国工业革命初期的弊病在俄国再次发生并尖锐化，此即婴幼儿的保育及高死亡率问题。面对如此形势，俄国政府仍继续推广孤儿院(包括农村孤儿院)。俄国东正教会也在各教区设立孤儿院，收容3～10岁的孤儿、半孤儿及赤贫者子女。

慈善团体在19世纪下半叶更为活跃，它们开办了托儿所、孤儿院及平民幼儿园等多种类型的幼儿保育或收容机构。19世纪末，俄国绝大多数的收费幼儿园都变成了升入各种学校的预备机构。1896年，全俄国共有收费幼儿园66所。

1900年，根据热心聋哑教育的弗·阿·娜乌的倡议，在莫斯科为聋哑儿童开办了第一所收费的寄宿幼儿园。1902年及1904年，彼得堡和基辅等地也分别设立了聋哑儿童幼儿园。总的来看，由于政府不重视，这一时期俄国的幼儿社会教育与同期西欧相比明显落后。

(三) 20世纪初至十月革命前的幼儿教育

在这段时期内，沙皇政府仍然认为没有将幼儿教育列入国民教育系统的必要，政府拨给幼儿教育的经费微不足道。但在大工业中心地区出现了一些社会团体，它们曾大张旗鼓地宣传公共幼儿教育思想，并努力将教育科学的要求贯彻到家庭教育中去。若干社会团体还开设了为数有限的幼儿教育机构，同时进行了训练幼儿教师的工作。莫斯科教育社、莫斯科幼儿园委员会、彼得堡学前教育促进会、基辅平民幼儿园协会、福禄倍尔协会、平民大学协会等，都对推动幼儿教育的发展发挥了积极作用。1908年，基辅福禄倍尔协会开设了三年制“女子师范专科学校”，这是当时规模最大的一所学前教育师范学校，最多时招收338名学员。1910年以后，意大利幼儿教育家蒙台梭利的思想也传进俄国。1913年，根据蒙氏体系创办的幼儿园在俄国问世。

五、美国的幼儿教育

19世纪的美国幼儿社会教育经历了一个从无到有、由私立发展到公立、从局部扩展到全国的发展过程。美国最早的幼儿教育机构是在欧文影响下设立的幼儿学校。19世纪30年代，在公立学校运动兴起之时，幼儿学校曾遍布东海岸各大城市。到19世纪中期，福禄倍尔幼儿园开始在美国出现，这是美国幼儿园的初创时期。19世纪70年代进入幼儿园迅速发展的时期，几乎同时出现了慈善幼儿园运动和公立幼儿园运动。至20世纪初，公立幼儿园已成为美国幼儿园的主要形式，同时与慈善幼儿园和私立幼儿园等多种形式并存。

（一）幼儿学校的兴衰

英国空想社会主义者欧文于1816年创设的幼儿学校曾对各国产生过重要影响。1818年，幼儿学校传入美国。1824年，欧文来到美国，在印第安纳州建立“新和谐村”，并在1826年开办示范幼儿学校，其幼儿学校的主张在美迅速传播开来。许多州都创立幼儿学校，招收4～8岁的儿童入学。1830年，美国幼儿学校改称初级部，与初等学校相衔接。

幼儿学校在思想观念方面给当时的美国人以一定程度的启发。随着幼儿学校广泛设立，也在美国民众中传播了这样一些思想，即认为学校有责任对4～6岁的幼儿进行教育，教给他们有关宗教、道德以及读写方面的初步知识。

幼儿学校的开办遇到不少困难，主要原因是许多地方教育当局不愿承担办校经费。幼儿学校仅靠收费或一些团体的捐款难以长期维持。尤其是1837年爆发的经济危机，更是给予幼儿学校以致命的打击。19世纪40年代后，此类学校逐渐衰微。

（二）福禄倍尔幼儿园的传入

福禄倍尔主义幼儿园在美国出现并逐渐占据主导地位，是19世纪后半期美国幼儿教育发展史上的主要内容。这种情况的出现有其深刻的历史原因。

经济上，南北战争后，黑奴制的废除为资本主义的长足发展扫清了道路，美国迅速由农业国变为先进的工业国。1894年，美国工业生产已跃居世界首位，许多新的工业部门如电气、化学、汽车等也开始发展起来。经济的发展，不仅对人的培养提出了要求，也从经济上为教育的发展提供了条件。

幼儿园的设立，特别是后来公立幼儿园的发展，还有其政治上的原因。在整个19世纪，美国历史的发展有两大特点：一是其领土奇迹般地不断扩大；二是欧洲移民大量进入美国。为了保证政治及社会的统一安定，将异族移民同化为美利坚人，缓和阶级矛盾和民族矛盾，美国政府对公共教育事业日益重视。

19世纪中叶后，为了加速教育的发展，美国不少教育工作者曾经通过各种形式引进欧洲的教育理论，并与国内教育实际相融合，以促进整个教育的发展。福禄倍尔的教育思想就是美国当时引进的教育理论之一。当时的美国有关人士认为,在福禄倍尔的教育思想中,除去象征主义和神秘主义的因素以外,有着许多可取的东西。其中最值得重视的是福禄倍尔关于尊重儿童,相信他们天性本善,并具有积极、能动的特性;强调给予儿童以自我表达和自由活动的重要性,注重在活动中发展儿童的天性,以及重视儿童的社会合作精神等思想。

美国最早的幼儿园是德语幼儿园,由德国移民舒尔茨夫人 1855 年创立于威斯康星州的瓦特镇。到 1870 年止,美国已有 10 所左右德语幼儿园。1860 年,美国妇女伊丽莎白·皮博迪在波士顿开设了美国第一所英语幼儿园,她因此被公认为美国幼儿园的奠基人。舒尔茨夫人对皮博迪有过重要影响。1859 年,两人结识。舒尔茨夫人后来给皮博迪寄去了福禄倍尔《人的教育》序言的英译本。皮博迪办了六七年幼儿园后,感到自己理论素质欠缺,遂于 1867 年关闭了自己的幼儿园,去欧洲各国参观访问,拜师求道。回国后,皮博迪成为福禄倍尔思想的热情宣传者,积极倡导建立幼儿园。在她的鼓励和支持下,1868 年在波士顿还创办了美国的第一所幼儿师范学校。

(三) 慈善幼儿园的发展

从 19 世纪 70 年代开始,美国慈善幼儿园建立并得到迅速发展。个人、教会、幼儿园协会以及各种社会组织纷纷设立此类幼儿园。

慈善幼儿园是在美国工业革命之后贫富分化加剧,以及大量移民涌入城市,形成城市贫民的背景下出现的。挣扎在死亡线上的贫民儿童体弱多病、无人照料,或流落街头,道德堕落,遂成为严重的社会问题。各种社会人士或出于人道主义,或为缓和社会矛盾,或为扩大政治影响,或为了沽名钓誉,甚或为了免税等不同动机,竞相兴办收容贫民子女的慈善幼儿园。

1870 年,在纽约出现了美国的第一所慈善幼儿国。在波士顿,1878—1889 年,由昆西·肖夫人资助,开展了免费幼儿园运动。1879 年,肖夫人亲自创建一所幼儿师范学校。在她的努力下,到 1883 年,建立起包括 30 所免费幼儿园在内的幼儿园网。到了 19 世纪八九十年代,几乎所有大中城市都办起了免费慈善幼儿园。

美国第一所教会幼儿园由“三位一体教会”于 1877 年在俄亥俄州托雷多市建立。1878 年,纽约市的安东纪念教会也设立了幼儿园。1912 年,全美已有教会幼儿园 108 所。教会开办幼儿园的主要目的是济贫及进行宗教教育。

慈善幼儿园在美国社会生活中功不可没。由于此类机构的广泛设立,贫民儿童的生命安全和身体健康得到保护,犯罪率降低,社会治安转好,此外还推动了幼儿园的发展，为美国公立幼儿园系统奠定了一定的基础。慈善幼儿园在传播福禄倍尔的教育方法方面也发挥了很大作用。

（四）公立幼儿园运动及幼儿园协会的成立

19 世纪 30 年代，以新英格兰为中心，在美国兴起一场以发展初等教育为目标的公立学校运动。通过这场运动，除南部以外，各州都设置了向所有儿童开放的免费公立小学。19 世纪 70 年代，以中西部的密苏里州圣路易斯市为首，又兴起公立幼儿园运动。

美国第一所公立幼儿园是由著名教育家哈里斯和布洛共同创建的。哈里斯曾任圣路易市督学，他认真研究过福禄倍尔的著作，意识到早期教育的重要性和福禄倍尔方法的意义。在皮博迪的建议和布洛的支持下，哈里斯向圣路易斯市教育委员会正式提出有关建议，并得到批准。1873 年秋天，第一所公立幼儿园在圣路易斯市的德斯皮尔斯学校正式建立（附设在该校内），布洛女士任该幼儿园的第一任教师，招收幼儿 20 名。到 1878 年，该市已有公立幼儿园 53 所，1903 年达到 125 所。

圣路易斯市的公立幼儿园一炮打响后，其他各州纷纷仿效，一些私立幼儿园也逐步被纳入公立教育系统。到 1901 年，全美公立幼儿园达到 2 996 所（同期私立幼儿园为 2 111 所）。到 1914 年，几乎所有美国大中城市都建立了公立幼儿园系统。这类幼儿园一般附设于地方公立初等学校，作为初等教育的第一阶段。

公立幼儿园运动在美国教育史上具有重要意义：① 表明幼儿园不再是民间的慈善护理机构，而是整个公立学制系统的有机组成部分；② 促进了幼儿园教育在美国的普及；③ 在一定程度上改变了过去幼儿园和小学脱节的状况。一些幼儿园建立了幼儿园和小学相互衔接的统一课程。在一些小学，也把幼儿园的某些教育方法（如游戏教学）应用到低年级。有些教师培训机构和大学，还尝试将幼儿园教师和小学教师统一培训。

随着各类幼儿园的发展，美国各地还成立了幼儿园协会。最早的幼儿园协会是 1870 年成立的密尔沃基幼儿园协会。该协会在当地三所德英混合学校建立了幼儿园。到 1897 年，美国各地幼儿园协会总数已超过 400 个。其中影响最大的是旧金山金门幼儿园协会，该协会最多曾拥有 44 所慈善幼儿园。到 1896 年，该协会的幼儿园先后接收儿童 18 000 名。

六、日本的幼儿教育

在资本主义各国中，日本为一后起之秀。明治维新以前，日本有着长期封建专制统治的历史，文化发展主要受中国儒学、日本和学的影响。1868 年，日本开始明治维新，进行了资产阶级改良性质的改革。明治政府推行“富国强兵”、“殖产兴业”和“文明开化”三大方针。在实行政治、经济、军事、文化领域改革的同时，也进行种种教育改革试验，广泛吸收欧美资本主义国家的教育思想和教育制度，为建立近代日本教育制度奠定了基础。日本近代幼儿教育正是在此背景下产生并发展起来的。

(一) 近代幼儿教育机构的产生和发展

1876 年(明治九年)，在考察过欧美教育设施的文部大辅田中不二麻吕的倡导下，东京女子师范学校附属幼儿园建立。这是日本近代第一所幼儿教育机构，但其性质是公立的，直属文部省，仿照美国幼儿园而建立。创立幼儿园是明治政府学习西方，包括积极引进欧美教育制度的一次尝试。政府试图以点带面，推动日本幼儿教育的发展。但该园园舍豪华，收费昂贵，非普通平民子女所敢问津，故难以普及。到 1881 年(明治十四年)，全国仅建起此类幼儿园七所。为使幼儿园得以普及，1882 年，文部省发出建立简易幼儿园的“示谕”。1892 年(明治二十五年)，东京女子师范附属幼儿园增设一个分园，以社会低收入阶层的子女为对象，并延长保育时间。这是日本第一所为贫穷阶层幼儿服务的公立保育机构。

到 19 世纪末，日本的平民幼儿教育机构中，除了简易幼儿园外，还出现了托儿所或保育所。日本的第一个常设托儿所是新潟市的赤泽钟美夫妇于 1893 年开设的，名为“新潟静修学校幼儿保育会”，接受静修学校学生所携之年幼弟、妹，为托管性质。翌年，东京等地出现工厂附属保育所，以照管职业劳动妇女之年幼子女。到了 20 世纪，日本逐渐形成以幼儿园及托儿所(保育所)为代表的双轨制幼教系统。

日本的基督教会幼儿园在 19 世纪下半期也得到一定发展。日本的第一所由教会人士开办的幼儿园是颂荣幼儿园，由美国传教士哈芜于 1878 年在神户创办。哈芜致力于福禄倍尔幼教原理的宣传，将《人的教育》引入日本，并在 1881 年著《保育学初步》，对推动日本幼教发展做出重要贡献。颂荣幼儿园虽带有宗教色彩，但宗教目的并不是特别强烈。一般认为，日本的第一所基督教幼儿园是北陆英和幼儿园，由美国人波特于 1886 年在金泽市创办。

(二) 第一个幼儿园规程的制定

1899 年(明治二十二年)，日本文部省制定第一个幼儿园规程《幼儿园保育及设备规程》。其主要内容有：① 规定“幼儿园是为年满三岁至学龄前儿童开设的保育场所”；② 保育内容包括游戏、唱歌、谈话、手工作业以及纠正幼儿的不良道德、仪表;③ 在保育方法上,强调要适应幼儿身心发展,难易得当,利用幼儿模仿力极强的特点,让他们多接触嘉言善行;④ 规定了幼儿园所需设备。此规程后来虽经多次修订,其基本内容仍长期保持不变。

(三) 福禄倍尔教育思想的影响

从幕府末年开始直到整个明治时期,随着欧美文化教育思潮的不断涌入,近代幼儿教育思想也影响到日本,如强调游戏的教育价值、提倡同伴之间的集体活动,以及发展儿童的个性等。其中,对日本幼儿教育影响最大的是福禄倍尔的教育思想。除哈芜等外来者外,当时许多日本人亦发表译文或著述,宣传福禄倍尔的教育方法。1876 年(明治九年)11 月,《日本新闻杂报》刊登了中村正直编译的《福禄倍尔幼儿园理论概要》。同年,东京女子师范学校附属幼儿园监事关信三发表译著《幼儿园记》,这本书被认为是日本有关幼儿园教育的第一部重要著作。

在日本幼儿园教育理论中,福禄倍尔恩物受到高度评价,对恩物实行照搬并置于教学的重点。关信三在 1879 年(明治十二年)编写了《幼儿园 20 例游戏》,将福禄倍尔的 20 种恩物进行图解说明,并建议幼儿园每天花 3～4 小时,将这 20 种游戏逐一教给儿童。儿童倦怠时,交替进行唱歌、表演、体操等活动,以免损伤游戏的兴致。该书所宣传的福氏恩物游戏种类及使用方法,曾被日本各幼儿园广泛采用。

到明治中期,日本幼儿园的保育科目大大减少了恩物的比重,而相应增强了注重思想灌输的科目。出现这种情况有两方面原因:一方面是日本根据本国国情有选择地取舍外国教育内容的必然结果;另一方面则是保守教育思想复活的反映。1879 年,保守派以明治天皇的名义制定《教学大旨》,提出要加强传统的道德教育;1882 年颁发《幼学纲要》,指出儒教五伦道德乃教育之根本。革新派对此开始坚决抵制,后来,则向儒教主义妥协。1881 年(明治十四年),东京女子师范附属幼儿园修改保育科目时增加"修身"科。

随着恩物地位降低,唱歌和游戏在幼儿园保育科目中逐渐占据重要地位,并逐渐增强思想灌输的成分。1899 年(明治二十一年)的幼儿园规程将"涵养德性"的任务归于"唱歌"一类。1887 年(明治二十年),文部省音乐科编辑出版了一本《幼儿园歌曲集》,极力宣扬忠君报国的思想,其目的是培养"顺臣良民"。这是明治维新的不彻底性在幼儿教育方面的主要表现。

第三节 中国近代学前教育的发展

一、蒙养院制度的建立

（一）学前社会教育机构产生的社会基础

经济基础决定了包括学前教育在内的教育制度。中国封建社会，是封建宗法家族制度下的自给自足的小农经济与家庭手工业相结合的经济，其学前教育的基本形式必然是家庭教育。有组织的学前社会教育，必然是资本主义大工业生产以后的产物。欧美学前教育机构在19世纪二三十年代以后不断出现，19世纪末已有相当发展，正适应了欧美资本主义大工业生产的需要。

自鸦片战争后，中国出现了近代工业，就其性质可以分为三种：外国资本主义在中国非法开设的工厂；清政府洋务派官僚兴办的工业企业；中国民族资本主义工业。为适应这三种近代工业的需要，教育上也出现了三种不同性质的学校：一是资本主义国家在华兴办的教会学校；二是洋务派办的洋务学堂；三是民族资产阶级办的新学校。

大工业生产的出现，使得城市手工业和农民家庭手工业破坏，不少妇女走进工厂，参加近代大工业的生产劳动，特别是民族资本最初投资的缫丝厂、纺织厂里招收了大量的女工，由家庭完全承担的学前教育已不适应这样的社会现实，这从经济上提出了建立学前社会教育机构的要求。因此，从根本上说，学前教育机构的建立是近代大工业生产的需要。

社会政治制度与经济制度的大变动，引起了思想文化领域的波动。一部分比较开明的官僚知识分子，如龚自珍、魏源、林则徐提出了“师夷之长技以制夷”的主张，他们被称为近代中国开眼看世界的第一批代表人物。19世纪六七十年代，以冯桂芬、王韬、容闳、薛福成、马建忠、何启、胡礼垣、陈虬、郑观应等为代表人物的早期资产阶级维新派在不同程度上提出改革政治、经济、文化教育的主张。

在教育方面，他们提出学西学、设立新式学堂、学习西方科学技术、改良科举制度等主张，以促进中国资本主义的发展，改变封建君主专制制度。1898年的维新变法运动是一次资产阶级救亡图存的政治运动，其代表人物有康有为、梁启超、严复、谭嗣同。虽变法失败，但其思想影响并未消失，他们对西方儿童教育的介绍、建立学前教育制度等主张，是中国近代学前教育机构产生的思想基础。

资产阶级维新派有关学前教育的主张有以下几个方面：

(1) 强调儿童教育的意义

维新派强调教育的社会价值，认为中国要从落后的封建社会向资本主义社会转化，关键在于教育，把教育作为改变中国的前提，声言："欲任天下之事，开中国之新世界，莫亟于教育。"他们认为，要改变教育落后的状况，必须从抓孩童教育开始，梁启超说："春秋万法托于始，几何万象起于点，人生百年，立于幼学。"这充分强调儿童教育的意义，认为这是改造国家的基础。

(2) 引进西方心理科学，促进学前教育的科学化

资产阶级维新派人士在引进西方心理学上起了重要作用。1902 年，梁启超著文《教育政策私议》，介绍了西方关于儿童心理发展的分期及心理特点。他将儿童学程分为 4 个时期，5 岁以下是家庭教育期或为幼稚园期，亦称幼儿期。他还从身体、知、情、意、自观力几项介绍了幼儿期的心理特点。资产阶级维新派介绍西方心理科学是为了告诉人们对儿童应该有次序，还要按不同年龄阶段儿童的心理特点实施教育，才能收到良好的教育效果。

(3) 建立资本主义教育制度，将学前教育纳入教育体系

资产阶级维新派人士在批评以科举考试为中心的封建教育制度的同时，积极介绍欧美近代新学制。康有为曾建议清廷"远法德国，近采日本，以定学制"。他还专门阐明建立人本院、育婴院等学前教育机构的主张，认为它们也应是学校教育体系的重要组成部分。

(4) 提倡女子教育，为幼稚师资的培养奠定舆论基础

资产阶级维新派主张女子与男子有同等受教育的权力。梁启超在 1897 年写的《论女学》一文中，批评了"妇人无才便是德"的封建传统观念，认为这是"祸天下之道"，阐述了女子受教育具有重大意义。以后他又作《倡设女子学堂启》等。

鸦片战争后，进步的思想家、教育家关于改革教育的主张，为清末学前社会教育机构的产生，作了理论准备。

(二)第一个学前教育法规的颁布

1. 封建传统教育在形式上的结束

外国入侵使得义和团反帝斗争和以孙中山为首的资产阶级革命活动兴起，清朝统治面临危机。为暂缓社会矛盾，清朝政府于 1901 年宣布实行新政。

改革科举、兴办新式学堂则是“新政”的内容之一。

1905 年 8 月，清政府下诏“立停科举以广学校”。至此，封建时代的科举制度宣告废除。科举制度的废除，是中国教育发展史上的一件大事，它标志着封建时代的旧教育在形式上宣告结束，新的半殖民地半封建的教育制度在逐步形成。

2. 蒙养院制度的确立

中国近代学前教育制度，是随着新教育制度的产生而确立的。蒙养院是中国最早的学前教育机构，它是同新的学校体系同时产生的。

新政实行以后，1902 年，由管学大臣张百熙起草了《钦定学堂章程》，也称“壬寅学制”，但未施行。1903 年，又由张百熙、荣庆、张之洞重订学堂章程，即《奏定学堂章程》，也叫癸卯学制，于 1904 年 1 月颁布执行。该学制包括《奏定初等小学堂章程》《奏定高等小学堂章程》《奏定中学堂章程》《奏定高等学堂章程》《奏定大学堂章程》以及《奏定蒙养院章程及家庭教育法章程》，学制将整个教育过程分为三段七级。第一段为初等教育，规定蒙养院设立在这一阶段中。

《奏定蒙养院章程及家庭教育法章程》(以下简称“章程”)是癸卯学制的一部分，它是中国第一个学前教育法规，主要内容有以下几个方面：

(1) 蒙养院的意义、对象

蒙养院招收“3 岁以上至 7 岁之儿童”，认为蒙养教育是国民教育的基础，充分肯定了学前教育的重要意义和作用，指出了其在国民教育体系中的基础地位，说明了蒙养院是教育学前儿童的专门机构。

(2) 蒙养院的设置

“章程”规定，蒙养院不单独设立，附设在育婴堂和敬节堂内。育婴堂以前多招收孤苦的儿童，“章程”规定建立蒙养院，于是育婴堂内划出一院为蒙养院。敬节堂是收留寡妇的场所，“章程”也规定在其堂内设蒙养院，教师由“节妇”担任。

(3) 蒙养院保教要旨

① “保育教导儿童，专在发展其身体，渐启其心知，使之远于浇薄之恶风，习于善良之轨范。”

② “保育教导儿童，当体察幼儿身体气力之所能为，心力知觉之所能及，断不可强授以难记难解之事，或使之疲乏过度之业。”

③ “保育教导儿童，多留意儿童之性情及行止仪容，使趋端正。”

④ “儿童性情极好模仿，务专意示以善良之事物，使则效之，孟母三迁即此意也。”

蒙养院对儿童的教育，包含了体育、德育、智育、美育的内容。在教育原则上，提出了应该照顾儿童惰性及心理特点，指出教育要量力适度，还要利用榜样的教育作用。

（4）蒙养院课程

“章程”规定蒙养院儿童在院时间每日不得超过4点钟，课程有游戏、歌谣、谈话、手技。这四项教育内容与小学课程完全不同，符合儿童的年龄特点和接受能力。

（5）蒙养院保姆的来源与培训

蒙养院内教师称“保姆”，保姆由乳媪和节妇训练而成。训练保姆的方法，是在育婴堂和敬节堂中，选一识字妇女当教员，如堂内无识字的，可以请一识字老妇人入堂任教。教材编选规定：①“将《孝经》《四书》《列女传》《女诫》《女训》及《教女遗规》等书，择其最切要而极明显者，分别依次浅深，明白解说，编成一书，并附以图，至多不得过两卷。”②“选取外国家庭教育之书，择其平正简易，与中国妇道妇职不相悖者（若日本下田歌子所著《家政学》之类）。”③“初等小学字课本及小学前二年之各种教科书，语甚浅显”者。这样的保姆是“三从四德”模范的执行者和宣传者，可以说这样的幼儿师资是完全不合格的。

（6）蒙养家教合一

从蒙养院保教要旨、课程来看，虽然有不合理之处，但还没有离开幼稚园的性质，所以说蒙养院属于近代幼稚园。“章程”又明确规定“蒙养家教合一”，按此宗旨，蒙养院似乎又不是纯粹的幼稚园，而是蒙养家教合一的形式之一而已。蒙养院的开办只不过是用来辅助家庭教育。蒙养家教合一表现为两个方面：一是蒙养院要辅助家庭教育，二是用家庭教育包括女学。由此看来，建立蒙养院真正用意在于加强家庭教育。

儿童仍然是在家庭中受学前教育，而作为执教者母亲或保姆所受的训练，不是近代幼稚园保育、教养知识，而是封建纲常名教。因此，这时候虽然开办了蒙养院但又不放弃甚至强化封建式家庭教育，同时也没有解决好师资培养的问题，充分暴露了在半殖民地半封建制度下我国第一个学前教育法规的封建性、落后性，其形式上的资产阶级教育与思想内容上的封建主义之间必然造成尖锐的矛盾。

（三）蒙养院制度的实施

1. 蒙养院的兴办

在第一个近代学制的颁布推行下，中国的学前社会教育机构开始出现。

1903年秋，湖北省立幼稚园在武昌成立，这是我国设立的第一个幼儿教育机构。同年，北京的京师第一蒙养院也宣告成立。上海、湖南、天津、江苏等地也相继出现了各种各样的幼儿教育机构，名称各异。这便是我国第一批学前教育机构。此外，还有为数不少的外国传教士在沿海地区开办了幼儿教育机构。

清末蒙养院按其性质，可分为官办蒙养院和私立蒙养院两种。

中国最早的学前教育机构是武昌蒙养院，1903年(光绪二十九年)秋在武昌创立。当时正是两湖总督张之洞在湖北执掌政务期间，在他的推动下，兴起了创办新式学校的热潮。在这种形势下，1903年秋，湖北巡抚端方在武昌创办了幼稚园。“癸卯学制”颁布后，湖北幼稚园改名为武昌蒙养院，也叫武昌模范小学蒙养院。

为促进幼稚园的发展，在张之洞的主持下，湖北幼稚园曾附设女子学堂，招收15～35岁的女子，专门学习幼稚师范课程。这是中国幼稚师范的萌芽，是当时了不起的新生事物，成为轰动一时的新闻，女孩子去上学引起了路人争相观看，甚至与学堂门卫发生纠纷。张之洞得知此状，决定立即刹车。他撰写《札学务处办敬节育婴学堂》一文，明令湖北停办女学，这样，张之洞便将亲手办起的女子学堂扼杀了。这所女子幼稚师范学堂无一人毕业，年轻女子又回到家中，保姆还是从乳媪和节妇中挑选。

由于自己无法培养合格的师资，湖北幼稚园教员主要由日本人担任。当时聘请了户野美知惠等三名日本保姆。户野美知惠毕业于东京女子高等师范学校，是日本来华最早的幼教工作者，担任湖北幼稚园园长。1904年，她拟定了《湖北幼稚园开办章程》，规定幼稚园“重养不重学”的原则，宗旨有三：“一、保育身体之健旺，体育发达基此；二、培养天赋之美材，智育发达基此；三、习惯善良之言行，德育发达基此。”保育幼儿包括发展身体、开发智识、培养行为习惯三个方面。该章程规定开设的课程有行仪、训话、幼稚园语、日语、手技、唱歌、游嬉七项。

天津严氏蒙养院，是私立蒙养院中办的很有名的。它由清末翰林院编修、学部侍郎严修所设。严修一贯主张改革旧教育，创办新式学校，他创办和资助的学校很多，如南开大学、普通中小学。他还十分重视女子教育和学前教育。1902年，他在自己家中开设严氏女塾，1905年创办严氏女子小学，并设蒙养院和保姆讲习所。

严氏蒙养院开办时曾聘请日本人大野玲子为教师，并从日本购进钢琴、风琴、儿童桌椅、教具等，开设的课程有手工(编织工、折纸、剪纸、泥工、穿麦秆、图画等)、唱歌(有关动植物、自然现象、讲礼貌等歌曲)、游戏(表演游戏、竞赛游戏)、故事(寓言故事和神话故事)等课程,每日上午授课。该蒙养院的招生对象主要是亲友子女和附近邻居子女,年龄在4～6岁的儿童。

清末影响比较大的学前教育机构,还有京师第一蒙养院(1903年)、上海公立幼稚舍(1904年)、上海爱国女学附设的蒙养院等。从清末蒙养院制度的确立和实施中不难看出:第一,中国学前教育完全由家庭负担的历史结束了,在通向学前教育社会化的道路上迈出了艰难的第一步。第二,学前社会教育机构在中国产生,既反映了近代大生产的发展,要求学前教育与之适应这个一般规律,又反映了它是一种自上而下被动出现的特点,是随着近代学制的出现而勉强确定的。第三,蒙养院的办院纲领体现了"中学为体,西学为用"的总原则,既不肯放弃传统儿童教育的核心——封建伦理道德的灌输,又具有近代社会学前教育的形式和内容。第四,严重抄袭日本的学前教育。清末蒙养院制度基本上仿照了日本明治三十二年颁行的《幼稚园保育设备规程》,在实施中,较正规的蒙养院教员由日本人担任,课程、教法也参照日本,甚至设备也由日本购进,表现出极大的半殖民地半封建教育的特点。

2. 蒙养院师资的培训

清末幼儿教育师资的培训,经历了一个从无到有的过程。

最初的幼儿教育师资,因女禁未开,无法创办正规的学前师资培训机构,造成中国第一代幼儿师资是育婴堂的乳媪和敬节堂的节妇。然而历史毕竟要前进,中国教育上的"女禁"终会打破。1844年,英国传教士爱尔德赛在宁波创办女塾,是中国第一个女子学堂,但却带有殖民地性质。中国人自己办的女学,是在维新思想的推动下出现的。1898年,上海电报局局长经元善发起创办了经正女塾。20世纪初,在资产阶级革命党人的推动下出现了一批女子学堂,上海爱国女校、上海中西医学校、天津北洋女子师范学校等都是很有影响的女学。1907年,清政府在各种压力下,颁发了《女子小学堂章程》《女子师范学堂章程》,教育上打破了女禁。虽然没有专设蒙养院师资培训的机构,但女子师范学堂担负培养女子小学堂教员的同时,也兼训练蒙养院保姆。《女子师范学堂章程》规定:"女子师范学堂,以养成女子小学堂教习,并讲习保育幼儿方法,期于贴补家计,有益家庭教育为宗旨。"此外,还规定女子师范学校要设女子小学堂及蒙养院,以供实地练习。这个章程,比1904年颁布的蒙养院章程在师资问题上已有了进步。按此章程规定,女师范生的教育,以崇尚中国传统"女德"为最重要,首先要教他们为女、为妇、为母之道,要时时勉励他们学习贞静、慈淑、端俭等美德,学校中教学、生活管理都以不失旧式女子道统为原则,保留了浓厚的封建色彩。但尽管如此,女子师范学堂形式上已属于新式学堂，具有新的文化知识，又接受了教育儿童的特殊专业训练，应该说是历史的进步。

按政府颁发的章程，尚无明确规定专设训练保姆的机构，但在实际上，也开始出现了专门培训保姆的机构，如浙江省女子师范学堂设保姆科。1907年，上海公立幼稚舍创设保姆传习所，由刚从日本归国的吴朱哲主持，开设保育法、儿童心理学、教育学、修身学、谈话、乐歌、图画、手工、文法、习字法、理化、博物等课程，招收36人，年终毕业21人。1910年，上海设保姆科。随后，广东、北京等地也有保姆传习所设立。它们为数不多，有的也不很稳定，但毕竟是我国第一批培训学前教育师资的机构。

二、帝国主义在中国的学前教育活动

（一）培养师资，举办幼儿师范学校

为适应在中国开展学前教育的需要，帝国主义还着力于幼稚师资的培养，一方面他们本身需要教师，另一方面可以为中国公私立蒙养院提供师资，更有效地影响中国学前教育。帝国主义训练学前师资的主要途径有吸引中国人出国留学，直接接受国外幼稚教育专业的训练，开办幼稚师范教育，派师资任教于中国幼教机构。

1. 吸引留学生赴东、西洋接受专门的幼教专业训练

中国人首先出国去接受学前教育的专业训练是去日本。1872年日本颁布学制后，便开办了女子学校。中国女子赴日最早是在1901年，到1902年已有留日女生10名。他们最初在日本实践女子学校附属中国女子留学生师范工艺速成科就读。该校师范科课程有教育、心理、理科、历史、算术、体操、唱歌、日语、汉文、刺绣、编物、图画等。

留日女子最初还跟着父兄或夫婿一起赴日，后来便单独出国，人数也逐渐增加。湖南、奉天（今辽宁省）、江西等省都派出官费女生赴日留学。到1907年，仅日本东京便有中国女留学生近百名。她们回国后不少从业于幼儿教育一线，同时也着力培养幼儿教育师资。

除日本之外，最先到中国开展教育活动的欧美国家也积极争取中国留学生。1908年，美国总统罗斯福决定退还一部分庚子赔款，作为中国派遣留美学生的费用。之后，其他西方国家也跟随美国吸引中国留学生，去西方的中国的留学生逐渐多了起来，中国的学前教育也从学日逐渐转向学美。从美国学成回国的，如陶行知、陈鹤琴等在中国学前教育的理论建设和实践改革中都做出了卓越的贡献。自然，学成后忠实地为帝国主义效劳的“洋奴”也大有人在，

这也正是一些资本主义国家执政者吸引中国留学生的本意。

2. 兴办幼稚师范学校或女学

1892年，美国监理会传教士海淑德在上海创办了一个幼稚园教师训练班，收学生20名，每周六下午上课。该培训班是为教会幼稚园培训师资服务的。不久，她在上海创办了中西女塾。1898年，英国长老会在厦门创办幼稚园师资班，1912年发展为怀德幼稚师范学校，是教会在我国最早设立的一所独立幼儿师范，招收对象为高小毕业生，学制为两年。该校毕业生分布于漳泉、汕头、台湾、香港一带，甚至菲律宾、马来西亚、新加坡等东南亚各国及美国也有他们的足迹。

1904年，中国颁行癸卯学制后，帝国主义加速在中国开办幼稚师范学校，如苏州景海女学幼稚师范科、浙江杭州私立弘道学幼师科等。一些教会大学也开始培养幼教师资。如基督教教会于1905年在北京开办了华北教育会协和女书院，内设两年制的幼师科，至1911年并入燕京大学，成为教育学系的幼稚师范专修科。其他大学、女子大学也都分别设立过幼稚教育系科或专业组，培养高层次的学前教育人才。1913年基督教会全国大会议案提出，教会要设立幼稚园，同时也要设立养成幼稚人才的学校，要招收教外学生，以供官立幼稚园用。

教会办的幼稚师范学校，重视宗教教育与英文教学。其课程可分为三类：第一类是外语、宗教等课，是适应外国在华办教育需要的，其中英语占学分最多。还有社会问题、宗教学、圣道教法等课，都是直接为资本主义国家传布基督精神、培养顺民服务的。第二类课是文化课，如国文、体育、生理及卫生、生物学、音乐等。第三类课是专业课，如心理学、学校管理法、实习、幼稚教法、启智用具教法等。"五四"后中国的教育逐渐倾向美国，促使西方教会办的幼稚师范规模越来越大，中国幼稚教育的师资几乎都出其门下，引起了中国幼教界的警觉，提出了"停办各教会设立的幼稚师范"的口号。

3. 任教于中国的学前教育机构

癸卯学制颁布后，蒙养院制度勉强确立起来，但是缺乏设备、教材，特别是师资。在教育倾向学习日本的总趋势下，蒙养院的合格师资也求助于日本，不少日本教习，管理和任教于中国蒙养院，如湖北武昌蒙养院聘请了户野美智惠等三名日本保姆，户野美智惠是最早来华的日本幼教工作者，被聘为院长，亲拟《湖北幼稚园开办章程》。私立的天津严氏蒙养院是保姆传习所学员们的实习场所，1908年以前，日本大野铃子被聘此院，负责在保姆传习所讲课，并辅导学员实习。其他如京师第一蒙养院、福州幼稚园、湖北女子师范附属小学堂幼稚园等都曾聘请日本教员任教。此外，一些女学、女子师范学堂，也都请日本人当教员，由日本教习任教主要文化课和专业课。请外国教员(包括日本的和西方的)在中国学前教育机构任教的模式一直持续到新中国成立前，这一方面解决了中国幼儿教育师资匮乏的问题，另一方面引入了西方近代学前教育理论、课程、教材、教法，但同时帝国主义借助学前教育渗透奴化思想也是历史事实。

(二) 设立学前教育机构，兴办"慈善"事业

1. 设立幼稚园

(1) 设园宗旨

帝国主义在中国开办文化事业的宗旨是以基督精神奴化中国人的思想，培养其高级治华代理人，而办学前教育，自然也离不开这个总目标。他们重视对幼儿心灵的熏陶，目的是使其接受基督精神，以培养殖民地国民。欧美国家在中国设立幼稚园，均通过教会来组织，这些幼稚园外国化严重，企图以西方的物质文化生活方式征服中国儿童；另外，其宗教色彩浓厚，他们希望中国儿童从小就忠于基督，成人以后便可以服服帖帖地受洋人摆布。一位名叫梅因的牧师曾颇有把握地说，如果给他机会训练儿童一直到 7 岁，他便可以保证儿童以后对教会一直忠诚。

(2) 教会幼儿园产生与发展的一般概况

19 世纪 80 年代，外国教会在中国沿海福州、宁波开始兴办学前教育机构，以后教会幼稚园逐渐增多。传教士在中国最初办的学前教育机构叫小孩察物学堂，小孩未读书之前，就要察物，使其目所能见、手所能抚、耳所能闻之物都能记其名字，识其造法、用法。无疑，这种小孩察物学堂就是幼稚园，实施的是儿童未入小学前的学龄前教育，用日常儿童生活中耳、目、手等感官所能直接接触到的事物，予以感性知识的训练，为进入小学打好基础。

之后，不仅在福州、宁波，而且在上海、北京等地也都出现了外国人办的幼稚园。民国以后，更有发展。1913 年，基督教全国会议议案中规定，各地教堂都要附设幼稚园，因此教会幼稚园数目大增。南京女师在 1924 年调查，全国有幼稚园 190 所，其中教会办的有 156 所，占全国总数的 80%。张雪门于 1928 年参观了 30 所幼稚园，其中传教士办的就有 12 所，日本式幼稚园 5 所，由中国人办的普通式幼稚园只有 13 所。这些外国人开办的幼稚园还通过各种途径对中国人自己办的幼稚园施加影响，从而造成当时中国幼稚园教育"外国化"倾向严重。

(3) 教会幼稚园保教内容和方法

外国人在中国办的学前教育机构，大致可分为两种：一种是日本式的，一种是西方宗教式的。

日本式的幼稚园兴起于清末民初，癸卯学制和壬子癸丑学制都主要借鉴于日本，西方宗教式幼稚园虽先于日本式幼稚园在中国出现，但当时中国的学前教育与其他教育一样，深受日本影响。

《癸卯学制》中的《蒙养院章程及家庭教育法章程》规定，保教内容包括游戏、歌谣、谈话、手技。这四项内容基本上都来自日本的《幼稚园保育设备规程》。在《壬子癸丑学制》中规定，蒙养园课程仍是四顶，只是把"歌谣"改成"唱歌"，该保教内容与日本幼稚园课程完全一致。清末蒙养院与民初蒙养园使用的教学方法也是日本式的。他们把游戏、歌谣(或唱歌)具体规定在课表上，教师是权威，孩子必须服从老师的教导；教师教什么，学生学什么，全部活动不脱离教师的示范管理。这种幼稚园很像小学，也可叫小学式幼稚园。由于中国传统儿童观和儿童教育方法的影响，这种呆板的儿童教育形式，很容易被中国人接受，因此蒙养院及蒙养园时期的教育主要仿效这种形式。

当日本式的幼稚教育在中国广泛流行并发生影响的时候，西方教会办的欧美式的或教会式的幼稚教育也存在着，并以"潜在"的方式发展。其名称多叫幼稚园，它的活动内容比较丰富，主要进行的教育活动内容有朝会、作业活动(包括恩物、美术、工艺)、批评已成工作、户外游戏、静息、音乐(律动、节奏)、故事(儿歌、故事表演)、识字、游戏等。

西方宗教式幼稚园无一例外地实行洋化教育，玩外国玩具，唱外国歌曲，孩子不过中国的传统节日却过圣诞节，甚至吃的点心也是外国货。他们培养的无疑是小基督教徒，但是，其教育内容和教育方法符合儿童年龄特点，儿童在园生活是天真烂漫的，师幼关系也是比较融洽的。但是，这种幼稚园难以与中国的蒙养院接轨，二者同时并存但却几乎不发生关系。与日本式的幼稚教育模式相比较，中国人更容易接受和吸收日本的幼稚教育形式，这样的情况一直持续到1919年前后。

2. 兴办"慈善"事业

"慈善"事业是指帝国主义国家在中国办的孤儿院、慈幼院、育婴堂等，这种机构在中国出现早于幼稚园和幼稚师范学校，有史可查的最早记载是鸦片战争以前。19世纪40年代，教会在湖南衡阳开办了一所慈幼院，以后这种机构增多起来。它们是以"人道"为名的社会救济机构，其主要目的是收养中国孤儿或贫儿，使他们在高墙深院中受宗教熏陶，引导他们皈依基督。而且，大多“慈善”事业机构中收养的女童多于男童。

这种“慈善”机构并不是教育机构，其收养的儿童要承担繁重的劳动，甚至超过其年龄所及，劳累、饥饿、疾病、体罚曾夺去了许多幼小的生命。因收养的均是儿童，所以有的育婴堂也对孩子给以一定的教育，但大多数幼儿在育婴堂还是受到了残酷的迫害。

中国儿童在育婴堂的悲惨遭遇不断激起中国人民的奋起反抗，各地群众纷纷参加反洋教运动，他们捣毁教堂，救出幼婴儿。20 世纪 20 年代以后，幼教战线的进步教育工作者参加收回教育主权的斗争，并取得了一些成效。全面收回帝国主义在华攫取的办理学前教育的特权，则是在中华人民共和国成立后才实现的。

第五章　近代幼儿教育思想

第一节　洛克的幼儿教育思想

一、洛克的生平及世界观

洛克是17世纪英国杰出的哲学家和教育思想家，出生于一个律师家庭，小时受到了严格的家庭教育，先后升入威斯敏斯特公学和牛津大学学习。大学时期，洛克对培根等人的哲学著作及自然科学产生浓厚兴趣，并专心研究医学，获医学士学位。大学毕业后，他到自由派政治家沙甫慈伯利伯爵家任家庭医生兼家庭教师，晚年还担任过英国的贸易和殖民大臣。

洛克生活在17世纪英国资产阶级革命的时代，这次革命属于早期资产阶级革命，其根本目的在于反对封建专制，夺取政权，为资本主义的发展创造条件。在革命的进行过程中，复辟与反复辟的斗争十分激烈，最终在1688年以资产阶级和贵族的妥协而结束。马克思和恩格斯曾称洛克在政治上是“1688年的阶级妥协的产儿”，是“一切形式的新兴资产阶级的代表”。

在社会政治观点上，洛克从维护资产阶级利益的原则出发，反对专制制度及“君权神授”说，坚持国家起源于契约及自然权利的理论。在哲学观点上，洛克继承并发展了培根以来的唯物主义经验论，论证了认识论中的感觉论，继亚里士多德之后再次提出并论证了著名的“白板说”，即认为在人的意识内没有天赋观念，人生下来其心灵犹如一张“白纸”，可以在上面任意涂写。观念的发生，系由于外部世界作用于人的感官的结果，一切认识都是“由感觉”或“从经验”中产生的，也就是从对客观世界的感觉积累而成的。他认为凡是存在于理智中的,没有不是先已存在于感觉中的。这种观点是唯物主义的,在当时曾沉重地打击了唯心主义。但洛克并不是一个彻底的唯物主义思想家,在某些问题上又陷入了二元论。洛克的教育观点主要反映在他于1693年出版的《教育漫话》一书中。

二、洛克论教育的目的、任务及作用

洛克代表的是与贵族同享政权的英国资产阶级的利益。他谈到教育问题时,主要着眼点及论述中心是如何培养"绅士",即资产阶级化的贵族或贵族化的资产阶级的子弟,而且主要是在家庭中,通过父母或他们雇佣的家庭教师去实施。因此,他的教育理论通常叫作"绅士教育"理论,属于一种家庭教育理论。

洛克根据当时新兴资产阶级的需要,提出教育目的是培养有理性、有才干、有作为的绅士,教育的任务是创造健全肉体中的健全的精神。

在教育作用问题上,洛克基于唯物主义经验论哲学,即"白板"说,反对"天赋观念"说,对环境教育等外力在人的形成中的作用作了高度评价。洛克认为生活中所见到的每个人或好或坏,千差万别,均是教育之故。他尤为强调早期教育的作用,认为幼儿的心灵好比"一张白纸或一块蜡",通过教育的作用"是可以随心所欲地做成什么式样的"。他声称:

> 幼小时所得的印象,哪怕是极微小,小到几乎觉察不出,都有极重大、极长久的影响,正如江河的源泉一样,水性很柔弱,一点点人力便可以把它导入他途,使河流的方向根本改变,最后流到十分遥远的地方去了。

此外,洛克把教育看作一本万利的私人投资,认为收益远大于投入。在教育目的与作用问题上,洛克的有关观点是完全建立在现实主义、功利主义以及唯物主义经验论的基础上的,摒弃了宗教神学色彩,这是夸美纽斯所不及的,也反映了时代的进步。但夸美纽斯教育思想中强烈的民主主义性质在洛克处则荡然无存了,在这一意义上,洛克则较夸美纽斯退步了。

三、洛克论家庭教育

(一) 体育与养护

在洛克的绅士教育体系中,体育占有极重要的地位。在《教育漫话》中,他首先论述体育,强调"健康之精神寓于健康之身体"。洛克之所以重视体育、养护，与其所处的时代有密切的关系。当时资产阶级正处于上升阶段，他们要经营工商业，要航海、探险、征服殖民地，开辟新的财源，显然，没有健康强壮的身体是不行的。因此，洛克说："我们要能工作，要有幸福，必须先有健康；我们要能忍耐劳苦，要能出人头地，也必须先有强健的身体。"

洛克是一位唯物主义哲学家，而且研究过医学和其他自然学科，作为一位专家，他对儿童的体育、养护等问题都提出过不少具体的、有价值的意见。

1. 运动与锻炼

洛克主张在养育儿童的时候，"第一件应该当心的事是无论冬夏，儿童的衣着都不可过暖"，要从小养成适应寒热变化的习惯。他主张孩子每天用冷水洗脚，穿薄的靴子，避免娇生惯养。但在形成这一习惯时要经过练习，循序渐进，他说："顶好从春天起，最初用温水，然后把水渐渐加冷，这样身体可以适应一切，不致遭受痛苦和危险。"为了养成适应寒热变化的习惯，洛克还主张多过露天生活，即使冬天也应尽量少烤火。他说：

> 如果我们的小主人老是放在阴凉的地方，始终不让他受风吹、被日晒，以免伤了他的肤色，这种方法也许可以把他养成一个美男子，可是不能把他教成一位有用的人才。

除男孩外，洛克要求女孩子也应多过户外生活，以增进健康。

在运动方面，洛克特别提倡游泳，认为游泳既有益于健康，同时还是一种护身的技能，可应付某些特殊场合的急需。

儿童在生长时除了要积极锻炼外，洛克反对人为的束缚，主张让"自然"按照它所认为最好的方式去形成体态，因此反对束胸等当时流行的习惯。

2. 饮食

洛克主张儿童有节制的生活，饮食应"极清淡、极简单"，两三岁前最好禁吃肉食，不用调味品。他曾引用以生活节制著称的罗马皇帝奥古斯都的事例，并说："这种节制的精神无论在健康方面、在事业方面都是十分必要的。"

此外，洛克主张儿童可一日三餐，但时间则不应固定，而应"日日更换"，这是因为儿童"如果养成了在固定的钟点用餐的习惯，他的胃到了那个时候便会等着食物的到来，万一到时没有食物，它便会出毛病了"。洛克提出有关要求是有他的特别用意的，即让资产阶级子弟适应他们日后动荡生活的需要。

3. 睡眠及其他

在睡眠问题上，洛克主张儿童的卧床应该坚硬，宁可用棉絮，不可用羽绒，因为“硬床可以锻炼身体”，有益健康。另一个好处是，在家睡惯硬床的人，外出住宿便不会因为床褥不软而有失眠之苦了。对于床褥的铺法，洛克也主张时时加以改变。他说，一个未来的绅士，“是不能睡在家里的床上，有女仆给他刻板地铺好一切东西，让他卷入温柔之乡的”，只有习惯于不拘形式的起居，才能适应日后旅行生活的需要。

除上述意见外，洛克还针对当时上流社会过分照顾子女的习惯，反对成人要儿童服用任何药物去预防疾病。他说，“儿童稍微有点不舒服，用不着动辄吃药、请医生”，除非“万不得已，绝对需要”，对儿童的身体要少加摆布。洛克的上述观点虽不无偏激之处，但都是有所指，并且与他的教育目的论是完全一致的。

（二）德育

在洛克的绅士教育体系中，德育堪称最重要的内容。他要求儿童在具备健康体魄的基础上，必须有健全的精神的发展，而这集中表现为必须有完美的德行。洛克认为，德行是人生最重要的、最不可缺少的品德，缺乏德行就没有人生幸福可言，因为缺乏德行的人不可能被人瞧得起，也难以取得事业的成功。洛克在唯物主义哲学的基础上，建立了一套系统的德育理论。

1. 道德的基础及标准

在洛克以前，很多人认为，道德观念或道德标准是天赋的，而洛克指出，人并非生来就是道德的或不道德的，道德观念及道德习惯的形成完全是经验和教育的结果。他还提出了自己世俗的道德标准，这就是“有利”。他声称：人们之所以赞同德行，“不是因为它是天赋的，乃是因为它是有利的”。洛克试图按照有利与否来衡量德行价值的大小并培养德行。

2. 德行的内容

在洛克看来，所谓“良好的德行”大致有三层含义。其一为世俗的聪明，即要求一个人在处理事务方面精明能干，富于远见，熟悉各种处世手腕；在各种社交场合，擅长交际，会看人说话，纵横捭阖，应付自如。其次，要懂得上流社会的礼仪、礼貌，应彬彬有礼，风度翩翩，文雅大方。其三，具有性格刚毅、坚强、能吃苦耐劳等品质。总之，在洛克看来，一个未来的绅士应学会在现实生活的河流中善于驾驭自己的那一叶生活扁舟，顺利地航行，必要时能战胜惊涛骇浪，胜利地抵达目的地，从而为自己谋取更多的个人利益和个人幸福。

3. 德育论的主线

贯穿洛克德育思想的主线有两条，其一为克制欲望。洛克指出：

> 一切道德与价值的重要原则及基础在于：一个人能克制自己的

> 欲望，要能不顾自己的倾向而纯粹顺从理性所认为最好的指导，虽然欲望是在指向另外一个方向。

此处洛克所谓的“理性”，指的是资产阶级事业家应当奉行的行为规范。他所谓克制欲望，其目的是尽量减少人身上动物本能的支配，避免耽于一时的享乐，玩物丧志，以便将来谋取更大的个人利益和个人幸福。显然，洛克所谓的“克制欲望”与中世纪教会宣传的禁欲主义其实质是完全不同的。

贯穿洛克德育论的主线之二则是：根据唯物主义经验论思想，要求从小通过教育及练习去培养儿童必需的、良好的性格习惯。他认为：良好的性格习惯“一旦培养成功之后，便用不着借助记忆，很容易地、很自然地就能发生作用了”，它可以使一个人终身受益无穷。

4. 对德育的具体意见

洛克反对溺爱、放纵子女。洛克认为，父母爱护子女，这是他们的责任，无可厚非，但是成问题的是，不少父母常常连子女的过失也放纵不管，结果导致孩子学会打人、骂人，随心所欲，无法无天。由于父母小时候就把孩子的本性宠坏了，到他们长大后，必然会任性固执、放荡不羁：

> 那时候父母才知道孩子刚愎讨厌，才知道他们亲手养成的种种恶习是很麻烦的；那时他们才愿意拔除自己所亲手种植的稗草，可是稗草的根已深了，这时再想拔除也已经晚了。

针对这种情况，洛克说，当儿童年幼时父母教育不当，等于“他们自己在泉水的源头投下了毒药”，“把邪恶的种子向儿童注送”，使儿童“实际上离开了道德的大道”。洛克认为这种情况必须引起父母、教师的重视，不可掉以轻心。

在《教育漫话》一书中，洛克以大量篇幅分析了儿童的需要及行为表现，并表明了自己对有关问题的看法。下面举数例以作说明。

(1) 穿衣。洛克认为，人穿衣服的目的是遮羞取暖，保护身体，可是有些目光短浅的父母精心打扮其子女，结果衣服被他们的孩子“看成了虚荣与斗胜的工具”。洛克说，他们教子女朝思暮想，“盼望一套新衣服，为的是贪图它的漂亮美丽”，好炫耀于人。洛克认为，按照这种方式对待孩子，孩子长大后必然崇尚浮华、虚荣、时髦，并导致华而不实。

(2) 需要。洛克认为，父母亲应该仔细地区分儿童“嗜好的”需要与“自然的”需要。孩子说“我饿了”是一回事，说“我要吃烤肉”又是一回事。对于“自然的需要”,成人应设法满足,但是“嗜好的需要”则决不可满足,“儿童哭闹着要求得到的东西尤其不可给予”。洛克认为采取这种办法可以帮助儿童学会忍耐、克制、谦逊、顺从。

(3) 啼哭。洛克认为儿童的啼哭有两种:“一种是顽强的、跋扈的;一种是吵闹的、怨诉的。”第一种啼哭常常是无理取闹,是儿童“傲慢或顽梗的公开宣告”,是因为自己的某种目的没有达到而显示的一种抗议。他认为这种啼哭是绝对不允许的,容许这种啼哭,就会助长儿童不合适的欲望。儿童的第二种啼哭的确是遭受了某种痛苦和不幸,家长和教师应予以同情,并尽力帮助,但不能流露出怜悯的感情,否则就会使他们的心理变得脆弱,痛苦更加扩大。洛克说:“人生的磨难是很多的,我们不可对于每一件轻微的伤害都过于敏感。”他要求从小训练儿童具有坚强的意志,教育他们学习斯巴达儿童的榜样,善于忍受痛苦和磨难。家长有时甚至不妨故意使儿童受点痛苦。

此外,与中世纪后期没落贵族的怠惰腐朽形成对照,洛克继夸美纽斯后,再次明确表示反对儿童闲荡、懒惰,并认为这是儿童身上“最坏的一种品质”,父母决不可姑息迁就。

洛克认为应该慎用体罚、训斥。洛克主张对儿童加以认真管束,但并不意味着要对儿童过分严厉乃至滥用体罚。他认为体罚“是教育上最不适用的一种办法”。其弊端之一是,体罚只能使儿童遭受皮肉之苦,并不能消除他们不正确的思想,一旦教鞭不及之处,他们会愈加放任猖狂;弊端之二是,体罚如果不导致任性,则可能“导致更恶劣、更危险的心情沮丧的毛病”。他说:“驯良死板的儿童,既不会吵闹,也不会使成人受到任何烦扰”,但是,“这种儿童终生终世对于自己和别人都是没有用处的”,不可能有什么作为,较之那种放荡的青年更无价值。

除体罚外,洛克认为呵斥、责骂的效果也是不好的,可能降低父母的威信,减少子女对父母的尊敬。因此他主张儿童干了一件错事,只消给点眼色就行了,需要责备时,“责备的话语也应当严肃、和蔼而庄重”,并耐心讲明道理,而“不可匆匆骂他几句了事”。

洛克虽反对体罚,但并不主张完全取消体罚。他认为儿童只有一种过失应受鞭笞,“这就是顽梗,或者反抗”,即故意和父母作对。他强调“鞭笞是惩罚儿童的方法中最坏的一个,所以也是最后一个”,只有在其他方法都已用尽,并不奏效的极端情况下才可采用。他还主张,不打则已,要打就要完全制服儿童,“应该一面鞭挞,一面教诫”,“直到鞭笞的力量达到他的心里,你能看到种真心忏悔、羞耻和自愿服从的表示为止”。洛克还强调,通过这种方式制服儿童、树立父母威信后，“便当采取一种严肃之中富有和蔼的办法，把它永远保持下去”。

(4) 正确运用奖励。洛克反对物质引诱，反对拿金钱或其他物质作为动力去鼓励儿童学习或鼓励儿童从事其他他们应当干的事情，认为这会激起儿童一种不良的欲望、嗜好，“等于教导他们去爱奢侈、骄傲、贪婪”，“扩大他们的嗜欲，使他更加走入歧途”，并“为未来的罪恶奠定了基础”。洛克声明，他虽然反对物质刺激，但并不意味着取消奖励，只是他所谓的奖励是另一类的。他提倡采用“称誉”的奖励方法。他说：儿童“对于称誉是极敏感的。他们觉得被人家看得起，尤其是被父母及自己依赖的人看得起是一种快乐”。此外，他还主张，儿童做了好事，可爱的事情应该“伴随来到”。他认为这不是物质刺激，而是良好行为的必然结果，并认为：

> 用这种办法去对待儿童，儿童就会明白，凡是行为良好、受人尊重的人，他们必定为人人所喜爱，结果自然可以得到种种可爱的事物。

洛克说过一句发人深省的话：“如何使儿童爱好名誉、惧怕羞辱，是教育上的一大秘诀。”

(5) 培养良好的行为举止。洛克要求注意培养儿童的人道观念。他特别提到，反对儿童虐待弱小动物，“因为虐待动物与杀戮动物的习惯可以使得他们对于人类的心肠也逐渐地变硬”；并认为：“凡是以虐待和摧残弱小动物为乐的人，他们对于同类也是不会十分同情或仁爱的。”他要求儿童诚实，反对教儿童撒谎；还要求培养他们具有良好的礼仪，既要克服“局促羞怯”，又要避免“行为不检点即轻慢”，无论在谁面前，都要做到落落大方，温文尔雅，保持身份，谦卑得体。

为了使绅士子弟具有良好德行，洛克对家庭教师也提出了要求。他认为教师“不一定要是个通儒”，但“应该娴于礼仪”，“深知世故人情”，“懂得世人的行径、性癖、过失、诓骗和缺点”，并认为只有有能力的教师，才能教出德行优良的学生。

(三) 智育

在洛克的教育体系中，智育也是为培养有健全精神的绅士服务的，但较之于德育，智育处在一个较次要的地位。他认为，一个有德行的绅士比一个掌握了许多脱离实际学问的大学者更为可贵。

洛克对于流行的学问虽不感兴趣，但却很重视培养世俗的聪明即智慧及能力，这一要求在他的智育理论中也体现出来了。他提出：学习的根本目的“不是要使青年人精通任何一门科学”，而是“打开他们的心智，装备他们的心智”。为了培养能力，洛克重视智育方法，并提出了一些有意义的见解。

洛克认为，不能强迫儿童学习，不可把学习当作儿童的一种烦恼，并反对教师用斥责和惩罚的方法去使学生注意。他说：“教师不可把自己当作惊吓鸟儿的稻草人一样，使学生见了自己的面就害怕”，教师“不能在一个战栗的心理上面写上平整的文字，正如不能在一张震动的纸上写上平整的文字是一样的”。他主张启发儿童的学习积极性，使他们“自己去要求学习，把求学当成另外一种游戏或娱乐去追求”，教师的教态应当慈祥和蔼，使学生因此容易接受教导、热爱学习。洛克主张教孩子“要从明白简易的地方开始”，一次不可学得太多，“教师的重大作用和技巧就在尽力使得一切事情变得容易”。为此，教师应帮助儿童克服学习中的困难，同时，教师“也可以故意设置一些困难，去激发他们的努力，使他们的心理习惯于竭尽全力去推理”。教师还应要求学生每天记住一些值得记住的事情，以迫使其经常用心。

洛克认为，应当鼓励并尽量满足儿童的好奇心，因为儿童的好奇心是一种追求知识及自我完善的欲望。为此，可采取以下教育措施：第一，对于儿童提出的任何问题，教师都不可制止或讥笑，而应根据儿童的接受能力、耐心解释，力求使之清楚明白；第二，教师除了认真答复，还应称誉，以鼓励儿童求知的积极性；第三，教师回答问题不可虚妄。洛克说：“好问的儿童发出天真的、没有经人教导过的发言，常常可以使得一个肯用思想的人去用一番思想。”他认为成人回答此类问题应严肃认真，不可搪塞了事。

洛克还主张儿童应有各式玩具，但不应从购买得来，而应在大人教导、帮助下自行制作。

此外，洛克还建议儿童学习一种手工艺或园艺，因为在新鲜空气中进行活动可增进健康、调剂生活，并获得一些必要的知识。

四、洛克幼儿教育思想的历史地位

洛克作为近代一位杰出的教育思想家，其教育思想具有鲜明的时代特色和阶级烙印。他对后世的影响主要体现在以下方面：

(1) 是第一个根据唯物主义经验论哲学及感觉经验心理学来建立自己体系的教育家。虽非首次，但却详细论证了“白板说”，成为教育史上这一观点的著名代表。

(2) 是西方教育史上“外铄论”这一儿童心理发展理论的宗师。

(3) 深入探讨了幼儿教育及家庭教育问题，强调了德育与体育的重要性，并赋予丰富的内容，提出了许多有价值的建议。另外，他对智育也有所贡献。由于他在一定程度上割裂了掌握知识与发展能力的关系，并重视后者、轻视前者，这一思想对后来的"形式教育"与"实质教育"之争有所影响。

由于洛克的上述贡献或影响，使得他在教育史上占有重要地位，并对后世的幼儿教育产生了重要影响。

第二节 卢梭的幼儿教育思想

一、卢梭的生平及世界观

卢梭是 18 世纪法国杰出的启蒙思想家及教育思想家。他出生于瑞士日内瓦一个平民家庭，母亲早丧，父亲后又离家出走，13 岁便独自谋生，通过自学成才。卢梭青少年时代从事过许多职业，深切地感受到社会的不平等。30 岁时，卢梭来到当时欧洲文化的中心巴黎，结识了狄德罗、伏尔泰等激进的启蒙思想家，并共同推进启蒙运动。教育小说《爱弥儿》是反映卢梭的自然主义教育思想的代表作，由于书中攻击了天主教，他招致严厉迫害，被迫逃亡国外达 8 年之久。卢梭晚年最重要的作品是《忏悔录》。

卢梭的哲学观点部分受到洛克的影响，如承认感觉是认识的来源，认为离开对周围的事物的感觉就无法获得对客观世界的认识，但同时又认为精神是自然界积极的本源，并宣传天赋道德观念论及自然神论，从而陷入了二元论。由于卢梭极端推崇天性，也有人认为他改革教学论的哲学基础可称作"天性哲学"。

在社会政治观方面，基于对封建制度的极端不满与仇视，卢梭推崇原始社会，视之为人类的黄金时代，声称在原始社会的"自然状态"下，人人都享受"自然"的自由和平等。卢梭还认为道德的败坏乃是由于科学和艺术的发展，私有制的产生是不平等的根源；但他又认为建立在劳动基础上的小私有制是实现人人平等的小康之路。此外，他还提出了"天赋人权"说，认为人生来而具有不可剥夺的自由、平等的人权，最早的国家政权是由公民与政府代理人订立"契约"后出现的，如果国家违背公民的意志、剥夺人民的权利，人民有权起来推翻政府。卢梭以人权平等代替等级特权，以民主取代专制的政治主张，后来成为法国资产阶级革命的政治纲领，对美国的《独立宣言》产生了重要影响。

二、卢梭的自然主义教育理论

（一）自然教育的实质

卢梭认为当时封建经院主义的教育是人为的，教育应回到自然、适应自然，建立在自然的基础上。继夸美纽斯后，卢梭再次提出并强调了教育中的自然适应性原则。“自然”一词在卢梭的著作中有多种含义，总的来说是指一种事物保持其本来面目、原始倾向，外界不强加干预，非人为的意思；涉及教育问题时，自然主要是指儿童的天性。卢梭认为，儿童在生长发展过程中有其节律性、阶段性，教育的自然适应性即要求教育应遵循儿童发展的自然进程，考虑其年龄特征，适应其本性施教。

为什么教育要适应自然？卢梭认为原因之一是：自然是善的。他在《爱弥儿》开卷即写道：“出自造物主之手的东西都是好的”，还声称：“在人们心灵中根本没有什么生来就有的邪恶。”卢梭和夸美纽斯一样，反对“原罪说”，是性善论者。从天性善这一人性论因素着眼，卢梭主张教育应顺应儿童天性的发展。

其次，卢梭着重从遗传、环境、教育的角度，论证了教育适应自然的必要性。他认为，人的成长受三种因素的制约：或是受制于自然，或是受制于人，或是受制于事物。我们的才能和器官的内在发展，是自然的教育；别人教我们如何利用这种教育，是人为的教育；我们对影响我们的事物获得良好的经验，是事物的教育。

实际上，三者各指的是遗传及在此基础上的儿童身心内在发展规律、教育、环境对人的影响。卢梭指出，如果一个儿童身上这三种不同的教育互相冲突，他所接受的是恶劣的教育；只有使三者配合一致，儿童才能得到正常发展。但怎样做到这一点呢？他认为，在这三种不同的教育中，自然的教育完全是不能由我们决定的；事物的教育只是在有些方面才能够由我们决定；只有人的教育才是我们能够真正地加以控制的。

因此，他要求“事物的”与“人的”教育必须与人们无法控制的“自然的教育”配合起来，也就是与儿童天性的自然发展一致起来，按照儿童自然发展的要求和顺序去进行教育。

在分析有关问题时，卢梭反复强调，要按照儿童的年龄特征去对待他。针对当时欧洲上流社会忽视儿童身心特点，将儿童看作成人缩影，因而予以错误对待及要求的陋习，卢梭的名言是：“大自然希望儿童在成人以前就要像儿童的样子”，声称儿童自有其特有的看法、思想和情感；呼吁要爱护儿童，珍惜儿童短暂的童年生活，而决不可以成人的偏见去剥夺儿童应有的权利。

（二）自然主义教育的目标及原则

卢梭认为，自然主义教育的目的即培养“自然人”。自然人有以下特点：其一，是不受传统束缚而率性发展的人；其二，是只有自身价值的独立实体，是非等级、非阶级、非固定职业的人；其三，是体脑发达、身心健康的人。

卢梭还提出自然主义教育的重要原则是自由。他认为人最重要的自然权利就是自由，自由是天赋人权的第一条，是世界上最可贵的东西。他声称：

> 真正自由的人只想他能够得到的东西，只做他喜欢做的事情，这就是我的第一个基本原理。只要把这个原理应用于儿童，就可源源得出各种教育原则。

根据自由的原则，卢梭坚决反对封建专制制度对儿童个性与自由的摧残和压制，反对经院主义教育强迫儿童死记宗教教义，反对当时学校中盛行的严酷的纪律和体罚。他要求教育者只需创造出一个能促进儿童自然发展的适当环境，然后放手让儿童发挥本身的积极性，通过活动和个人经验认识生活，进行学习，健康成长。卢梭要求教育者最好做个“导师”，而不是“教师”。

三、儿童年龄分期及其教育

卢梭根据他对儿童发展的自然进程的理解，将儿童的成长发育分为四个时期，每个时期均根据其特点而确定不同的教育任务。在《爱弥儿》中，卢俊借助男孩爱弥儿这个艺术形象，从爱弥儿出生到成年的生长过程，依次描述了儿童在各个时期应受到的不同教育的情景。

（一）0～2岁，婴幼儿期及其教育

卢梭认为，“教育是随生命的开始而开始的”，0～2岁前是婴幼儿“学会吃饭，学会说话和学习走路的时期”，他们的情感此时处于尚未分化的状态，自我意识很少，甚至还觉察不到自身的存在。这个时期教育的主要任务便是发展儿童的身体素质，促进身体的健康发展；其次是训练儿童的感官，发展感觉能力。

1. 反对束缚儿童

卢梭根据自然及自由教育的观点，主张让儿童的四肢得到充分活动的自由，反对加以任何形式的束缚。他说：“新生婴儿需要伸展和活动他的四肢，以便他们不再感到麻木，因为它们（在母腹内）蜷成一团，已经麻木很久了。”但在

现实生活中，人们却习惯将新生婴儿置于襁褓之中。卢梭认为捆绑的结果，妨碍了儿童的自由，也会戕害儿童的身体，并影响他们的性格。不仅如此，更严重的后果是还会影响到孩子的脾气和性格。由于受到束缚，婴儿的第一个感觉是痛苦，“他们徒然挣扎，他们愤怒，他们号哭”。卢梭把捆绑儿童视作“不合自然的荒谬的习惯”。

2. 父母应亲自教养儿童

针对当时巴黎上层社会妇女生下孩子后就交给保姆去养育的习惯，卢梭提出母亲应该亲自喂乳，并认为这是母亲的“头等责任”。他认为只有这样才能保持母子间的血亲之情，推而广之，还可转变社会风气，他说：

> 自然的情感在每个人的心里振奋起来。（如果做母亲的失职，使得）血亲之情得不到习惯和母亲关心照料的加强，它在最初的几年里就会消失，孩子的心可以说在他还没有出生以前就死了。从这里，我们开头的几步就脱离了自然。

除母亲外，父亲也应该承担教养子女的责任。卢梭认为，“一个做父亲的，当他生养了孩子的时候，还只不过是完成了他的任务的三分之一”，同时还应负有培养“合群人的义务”，“为国家造就公民的义务”，“他们不能以任何借口而免除亲自教养核子的责任”。卢梭认为，如对父母的职责加以分工的话，“真正的保姆是母亲，真正的教师便是父亲，他们要互相配合，共负责任”。

为了教育好孩子，卢梭认为和谐亲密的父母感情及和睦的家庭气氛是必不可少的，他说：

> 再没有什么图画比家庭这幅图画更动人的了。但是只要其中少画了那么一笔，也就把整个图画弄糟了。……只要父母之间没有亲热的感情，只要一家人的聚会不再使人感到生活的甜蜜，不良的道德就势必来填补这些空缺了。

卢梭一方面强调父母亲自教养儿童的重要性，与此同时却又自相矛盾地宣称：“爱弥儿是一个孤儿，他有没有父母，这倒没有什么关系。”他在小说中把关心、教育爱弥儿的责任委托给了一个请来的年轻教师。

3. 让儿童保持自然的习惯

在教养孩子的时候，卢梭激烈地反对采取打骂、吓唬等方法，同时也不赞成给予儿童过多的关心和照顾。他认为二者都是违反自然的，其不良后果是使孩子“首先获得的观念，就是权势和奴役的观念。还不会说话，他就在支配人了；还不会行动，他就在服从人了”。孩子长大后，“既是奴隶又是暴君”，“充满学问但缺乏理性，身心都脆弱”。卢梭认为这种人绝不是他所谓的自然人。由于做母亲的人更容易倾向于溺爱子女，因此卢梭特地告诫道：

> 当一个妇女不是给孩子以母亲的关心而是过于关心的时候，她也可以从一条相反的道路脱离自然。这时候，她把她的孩子造成为她的偶像，她为了防止孩子感觉到自己的娇弱，却把孩子养得愈来愈娇弱；她希望他不遭受自然法则的危害，于是使他远离种种痛苦，可是没有想到，由于她一时使他少受一些折磨，却在遥远的将来把多得多的灾难和危险积累在他的身上，没有想到这种谨小慎微的做法是多么残酷，它将使幼小时期的娇弱继续延长，到成人时受不住种种劳苦。

卢梭主张给儿童以真正的自由，即让儿童有更多自己管理自己的机会，成人给儿童的帮助也应限制在确实为儿童所必需的要求上，而不可服从儿童“胡乱的想法和没有道理的欲望”。相对于人为养成的坏习惯而言，卢梭声称：这时“应让孩子具有的唯一习惯，就是不要染上任何习惯”。

4. 努力增强儿童体质

卢梭对增强儿童体质给予高度注意。他主张儿童勤洗澡，其目的不仅是为了清洁眼前的健康，而且把它当作一个增强体质的方法。他还提出不要给婴儿戴帽子、系带子，要给他穿上四肢能得到自由的宽松的衣服。婴儿稍大，就让他在屋子里随意爬来爬去。

5. 训练儿童的感官

卢梭认为婴儿呱呱坠地时，他们的记忆力与想象力尚处于静止状态，这时注意的只是眼前对他的感觉起影响的事物。“由于他的感官是他的知识的原料，因此要按照适当的次序让他产生感觉。”卢梭提出，成人不应妨碍儿童触、摸、接触物品，并应尽可能提供一些物品，让儿童自己选择。成人还应让孩子常常走动，可以把他们从一处带到另一处，使之感觉到地点的变换，以便学会判断距离，具有远近的观念。

6. 对儿童进行语言训练

语言训练的目的是培养儿童听音和发音的能力。卢梭认为教孩子说话不能操之过急，应循序渐进，开始学的要少些。儿童发音应力求清晰，并注意腔调。卢梭在提出上述意见的同时，又主张“要尽量限制孩子们的词汇”，并认为“如果他们的词汇多于他们的概念，他们会讲的事情多于他们对这些事情的思想，那就是一个很大的弊病。”卢梭的这个主张与他对这个时期儿童的身心特点的理解有关，虽不无偏颇之处，也值得人们深思。

7. 尽量避免看病吃药

卢梭根据遵循自然的思想，对于医疗保健等人为措施基本持否定态度。他说：“除了爱弥儿的生命确有危险之外，我是绝不替他请医生的。”他要求爱弥儿应和自然环境下的动物一样，善于忍受疾病，自我痊愈。他还说：

> 我们看见呻吟憔悴的动物没有呻吟憔悴的人多……动物由于它们的生活方式更适合于自然，所以不像我们这样容易感受疾病。

他要求爱弥儿也应采取这种自然的生活方式。

除了上述内容外，卢梭对于婴幼儿教育的许多细节问题都予以详细讨论。他的不少主张明显地受到前人的影响，但是卢梭对于所探讨的所有问题及其主张，都是以“遵循自然”为基础的。

(二) 2～12 岁，童年期及其教育

2～12 岁的儿童期是卢梭构想的儿童生长发育的第二个年龄阶段。他认为这个时期儿童身体各部分器官和感觉在继续生长和发展中，思想为感情所支配，“已开始了个人的生活”，并逐步“意识到了自己的存在”，已经开始具有记忆。但他同时强调：12 岁以前，儿童一直处于“理性的睡眠期”，在这个时期，儿童无法理解有关社会意识和社会关系的各种观念，因此他反对用理性教育孩子，也反对儿童学习文化知识，甚至声称：“我宁愿让一个孩子到 10 岁的时候长得身高五尺，而不愿他有什么判断的能力。”他认为在这个时期进行理智教育，只会阻碍儿童体力的发展，是违反自然的。他提出，这个时期教育的主要任务是继续增强体力，发展感觉能力。为了使儿童能顺利地成长为自然人，他主张将爱弥儿送到农村去生活，以远离城市不良风俗的影响。

1. 对儿童实行消极教育

卢梭声称：

> 那些在儿童的心灵还没有如何成熟以前，就要儿童明白种种属于成人职责的教育，即称为积极的教育，那么，没有直接和儿童谈知

> 识讲理性之先，只图儿童感官得到完全的发达，以及为求知明理的工具的教育，我就只好称为消极的教育了。

由于卢梭主观地认为儿童 12 岁以前处于“理性的睡眠期”，此时他们不能理解人际关系及道德观念，故要求这段时间“教育应当纯粹是消极的”，即除了增强体力、发展感觉外，成人不应对儿童进行道德灌输或传授真理，而要“尽可能让他的心闲着不用，能闲多久就闲多久”，“不仅不应当争取时间，而且必须把时间白白地放过去”。卢梭声称：“你开头什么也不教，结果反而会创造一个教育的奇迹”，“使他大大地接近了最终目的而又不受什么损失”。上述思想简而言之即放任无为方可有为。卢梭的这一观点历来颇遭非议。诚然，其依据带有主观臆断的色彩，不足为训，但卢梭的明显用意是反对传统的封建道德观念过早对儿童产生毒害，反对传统教育对于儿童有过多的束缚，在这一意义上，消极教育有其反封建的合理性。此外，消极教育观中所体现的放任无为方可有为的思想是否具有其他可取的因素，似也值得研究。

卢梭在提出“消极教育”的偏激主张的同时，也认识到，要使一个儿童长到 12 岁都不了解一点人际关系或善恶是非等道德观念实际上是不可能的，因此在另一处他又说道：

> （应）尽可能晚一些时候才把这些必要的概念灌输给他，并且在不可避免地要让他获得这些概念的时候，只把当时需要的概念灌输给他。

卢梭为此特地安排了一个爱弥儿与园主罗贝尔为种菜而发生的争执，使爱弥儿明白了“所有权”这个抽象的概念。这样，卢梭实际上对自己消极教育的主张作了某些修正。

2. “自然后果”律

卢梭是在借鉴了洛克的某些主张后提出自然后果律的。但在卢梭的自然教育体系中，自然后果律作为一种教育方法，是和自由教育与消极教育紧密联系的。卢梭断定儿童 12 岁处于理性的睡眠期，如果这个时期的儿童犯了错误，他主张“不要对他们施加任何种类的惩罚”，也不可晓之以理或“进行任何种类的口头教训”，因为他们的理性尚未得到发展，认识不到错在何处。那么，在这种情况下怎样对待儿童的过失呢？卢梭认为教育他们的唯一方法是使他们从经验中吸取教训，具体而言，就是用“自然后果”去教育儿童，即让儿童通过亲身体验自己的错误行为所产生的不良后果，从中受到教育，并改正错误。例如，有一调皮的孩子打破住房的窗户，成人“就让他昼夜受风吹，别怕他受风寒……绝不要埋怨他给你造成种种麻烦，不过你要让他头一个感觉到这些麻烦”，以便他吸取教训而不再重犯。

“自然后果”作为一种教育方法，对后世的儿童教育产生了深远的影响，现已公认为重要的德育方法之一。

3. 锻炼身体，增强适应性

卢梭极其重视儿童身体的锻炼。他认为自然人的主要特点是身心健康，但后者却是以前者作为物质基础的。所以他声称：

> 为了要学会思想，就需要锻炼我们的四肢、我们的感觉和各处器官，因为它们就是我们的智慧的工具；为了尽量地利用这些工具，就必须使提供这些工具的身体十分强健。

卢梭继婴幼儿时期后，对儿童期的体育和身体养护继续予以高度重视，并提出许多具体意见。

卢梭主张父母和教师要放手，多让儿童独立活动，在自由的活动中获得体验，体验愈多，生命就愈有意义。在如何锻炼身体方面，他主张儿童通过跑、跳、抽陀螺、爬树、游泳、骑马等方式增强体质。他很重视儿童的游戏，并提出要引导爱弥儿进行夜间游戏，认为这样可以训练儿童的勇气。

在身体养护方面，卢梭主张儿童穿简朴、宽松的衣服，一年四季光头，冬天可穿夏服。在睡眠问题上，他主张儿童睡眠要充足，“养成日出而起、日落而眠的习惯”，但也要求能随时改变生活方式，在任何并非舒适的地方也能安然入眠。他尤为反对儿童睡软床和盖鸭绒被，认为这样做“必然使人体质虚弱，百病丛生”，是违背自然的。

4. 训练感官，发展外感觉能力

卢梭在此时期继续提出训练感官的问题，他认为感官是“智慧的工具”，感性认识是理解的基础，因此儿童感官的训练和运用很重要。他还指出：“锻炼感官，并不仅仅是使用感官，而是要通过它们学习正确的判断，也就是说要学会怎样去感受。”在感觉的锻炼方面，卢梭提出要全面地锻炼触觉、视觉、听觉、味觉和嗅觉。

卢梭在《爱弥儿》第二卷末描写十来岁的爱弥儿的形象是：发育良好，身体健壮，乐观开朗，充满生气。

虽说他记忆的事情很少，但他从经验中学到了很多东西；虽说他读书没有别的孩子读得多，但他对自然这本书的理解却比其他的孩子透彻……虽然他说活不像别人说得那样好，但他做事却比他们做得高明。……他不懂得什么是陈规和旧习，绝不按老一套的公式做事，绝不怕权威和先例。

显然，爱弥儿的上述形象与传统教育熏陶下成长起来的儿童形象是完全不同的。在卢梭关于第二阶段的教育构想中，尽管有些不切实际之处，但他关于儿童体育和感官教育的观点以及训练方法有很多是可取的，尤其是有目的的、详细的感官训练主张，在教育史上还是第一次提出。

（三）论智育与德育

1. 智育

卢梭为孩子选择学科所规定的标准是：该门学科的知识要有用处，真正有益于人的幸福，能增进人的聪明才智。但他据此标准选择学科时，仅限自然学科，并认为只有在实际生活中经过训练的大脑，才是最可靠的，铭刻人类知识的石碑。他所谓的学习即观察、实践，从经验学习或口耳相传，而不是从书本中学习。

在教学原则及方法上，卢梭在历史上首次比较详细地论述了发现法教学。他认为，儿童在观察种种自然现象后，会变得非常好奇，这是极可贵的求知欲望，但成人不应急急忙忙地予以满足，而应当在这种好奇心充分萌动时提出一些他能理解的问题，让他自己去解答。卢梭尤为反对用权威代替理智，认为一旦这样，儿童"就不再运用他的理智了，他将为别人的见解所左右"。卢梭将是否培养儿童有爱好学问的兴趣及指导儿童以研究学问的方法，定为"所有一切良好教育的一个基本原则"。

除发现法外，卢梭也很重视直观教学。这一主张与他强调儿童应从经验中学习的思想是一致的，只是卢梭所谓的直观教学与别的人有所不同，指的是纯实物教学。他对于学地理、天文时使用地球仪、地图、天象仪等都一概表示反对，主张"一开始应当使他（儿童）先看原物"，要求到自然界去观察各种自然现象，以获得真实感觉。卢梭还主张理论联系实际，充分运用所学知识。卢梭的上述关于智育的见解有一定的片面性，但是他的发现法教学的思想则为后世许多进步教育家所接受并予以发展。

2. 德育

卢梭是一位性善论者。他说："尽管我们所有的观念都得自外界，但是衡量这些观念的情感却存在于我们的本身”，并认为每个人“灵魂的深处生来就有一种正义和道德的原则”，这个原则就是“良心”。故在他看来，道德的来源及基础即天赋良心。

在道德标准问题上，卢梭提出了为道德而道德的行为标准，要求人们以“巨大的勇气”去“挣脱自我”的束缚，提倡“为善之乐就是对善举的奖励”，反对“施小恩而望厚报”的商贸行为。

培养道德应如何着手呢？卢梭认为人生来具有一种原始的“自爱”，这种欲念是符合自然的，也是为生存所必需的，培养道德即应从这种“自爱”的情感开始，只要把自爱之心扩大到爱别人，我们就可以把自爱变为美德，“这种美德，在任何一个人的心中都是可以找得到它的根底的”。

在道德教育方法上，卢梭主张采取示范、参观、通过行动培养习惯等方法。卢梭始终不提倡说理。

卢梭的道德教育观点与其世界观一致，总的来说具有二元论的倾向。他的天赋良心说，显然是一种唯心主义先验论的观点，但他关于道德教育过程及方法的许多论述又含有唯物主义感觉论的成分。他试图以“博爱”为中心的道德思想去反对封建等级制度及人与人之间的欺诈、仇恨与压迫等不合理现象，在历史上具有进步意义，并为后人所继承。

四、卢梭幼儿教育思想的历史地位

卢梭属于西方教育史上为数不多的开一代风气、具有划时代意义的人物之一。他对后世幼儿教育的影响主要体现在以下几个方面：

(1) 对封建专制的极端仇恨，对传统旧教育的猛烈批判，发出了时代最强音。

(2) 要求深入研究儿童身心特点，遵循自然而施教，成为近代儿童研究的先行者之一及“内发论”的宗师。

(3) 驳斥了历史上沿袭已久的“预成论”及“原罪说”的儿童观，确立了以儿童为本位的新的儿童观。

(4) 有关婴幼儿感官教育的思想起了承上启下的作用。

后世的许多著名教育家、儿童心理学家及教育运动都受到了卢梭的强烈影响。幼儿教育在受到卢梭及其信徒们的强烈影响后，发生了深刻的变化。卢梭依据其自然主义教育原理阐述的有关幼儿教育的具体意见，尽管有一些偏激或不切实际乃至明显错误之处，但确有不少是精辟的见解，值得人们借鉴与反复回味。

第三节 裴斯泰洛齐的幼儿教育思想

一、裴斯泰洛齐的生平和教育活动

裴斯泰洛齐(1746—1827)是瑞士著名的民主主义教育家,5 岁丧父,由母亲及女仆抚养成人,学生时代深受卢梭及德国古典哲学家莱布尼兹、康德等的影响。

裴斯泰洛齐生活的时代,资本主义已在瑞士发展起来,同时封建关系依然存在,人民受到了双重压迫,困苦不堪。农村儿童不得不从小做工,丧失了受教育的机会,部分穷苦儿童虽有幸上学,但平民小学水平十分低下。裴氏对农民的悲惨状况深表同情,对学校的落后局面极为不满,立志献身教育,并通过教育改造社会,解除人民的痛苦。

1767 年,裴氏借钱在家乡买了一个小小的庄园,取名“新庄”。1744 年,裴氏利用该庄园的地基兴办了一所孤儿院,收容 50 多名流浪儿童,开始了首次教育实验。他教儿童学习农耕、纺织等技术,同时教他们读、写、算,并进行道德教育,短期内即取得很大成效。但由于缺少援助,孤儿院被迫停办。

在失败和挫折面前,裴氏没有放弃理想。此后 18 年中,他主要从事教育著述工作,写成教育小说《林哈德和葛笃德》,此书问世后,在欧洲各国产生深远影响。1826 年,裴氏完成绝笔之作《天鹅之歌》后不久即去世。

二、裴斯泰洛齐论教育的目的和作用

裴斯泰洛齐接受了德国哲学家莱布尼兹的影响,认为每个人生来就蕴藏着各种以暧昧状态存在于人体内的结合为统一体的各种能力的萌芽,它们具有从不活动状态到充分发展的倾向。教育的目的就在于“促进人的一切天赋能力和力量的全面、和谐的发展”,“使人能尽其才,能在社会上达到他应有的地位”。

裴氏认为,人的天赋能力有“头”的、“心”的、“手”的,分别近似于“智力”的、“道德”的、“身体”的能力之含义,教育者必须使儿童的“头”、“心”、“手”和谐、全面地发展。

裴氏重视人的天性，要求根据人的天性适应自然进行教育。他所谓适应自然，是要求适应儿童的身心特点，发展儿童的天赋能力。他认为，只有教育才能把人身上以暧昧状态潜在的能力发掘出来，教育的作用就体现在这里。

裴氏适应自然的观点，显然受到了卢梭的影响，但不同之处在于他并不认为人的天性是尽善尽美的。裴氏认为，所有的人都具有两面性，即具有低级天性和高级天性。低级天性指的是动物性，高级天性则指的是人所独具的理性，包括追求真善美、自我完善、热爱上帝、利他等德性，二者实质不同，但又互相联系。高级天性以低级天性为基础，并从中产生、发展起来。裴氏认为，如果像卢梭那样将儿童的天性理想化，任其自然发展，则只会发展动物性本能。故教育一方面要遵循自然，另一方面还要通过教育的作用，让人性提升到更高的道德境界。

三、裴斯泰洛齐论家庭教育与爱的教育

（一）家庭教育

为了遵循自然，使人的能力得到发展，裴氏认为家庭教育十分重要。他几乎在所有著作中一再提到家庭教育，要求社会教育模仿家庭教育所包含的种种优点，并认为前者只有模仿后者才对人们有价值。裴氏列举了须重视家庭教育的原因：① 母亲在儿童教育中占据极重要的地位；② 父母最了解儿女，欲发展儿童天赋，家庭是最易办到的；③ 教育应始于诞生。裴氏声称：“我要找出儿童最初开始学习的时间，我立刻确定这个时间与儿童的诞生是一致的。”裴氏极为重视家庭教育，对于那些不能在家庭中受到良好教育的儿童，裴氏建议在学校中设立学前班，按家庭教育的形式来安排这些儿童学习。

（二）爱的教育

裴斯泰洛齐提出：“教育的主要原则是爱。”作为一位热爱儿童、尊重儿童，终生不渝地献身教育事业，立志救民于水火的人道主义者，裴氏堪称西方教育史上宣传爱，同时身体力行实施爱的最具代表性的教育家。当他在条件极端恶劣的孤儿院工作时，有时几乎是单枪匹马、赤手空拳地面对重重困难。裴氏倡导并身体力行的爱的教育或称教育爱大致包含两层含义：其一是指对教育对象的真诚的、全身心的、无保留的关心和热爱。应指出的是，裴氏面对的并不是健全的儿童，而多为有缺陷的儿童，但他对这些身心俱残的儿童并不歧视或嫌恶，而是满怀爱心。裴氏教育爱的另一层含义是“提升学童价值”，指教育者在奉献一段时日的“教育爱”后，获得可贵的成果，受教育对象不仅改掉各种不良习气，学会自尊自爱，而且乐于助人，乃至造福人群。

四、教育心理化的构想

（一）教育心理化的提出及其基本含义

裴斯泰洛齐反对旧教育中因袭的教学方法，认为其弊端是用别人的情感、观点、知识充塞儿童的头脑，从而阻碍了儿童内在能力、个性和智力的健全发展。有鉴于此，裴氏接受了卢梭等前人的观念，要求教育应遵循自然。但他并不满足于此，而是力图通过研究与实践将此思想深化。裴氏多次强调指出：

> 教育应当被提高到一种科学的水平，教育科学必须起源于并建立在对人类本性最深刻的认识基础上。
>
> 我正在试图将人类教学过程心理学化，试图把教学与我的心智的本性、我的周围环境以及我与别人的交往都协调起来。

在上述引语中，裴氏在教育史上第一次明确提出了“教育心理化”的口号。“教育心理化”大致包含两层含义：其一，就教育的目的或结果而言，要求教育应使人固有的、内在的能力得到培养和发展；其二，就教育活动或过程而言，要求教育应与儿童的心理特点及人性规律协调一致，注意个别差异，区别对待素质不同的儿童，使儿童在获取知识、发展智慧和道德情感诸方面，都处于自然主动的地位。

应指出的是，裴氏是儿童心理研究的开创者之一。1770 年，其子雅克诞生后，他即以儿子为对象，仔细观察婴幼儿的行为举止，并记录下来。1774 年，裴氏发表《育子日记》，此文乃历史上最早以客观态度观察研究婴幼儿的文献。

（二）直观性教学原则

从“教育心理化”的立场出发，裴氏通过教育实验总结经验后，在《葛笃德怎样教育她的子女》等书中提出了系列奠定其教学理论的教学原则。其中最重要的莫过于直观性原则。

裴氏认为，直观乃人类精神的基本能力之一，并构成一切心理活动及知识经验的基础。他指出，婴儿降生后，首先依靠感觉印象学习。作为有生命的机体，儿童观念的清晰与否主要依赖于感官对事物的接触，所用感官愈多，对事物的认知也愈正确。

裴氏在其教学理论中，反复论述知识、经验的基础是对外界事物的感觉印象，同时指出，开始得到的感觉印象是混乱的、复杂的，感觉印象必须与内在的理解力结合起来才能形成明白、确定的表象，并上升为清晰的观念。上述有关学说成为裴氏所谓的教学心理化的重要内容。

除直观性原则外，裴氏还提出了教学的循序渐进原则以及充分调动儿童学习主动性的自发性和自我能动性等原则。

五、要素教育论

裴斯泰洛齐认为："初等教育从它的本质讲，要求普遍地简化它的方法，这种简化，是我一生所有工作的出发点。"为了使儿童的内在力量能够和谐发展起来，为了改变当时学校呆板、烦琐、经院式的教学方式，同时也为了使每一个普通家庭和每一位母亲不需要外界帮助，能够容易地教育自己的孩子，裴斯泰洛齐曾持续多年，潜心研究如何更好、更简便地进行教育、教学的方法，在此基础上他提出了要素教育原理。裴氏认为，在各种教育、教学过程中，在各门学科中，都存在着一些最简单的因素，即所谓要素，教育、教学过程必须从这些最简单的因素开始，逐渐转移到复杂的因素，这样的教育、教学才能符合心理学的原则，简便易行，效果良好。他认为要素教育原理可体现在智育、德育、体育及劳动教育等各个方面，但主要体现在智育中。要素教育理论是裴氏对初等教育新方法的研究和实验所取得的主要成果。

(一) 智育

1. 教学的任务

裴氏认为教学有两个重要任务：一个任务是培养儿童对人类的爱，促进道德的发展，而另一重要任务就是发展智力。裴氏的这一主张与他对教学的认识是分不开的。他认为人的认识应先从感觉器官的观察开始，观察为认识之始。但通过感觉得到的表象还是混乱的、不清晰的概念，还要运用先天所特有的"直观形式"去对混乱的感性材料进行整理。教学可使儿童的认识"从混乱到确切，从确切到清晰，再由清晰到透彻"。因此，培养儿童的观察力、思维力，即智力，是教学永恒不变的、首要的任务。裴氏在确定教学任务时，并非不主张掌握知识，而是把发展智力视为教学的首要任务，并要求各学科的教学都要服从此任务。在具体方法上，裴氏有时人为地把发展智力和掌握系统的知识割裂开来，偏重于离开掌握系统知识，孤立地通过形式主义的练习去发展人的认识能力，因此后来他被称作"形式教育之父"。

2. 智育的要素

裴氏认为，智育和教学的基本要素是"数"、"形"、"词"。裴氏认为，当教学过程按照由简至繁、由近及远的心理顺序进行时，就能唤起学生自我活动的能力。他和卢梭一样，认为教学如果不和儿童自己对事物的亲身经验有机地联系起来，是没有任何价值的。教给儿童的东西，只有在其智力所及范围之内，才能变成自身的东西。

（二）德育

德育是裴斯泰洛齐教育体系的核心。在这一问题上，他受到卢梭很深的影响。卢梭曾提出，科学技术越发达，社会越堕落。裴氏对此并无异议，但提出：为了解决进步中的退步问题，要通过道德教育来弥补。德育的主要目的在于养成儿童的博爱精神。

裴氏认为，道德教育最简单的要素，是儿童对母亲的爱，德育应由此着手。

裴氏提出了对儿童进行道德教育的过程：儿童德育的基础在家庭中奠定。首先应培养儿童对母亲的爱，这种道德的种子是由母亲对婴儿的本能热爱及满足其生理的需要而产生的。儿童在产生了对母亲及父亲的爱之后，可再逐渐扩大到爱兄弟姐妹。儿童稍长，再将儿童的道德力量——爱的情感进一步发展，转到爱周围的一切人，然后爱全人类，并意识到自己是整个人类的一员。一个人的道德力量由此而得到实现。裴氏主张学校教育应效法较好的家庭教育，师生间应建立父子般的爱，儿童之间则确立兄弟姐妹般的友爱，使整个团体沉浸于一种大家庭的温馨、融洽气氛之中，在此基础上培养儿童一般的义务感及道德感。

在道德教育的过程中，裴氏尤为重视教师的以身作则和学生的道德行为练习，认为用个人示范来影响儿童，远胜过说教和恐吓。儿童道德行为练习的最好方法是做善事。在《林哈德与葛笃德》一书中，裴氏描写了许多有关事例。如葛笃德的子女宁愿自己挨饿，而把省下的面包悄悄送给更贫穷的邻居的孩子，在他们的内心对此行为产生了一种美好的情感体验。

（三）体育和劳动教育

裴斯泰洛齐重视体育和劳动教育对于实现教育目的和教育任务的重要作用，认为儿童生来就有要求活动的愿望，这也就是有待发展的体力的萌芽，是体育和劳动教育的基础。最简单的要素是关节活动，因为只有关节的活动才能保证人有行动的可能。体育及劳动教育主要通过日常生活中简单的动作练习来进行，并循序渐进地提高。

裴氏指出，体育和劳动教育、智育、德育是不可分开的。循序渐进的体力练习不仅能发展儿童的体质，而且能培养儿童的劳动精神，使他们学会劳动的基本技能。体力练习还能发展儿童的智力，培养儿童的情感、意志以及各种道德品质。

教学和手工业、农业生产劳动相结合，这是裴斯泰洛齐教育理论与教育实践的基本原理之一。在新庄孤儿院，裴氏不仅教儿童学会了一些简单的手工艺技巧，而且使他们受到了多方面的训练。在《林哈德与葛笃德》一书中，裴氏描写葛笃德在家庭中实施劳动教育和初步教育的情形：葛笃德与孩子们一边纺织，一边教他们读书、做算术、诵诗。

裴氏在谈到劳动和教学相结合的目的时指出，这样做是为了给儿童以谋生的手段。他认为，使功课与劳作合一，提倡职业训练，是提高人的工作能力、增加实际生产量的最好途径。裴氏还认为，儿童参加劳动是发展儿童体力、智力和道德能力的手段，劳动能教会人蔑视那些跟事实相脱节的语言，帮助人形成精确、诚实等品质，有助于形成儿童与成人之间以及儿童之间的合理的相互关系。

六、裴斯泰洛齐幼儿教育思想的历史地位

裴斯泰洛齐幼儿教育思想的历史地位主要体现在以下几个方面：

(1) 裴斯泰洛齐是一位杰出的人道主义者，深信教育的作用，并将其毕生精力，鞠躬尽瘁于贫民儿童的教育，其对事业的执着及献身精神堪称世界教育史上的千古楷模。

(2) 他是教育史上提倡与实施爱的教育的杰出代表。在他创办的教育机构中，彻底改变了传统的师生关系，充溢着尊师爱生、互敬互爱的动人气氛。他的有关思想丰富了以卢梭为代表的新教育观。

(3) 重视母亲和家庭在儿童教育中的地位及作用，并做了详细论证，从而丰富、发展了前人的有关理论。

(4) 首次提出了教育心理化的构想，开启了19世纪欧洲教育心理化运动的序幕，使教育学在科学化的历史进程中迈出了重要一步，并将前人教育适应自然的思想发展到更高更深的层次。

(5) 对直观性教育原则赋予丰富的内涵，将其扩展到了对直观主体的能力的培养、主客体的交往，以及如何从感觉印象上升到清晰概念等领域，突破了前人将直观性教育原则停留于感觉论或经验论的局限性。

(6) 把培养能力确立为教学的主要任务，对后世欧洲形式教育的发展产生了重要影响。

(7) 努力根据心理学原理解决一般教育问题，创立了要素教育理论，并在此基础上研究了初等教育的一般原理和各科教学法，大大推动了19世纪初等教育的发展。

(8) 首次实践了教育与生产劳动相结合，并在实践中不断深化认识，积累了丰富的经验。

裴氏的上述贡献无论对广义的儿童教育或幼儿教育，都具有深刻的意义和深远的影响。

在裴氏的晚年，他的名声如日中天，“整个欧洲无论南北，没有一个地方不受裴斯泰洛齐的影响。”德国幼儿教育家福禄倍尔就教于裴氏门下，并接受了裴氏关于母亲和家庭在儿童教育中具有重要作用的观点以及数、形、词是教学及智育的基本要素的思想。在裴氏教育学说的启发下，福禄倍尔进一步研究了幼儿教育的体系。德国教育家赫尔巴特和英国空想社会主义者欧文也受到裴氏的深刻影响。

第四节 福禄倍尔的幼儿教育思想

一、福禄倍尔的生平和主要教育活动

福禄倍尔(1782—1852)出生于德国一个牧师的家庭，9 个月时丧母，后常遭继母虐待，性格内向、孤僻，同时富于反抗精神，并强烈地希冀人间的温暖，有关经历对其教育思想的形成有重要影响。1799 年，福禄倍尔进入耶鲁大学学习，受到费希特哲学的影响。1805 年，他在法兰克福结识了裴斯泰洛齐的信徒格鲁纳，并在格鲁纳的指导下研究裴斯泰洛齐的教育著作。1808 年，福禄倍尔拜访裴斯泰洛齐，花了两年的时间在那里致力于儿童游戏、音乐及母亲教育等学科的学习研究。

1816 年，福禄倍尔在他的家乡建立了一所学校，命名为“德国大同教养院”，开始实验自己的教育理想。其教育方法注重引导儿童的自我活动、自由发展和社会参与。他用一套综合课程教育儿童，包括宗教、阅读、写作、算术、图画、德语、唱歌、数学、自然知识、地理、希腊语、钢琴和体育。1826 年，福禄倍尔发表了《人的教育》。此书集中反映了他的教育哲学、教育分期以及各时期的教育任务的思想。

1834—1836 年间，福禄倍尔在瑞士担任柏格多夫孤儿院的院长。随着工作经验的积累，他日益深切感到最需要改革的是儿童早年的教育。这时，他读

了夸美纽斯的《母育学校》，更感到母亲在早年教育中的重要地位，并认识到必须对儿童的游戏善加指导，才能使其具有教育价值。在此思想指导下，他进一步策划和研究各种玩具、游戏、歌曲和动作的设计或制作。

1837 年，福禄倍尔完全转向学龄前儿童的教育工作。这一年，他在德国的勃兰根堡设立一所教育机构，专收 3～7 岁的儿童，并将在瑞士发明的教材和教具都付诸实用。1840 年，福禄倍尔把这所机构命名为“幼儿园”，拟定了幼儿园游戏和作业的内容与方法。1843 年，他出版了风行一时的家庭必读物《母亲与儿歌》。由于负债累累，幼儿园于 1844 年被迫停办。但这一年，德国各地已建有幼儿园 40 所。

福禄倍尔并未因首创的幼儿园停办而气馁。他认为儿童的幼年教育应由母亲和其他子女负责，于是决意转向妇女讲述自己的思想。1849 年，福禄倍尔开办了幼儿教师训练所。同年，结识了别劳男爵夫人，在她的帮助下，幼儿园运动一度在德国得到发展，但在 1851 年 8 月，普鲁士教育部长下令禁设福禄倍尔式的幼儿园，给了已近古稀之年的福禄倍尔以沉重打击。福禄倍尔于次年 6 月去世。

二、教育的基本原则

（一）统一的原则

福禄倍尔深受克劳塞“万物在神论”的影响，提出教育的统一原则。他在《人的教育》的开篇写道：

> 法则过去和现在都表现在外部，在自然中；在内部，在精神中；也表现在结合自然和精神的生命中。……这个全能的法则是以一个浸透一切的、精力充沛的、富有生命的、自觉的因而是永恒的“统一”为基础的。……这个统一就是上帝。一切事物都从神的统一，从上帝而来，并起源于神的统一或上帝。上帝是一切事物的唯一来源。……因有了神的贯注而使每项事物得以生存，这便是每项事物的本质。

福禄倍尔认为，从根本上讲，神是一种精神，它是万物产生的原因，但不是万物；它只是通过自然界、通过人来体现自己。儿童与成人一样，都是神的精神的体现者。福禄倍尔由此推出教育的目的是：“引导人增长自觉，达到纯洁无形，能有意识地和自由地表达神的统一的内在法则，并采用适当的教育方法和工具，使其成为一个有理想、有智慧的人。”

（二）适应自然的原则

教育必须遵循自然的法则，这是福氏教育理论体系中的一条重要原则。其主要含义是：合理的儿童教育必须观察、效法或遵循自然万物发展的正确道路，以及"小心翼翼地追随本能"，即追随儿童的天性。显然，上述几方面是有内在联系的，并应协调一致。他认为，人的教育必须顺应儿童天性特点行事方为正选。福禄倍尔对人的天性进行了分析。与卢梭一样，他认为儿童天性善良，并表现为四种本能，即活动的本能、认识的本能、艺术的本能及宗教的本能。但他对每一种本能都进行了宗教神秘主义的解释，把它们都归结为所谓"神的本源"的体现。在这四种本能中，他特别重视儿童的活动本能，而且认为随着年龄的增长，它会发展为"创造的本能"，父母们应善加引导。

（三）发展的原则

福禄倍尔认为，同一切事物一样，人类起初总是不完善的，年轻一代作为自然的产物，仍在创造发展的过程之中。但人不同于自然，作为具有观念和理性的人，其高贵之处在于他能够清楚地认识到自己的重要性，即认识到存在于自身的神的精神。就儿童方面而论，教育是由内因决定的进化过程，如果让儿童顺其自然地发展，神的精神就会在儿童的活动中显示出来。教师的任务在于遵循自然，引导儿童的成长，提供一切成人智慧的帮助，而不是违背自然，对儿童的成长横加干涉、命令和强迫。

发展是分阶段的，又是连续的。福禄倍尔说，人的发展是由一点出发，然后继续不断地演进。发展是循序渐进的，跳跃和突变不能算是发展。在发展的历程中，每一个阶段都是前一阶段的延续；在前一阶段中间，仔细地分析一下，一定可以找出一些现阶段赖以发生的萌芽。故在发展历程中，前一阶段不但不阻碍后一阶段的实现，反而可以说是后一阶段的基础。

福禄倍尔还指出，发展的结果是对立面的调和。教育归根到底是成长的过程。如同万物生长一样，人的成长必须服从两条互相补充的法则，即对立的法则和调和的法则。在教育中，基本的对立物是内因和外因，即成长物的天性与其环境的矛盾。教育者总是从内因和外因的矛盾入手，最终使二者达到统一。这种通过对照最终达到和谐的过程，为福禄倍尔在训练儿童时采用的方法奠定了理论基础。

（四）创造的原则

和发展相关的是"创造"的原则。所谓"创造"，即通过将已有的东西变换花样的方式，赋之以新的意象。这条原则，起初福禄倍尔也用神秘的语言去表述："上帝按照自己的意象选人，人应当像上帝一样地创造与产生。""人是积极能动的生灵，不是事实的被动的接受者和观察者，他必须根据神创造人类的法则，利用自然界的材料，按照自己的思想，从事创造的活动，并借以洞察内在世界与外在世界，最后认识神。”福禄倍尔关于创造的学说，反映出费希特“行动哲学”的影响。

（五）社会参与的原则

福禄倍尔重视教育的社会目的。针对当时教育中存在的个人主义倾向和反社会的背景，他力陈个体进步与社会进步之间的密切关系，说明整体和部分是不可分离的。他认为，当个体保持在落后状态时，没有哪一个社会能够进步，反之亦然。学校是一个统一的有机体，在里面，由发展的个体组成的单位应通过参加社会生活来完善自己。学校必须产生公民，并令受教育者做好为社会服务的准备。

三、教育分期与各时期的任务

福禄倍尔接受了卢梭关于儿童是分阶段发展的思想，同时又认为发展是渐进的、连续的，而不是跳跃式的。他虽然也把人类受教育的过程分成几个阶段，但并不对每个阶段做出精确的年龄限制。在他看来，每一个阶段不是由年龄限度而定，而是由某些显著的特征而定。这些特征在一定发展阶段是占支配地位的，并为该阶段确定教育的目标。每一阶段的完成是下一阶段发展的必要条件。婴儿期是幼儿期的基础，幼儿期是婴儿期的发展结果。所谓青年，是指圆满渡过婴儿期、幼儿期和少年期的人。在这里，每一阶段都同样重要。

（一）婴儿期

福禄倍尔把婴儿期称为“吸收”的时期。这时，婴儿从外界吸进富有多样性的事物的印象，所以这时期的活动应以感官的发展为主。除发展感官外，也要发展身体，运用四肢进行游戏。当婴儿的感官、身体和四肢能主动开始向外界表现其内部时，婴儿期即告结束，幼儿期正式开始。

（二）幼儿期

福禄倍尔认为，幼儿期是“真正的人的教育”开始的时期。如果说前一时期儿童教养的重点在于身体的养护及感官的发展，这时则应较多注意其心智的发展。教育的主要任务在于变内因为外因，让孩子通过参与人和物的外部世界的活动，来展现自己的天性。

幼儿期的教育对于发展中的人来说，是至关紧要的。这一时期发展的好坏将影响到人的一生。如果儿童在这个阶段受到了损害，在以后的岁月里，他将做出“最大的努力”才能克服这种损害给他的发展所造成的阻碍。

语言、游戏和绘画构成幼儿时期生活的要素。这一时期最主要的特色是语言的出现，由此应开始说话的训练。每一物体都应给予适当的名称，并且每一个字应清晰发音。幼儿期最显著的活动是游戏，福氏指出，“游戏是（儿童）内部存在的自我活动的表现”，“是人在这一阶段最纯洁的、最神圣的活动”，是儿童生活中最美好的表现。适应这种内在需要，顺其自然地采取游戏的方式教育幼儿，就能使儿童成长为完全的人。福禄倍尔呼吁父母们积极行动起来，培养儿童游戏的能力，指导和保卫他们的游戏，政府亦应为孩子们设立公共游戏场。

（三）少年期

这一时期教育的特征发生了变化：感情让位于思维，游戏让位于教诲。少年期主要的任务是通过对生活实际的理解，变外因为内因。如果说，幼儿期是重儿童先天的禀赋，以儿童为中心，此时期则当以后天的环境为重，以课程为中心。以前儿童更重视活动本身，现在则更注意活动产生的原因和活动的结果。幼儿时期活动的本能，到这时成为一种创造的本能。

四、幼儿园教育制度

（一）幼儿园工作的意义和任务

受到夸美纽斯和裴斯泰洛齐的影响，福禄倍尔认为家庭和母亲在早期教育中占据重要地位。但又指出，许多母亲没有充分的时间教育自己的子女，而且没有受过相当的教育训练，不能胜任其子女的教育，因此，有必要建立公共的幼儿教育机构来弥补家庭教育的缺陷。同时，福禄倍尔也意识到，幼儿园教育和家庭教育是幼儿积极的教育、生活的两个方面，二者协调一致，乃是构成完善教育的首要因素。在此思想指导下，福氏幼儿园实行半日制，而且，幼儿教育的许多内容需要母亲来协助完成。

福禄倍尔不仅看到教育对于个体发展的意义，更为重视教育的社会价值。人是一种社会动物，须具备社会参与、社会合作的精神，幼儿园就是培养这种社会态度的最恰当的场所。他立意要把幼儿园变成社会的缩影，在其中充满礼让、互助和团结一致的精神以及相敬相爱的气氛。

福禄倍尔指出，幼儿园的主要任务是：通过活动和游戏的方式来培养学龄前儿童，发展他们的体格，锻炼他们的外部感官，使他们认识人和自然，使儿童在游戏、娱乐和天真活泼的活动中，去做好升入小学的准备。

（二）幼儿园的教育方法及教学原则

福禄倍尔认为，促进儿童内在本质的发展乃教育工作者的任务，如何帮助儿童发展,遂成为十分紧要的问题。福禄倍尔的教育方法来自三个方面:① 费希特的“自我”和“活动”等思想,福禄倍尔将有关思想运用于他的儿童游戏与创造活动的理论中。② 裴斯泰洛齐直观教学原则的影响。福禄倍尔采取裴氏的“直观”作为其方法的出发点,而自创“自我表现”作为学习历程的另一特点。这样,由接受或吸收到表现或发表,构成一个完整的历程。③ 福禄倍尔本人对儿童活动的观察及教育实验中取得的经验。

福禄倍尔教育方法的基本原理是“自我活动”。他认为,万物都在神性的统一中存在其根源。神的本质的外在表现及其发展,是通过自我活动而进行的。自我活动是一切生命的最基本的特性。个体由此而认识自然,认识自我,最终认识神性的统一。如果说直观的方法是从客观事物出发而形成主观的认识,那么自我活动则是从主观方面表现其对外在世界的认识。福禄倍尔认为,人类要完成其使命,不仅要吸收外界的万物,同时也要展现其内在的本性。根据自我活动的教育原理,福禄倍尔提出以下几个重要的教学原则:

1. 实物教学原则

根据别劳夫人在《回忆福禄倍尔》中的记载,福禄倍尔曾在1851年8月指出,他的教育方法致力于从开始就向学生提供从事物中积累自己经验的机会。要让儿童用自己的眼睛去观察,使其学会从亲身经验、从事物与事物之间的关系、从人类社会的真正生活中去认识。但是,自然界的事物是凌乱不堪、错综复杂的。如果在教学时以片断零碎的事物单独地摆在儿童的面前,则儿童无法获得正确的观念,甚至使健全的心灵变得混乱。因此,要求教育工作者要有意识地把那些有关联的事物呈现在儿童面前,使儿童能容易而正确地知觉这些事物,并由此而形成关于这些事物的正确观念。

2. 游戏教学原则

福禄倍尔的游戏教学原则以自我活动为其基础,以对儿童游戏活动的观察为其依据。福禄倍尔认识到:游戏活动和儿童心理有着密切的关系,游戏给儿童以自由和欢乐,所以任何儿童都对游戏很感兴趣。如果顺其自然,以游戏为教育的方法,以引导儿童自我活动、自我发展和社会参与,就易于增加教育工作的效率。他主张幼儿园应成为儿童游戏的乐园。

(三) 幼儿园的课程

根据“自动”和“创造”的教育原理,福禄倍尔重视幼儿的活动和游戏,但他并不认为所有的活动和游戏都具有教育的价值。福禄倍尔指出,若要使儿童的游戏具有教育意义,对游戏的材料就必须加以确定,并善加指导,以便儿童所从事的游戏活动,以及在游戏活动中流露出来的情感,都有秩序、层次,并适度。为达此目的，福禄倍尔将其后半生的主要精力放在幼儿园课程的发展上。他把幼儿园的训练分为三种方式：① 唱歌；② 动作及姿势；③ 建造。与这几种活动相关的是儿童语言的发展。这三方面并不是分离的，而是可以有机结合的。在此思想指导下，福禄倍尔建立起以活动和游戏为主要内容的幼儿园课程体系。这个体系主要包括以下内容：

1. 歌谣

1841 年，福禄倍尔出版了名为《儿歌》的小册子。1843 年，在扩充内容后，他又将这本小册子改名为《母亲与儿歌》。在此书中，有一套精选的歌谣及其图画的表示和游戏方式的说明。福禄倍尔指出，编这本书的目的是为了帮助母亲们教育自己的孩子，使孩子能认识大自然中的各种现象，练习他们的感官，活动他们的肢体，并且通过母爱去陶冶和滋润幼儿的心灵，使这些嫩弱的孩子得以健康而自然地成长。

2. 恩物

裴斯泰洛齐倡导"数"、"形"、"词"为初等教育的三要素，并曾使用具体的物品推进幼儿的教育工作，进行语言和算术的教学，以便使儿童从"直观"中获得正确的印象。福禄倍尔从中受到启发，并在此基础上进一步研究，创制出一套供儿童使用的教学用品，称作"恩物"，这是福禄倍尔对于幼儿教育工作的具体贡献。

福禄倍尔指出，恩物的教育价值在于它是帮助儿童认识自然及其内在规律的重要工具。在他看来，自然界的万物统一于神性之中，但在发展过程中又具有外在的差异性，由此构成了自然界的多样性。儿童的心灵能力在此时尚未发展健全，面对复杂多变的世界，无法清楚地认识事物内在的联系和统一性。恩物的作用恰恰在于它能帮助儿童克服这种困难。通过这些恩物、由简及繁，由易到难，循序渐进地认识自然，从而洞察神性。因此，恩物是福禄倍尔帮助儿童认识自然及其规律的工具。

按照福禄倍尔的观点，真正的恩物应满足下列三方面的条件：① 能帮助儿童理解他们周围的客观世界，又能表达他们自己对于客观世界的主观认识；② 每一种恩物应包含一切前面的恩物，同时预示继后的恩物；③ 每种恩物本身应是一个完整的有秩序的整体，能表现"统一"的观念，整体由部分组成，部分可以形成有秩序的整体。

3. 作业

作业是福禄倍尔为幼儿园确定的另一种教育活动形式及课程。历史上，夸美纽斯是最早提出作业概念的人，福氏的研究则更为深入。福氏倡导的作业种类很多，有纸工、绘画、拼图、串联小珠、泥塑等许多种。

福氏的作业和恩物关系十分密切。作业的进行主要体现福禄倍尔关于“创造”的教育原则，要求将恩物的知识运用于实践。作业与恩物既有密切的联系，又有明显的区别：① 恩物的主要作用在于“由外向内”，在于接受或吸收外界事物的知识，而作业的主要作用则是“由内向外”，帮助儿童发表或表现他们对于外界事物的印象或认识；② 从两者安排的顺序来看，恩物在先，作业继后，不可颠倒；③ 恩物游戏并不改变物体的形式，作业则要改变材料的形式；④ 恩物引导儿童发现、洞察和整理活动，使儿童学到关于外界的知识，作业则运用恩物所提供的观念来开展活动，并引起控制、修改、变化和创造的活动。

4. 运动游戏

福禄倍尔认为，幼儿园必须拥有一个供游戏用的宽敞而明亮的大房间，并与一个花园相连。只要天气允许，孩子们可随时转移到花园里去进行运动游戏，游戏时宜伴以诗歌。此外，还可以训练儿童的语言，以清晰的发言说明所认识的事物。团体游戏的根本原理是“部分—整体”的原则，了解个体与团体的关系。福禄倍尔有意识地要求幼儿集体在幼儿园内的成长就像树木在植物园里一样，既有丰富的个性，又保持着整体的和谐。运动游戏的动作是建立在儿童模仿他们在自然界和周围生活中所观察到的各种动作的基础上的。

5. 自然研究

福禄倍尔幼儿园的课程里专设“自然研究”一门。他鼓励学生种植花草，从事园艺工作及饲养家畜，以培养爱护花木禽兽的情趣。这些活动能满足儿童的好奇心，培养自治力和牺牲精神，促进知识和智力的发展。自然研究还有助于儿童熟识各种自然现象，培养他们对于自然科学的兴趣。

五、福禄倍尔幼儿教育思想的历史地位

福禄倍尔是近代系统的学前教育理论的奠基人之一，也是近代影响最大的幼儿教育家。他首创了幼儿社会教育的重要形式之一——幼儿园，并广泛组织了训练幼儿园教师的工作，客观上顺应了 19 世纪以来，在工业革命不断发展的历史条件下，要求发展幼儿社会教育的历史趋势。

福禄倍尔在借鉴前人经验的基础上，详细论述了幼儿园工作的体系、内容和方法，大大推动了学前教育学的发展，并对学前教育学成为教育理论领域中的一个独立分学科做出了卓越贡献。

福禄倍尔的儿童教育观，包括反对强制性教育，重视儿童积极主动的活动，以及内发论的思想，都对后世产生了重要影响，成为 19 世纪末以后儿童中

心主义教育思潮的思想渊源之一。

福禄倍尔不仅大大推动了19世纪后半期欧美各国幼儿教育的发展，他强调发挥儿童的主观能动性和创造精神、重视教育的社会意义、强调儿童游戏的教育价值，以及提倡手工教育的主张还逐渐影响到小学乃至中学的课程设置。

第五节 康有为的儿童公育思想

一、康有为的生平

康有为(1858—1927)，原名祖诒，字广厦，号长素，广东省南海县人，人称“康南海”，清光绪年间进士，官授工部主事。康有为出身于仕宦家庭，乃广东望族，世代为儒，以理学传家，近代著名政治家、思想家、社会改革家、书法家和学者，信奉孔子儒家学说，并致力于将儒家学说改造为可以适应现代社会的国教，曾担任孔教会会长，著有《康子篇》《新学伪经考》等。他在所著《大同书》中，论述了其关于学前儿童公养公育的思想。

二、康有为的儿童教育思想的主要内容

(一) 论儿童的“公养”、“公教”

“公养”、“公教”，或叫“公养”、“公育”是康有为的理想教育制度。该思想的提出，是建立在他的政治理想基础之上的，体现在《大同书》中。

在《大同书》中，康有为把旧社会的苦难，归于家族的存在，因此，要结束旧社会的苦难，就必须消灭家庭，他认为教育儿童的办法就是实行儿童“公养”、“公育”制度。为了实现“太平世”，必须培养变法人才，尤其是强国先要“强种”，必须发展教育。没有家庭，父母不承担教育子女的责任，儿童教育完全由公立政府负责。他设计了一个从胎教到大学的“公养”、“公教”的理想教育制度，在《大同书》中全面阐发了这个思想。这是一个前后衔接的完整的教育体系，儿童从胎教到20岁的全部教育由公立政府负责，全社会的人都有权接受这一完整的教育，其中人本院、育婴院、怀幼院(或叫慈幼院)是六岁以前的儿童受教育的机构，属学龄前教育，为“公养”阶段，6岁以后儿童入小学院，至大学毕业20岁，为“公教”阶段，接受系统的学龄期教育。

康有为提出的“公养”、“公教”的教育理想，是一个终身教育计划，贫富平等，男女平等，前后相接，二十年一贯制。这不但在当时，在今天也是无法实现的，但它却有鲜明的反封建性和民主性，是进步的。

(二) 论胎教

康有为继承和发展了我国古代胎教学说，尤其是他的关于创立人本院以对孕妇进行集体胎教的主张，新颖独特。人本院也称胎教院，是对孕妇和胎儿进行集体胎教的社会公益机构，是实施儿童公养公教的重要措施之一。康有为认为，设立人本院可以去家界，消除私有根源、实现大同理想社会。他通过对人本院的论述，阐发了胎教的意义、宗旨、方法等。

1. 胎教的意义

(1) 正本。康有为认为，胚胎是人之根本，抓好对此时期胎儿的教育，就可使之正常发育，是从本源上保证孩子健康成长。他说：“人本院专为胎教以正人生之本，厚人道之原”，“人生之本，在胚胎，人道之始，万化之原也。”

(2) 防感清源。康有为在《大同书》中指出，孕妇最易受各种秽物邪念感染，若入心入胎便生邪恶，所以要加强胎教。他还认为，人脑也和胚胎发育一样，易“感于外物”，若受不良影响，便形成“恶浊”心理，种下“恶核”，结不出“良美之果”。因此，他认为胎教的意义，是“反本溯源”，“教之于未成形质之前”。

2. 胎教内容和实施方法

康有为在《大同书》中详细地阐述了人本院的设计、地域选择、环境和保健要求、选择教师等。其胎教内容和方法主要有以下几点：

(1) 适宜的环境的选择

康有为认为，孕妇居处的人本院，必须内外环境极优，孕妇生活舒适、心情舒畅、心旷神怡。不但要求气候地带要在温带，而且院址要择平原广野、丘阜特出、水源环绕或近海广平之地。

(2) 胎教的宗旨及保胎、养胎

康有为指出：“盖孕妇入院之后，以养胎为宗旨职业，其有碍此宗旨者，皆不可行也。”后来他又具体把“考求安胎、保胎、养胎及生子最易无苦之新法”作为人本院胎教的根本宗旨。养胎、保胎、安胎，主要是要做好医护、饮食和衣着三件事。

(3) 孕妇的教育

对孕妇的教育一方面是防止“邪念感人”，另一方面是培育其德性，萌发仁心，孕育其博爱方正、平和的心境，从而间接地影响胎儿。他主张在人本院设女师、女保、女傅等专门对孕妇进行教育。女师讲人道公理，讲仁爱慈惠的故事;女保讲卫生法、生产法、育子之良法等;女傅同孕妇一起生活,使孕妇受到良好的德行教育,以影响胎儿,达到传播“佳种”的目的。女师、女保、女傅都从医生中选择,各司其职。康有为还要求孕妇读好的书,听好的音乐。

(三) 论婴幼儿教育

婴幼儿教育是康有为为大同世界设计的学前教育公养公育制度的又一级。婴儿出生后,在人本院 6 个月断乳后进育婴院。若育婴院后设慈幼院的,则育婴院收婴儿至两岁,三岁幼儿入慈幼院至五岁,六岁入小学院。如果不设慈幼院,则婴幼儿总归于育婴院。儿童在育婴院接受完全的学前公育教育。

1. 环境的选择

康有为很重视育婴院环境的选择,很看重自然环境和社会环境对婴幼儿的影响。他主张“育婴院择地之精,当与人本院同,或与人本院接近”,育婴院的建筑应“楼居少而草地多,务令爽培而通风,日临池水以得清气,多植花木,多蓄鱼鸟”,在社会环境方面“不得近市场、制造厂及污秽之处”,也“不可近戏院声伎之地,葬坟火化之旁,作厂场、车场哗嚣之所”。其目的是为了防止不良影响,“以慎外感之染而保清明纯固之神”。

2. 教育宗旨

康有为婴幼儿的教养宗旨,体现了德、智、体全面教育的要求:“务令养儿体,乐儿魂,开儿知识为主。”“养儿体”就是要求婴儿发育壮健。“乐儿魂”,就是要儿童道德正常、心理健康、精神快乐,让他们尽情玩耍,欢笑怡悦。“开儿知识”,就是对婴幼儿进行粗浅的、启蒙的早期智育。康有为认为这三方面的教育,不是对立的、割裂的,不能“单一褊狭”,而宜“协调并进”。他提出的这一婴幼儿教育宗旨,体现了德、智、体、美和谐发展的精神,与封建传统儿童教育片面强调道德训练相比较,有很大进步性。

3. 管理制度

康有为主张育婴院、慈幼院要有严格的管理制度,育婴院中设看护(女保),女保任期二年,任满政府赠以“仁人慈保宝星”。育婴院设“管院事”,由医生充任,负责管理院中事务和教养工作,类似今天的幼儿园园长。

总之,康有为在《大同书》中提出的“公养”、“公育”的思想,强调胎教的意义,阐述了胎教的内容和方法,阐发了婴幼儿教育宗旨和管理制度等,实质上是以资本主义教育制度为蓝本而进行的设计,虽然未能实现,但在思想上有冲破封建传统学前教育的进步意义。同时,他的构想也存有唯心主义和封建教育的糟粕,对此应予以否定。

第六节 梁启超的幼儿教育思想

一、梁启超的生平

梁启超(1873—1929),字卓如,号任公,又号饮冰室主人,广东新会人,和康有为一起倡导变法维新,并称"康梁",是戊戌变法领袖之一,中国近代维新派代表人物。其著作合编为《饮冰室合集》。

梁启超是中国近代史上著名的思想家、政治活动家和学者,同时也是近代著名的"教育救国"的积极倡导者,从"开民智"、"养新民"的愿望出发,将教育视为中国起死回生的良药。他在1896年发表的《变法通议》中指出:"吾今为一言以蔽之曰:变法之本,在育人才;人才之兴,在开学校;学校之立,在变科举;而一切要其大成,在变官制。"他认为国家的强弱、存亡是由整体国民的素质决定的,要养成特色之国民,就必须从德育、智育、体育三方面入手,使全体国民"备有资格,享有人权",具有自动、自主、自治、自立的品质,融民族性、现代性、开放性于一体,"为本国之民","为现今之民","为世界之民"。梁启超的教育思想内涵,几乎融合了现代教育的各个方面。

在梁启超的教育思想体系中,儿童教育是一个极为重要的方面。在给光绪帝上的《变法通议》中,他还专门写了《论幼学》一文,比较系统地阐述了自己的儿童教育主张,可见,儿童教育在他的改革思想和教育思想中所占的地位。在《少年中国说》一文中,他说:"故今日之责任,不在他人,而全在我少年。少年智则国智,少年富则国富,少年强则国强,少年独立则国独立,少年自由则国自由,少年进步则国进步,少年胜于欧洲,则国胜于欧洲,少年雄于地球,则国雄于地球。"也正是基于这个认识,梁启超将儿童教育看作国家改革的一个非常重要的方面。

出于对传统官方教育只重高等教育而忽视初等教育的批判,梁启超尤其强调小学的重要性。他认为儿童教育的意义在于:"人生百年,立于幼学",所以,在《论幼学》中,他详细地阐述了儿童教育的内容和方法问题。在他看来,"今日中国不欲兴学则已,苟欲兴学,则必自以政府干涉之力强行小学制度之始",也就是要仿效西方实行强迫义务教育。梁启超的儿童教育思想不仅推动了中国近代儿童教育的改革和发展，对于我们当前的儿童教育改革也有一定的启示。

二、梁启超对传统儿童教育的批判

20世纪末期，中国面临的内忧外患更加严重，但是由于中国传统的教育环境使得教育发展仍然十分滞后。在《论幼学》开篇，梁启超即点出："西人每岁创新法，制新器者，以十万计。著新书，得新理者，以万计，而中国无一焉。西人每百人中识字者自八十人至九十七人，而中国不逮三十人。"中国和西方在知识掌握上的差距，使得他深刻体会到了国民教育的必要性。他又认为，小学是人生治学的基础，他比喻作登楼，不可能不经过初级就登上楼顶，所以，他特别提倡儿童教育。在戊戌变法前，西方心理学和教育学知识已零星传入中国，梁启超通过对这些知识的了解，对中、西教学方法进行比较，写成了《论幼学》一文，倡导对中国儿童教育进行改革。

在比较的过程中，他认识到中国传统的儿童教育方式压抑了儿童个性发展，而传统的儿童教育方式是以科举考试为目标和导向，这就使得儿童教育存在着众多的弊端。一是教育内容狭窄。对于不在考试范围内的知识都不闻不问，"凡书而非考试所有事者，可无读也"。二是忽视培养儿童的道德熏陶和人格培养。儿童从小接受的考取功名的教育严重毒害了少年儿童的身心，使得他们"锢智慧、坏心术、滋游手"，对儿童的发展极为不利。三是教育内容脱离实际。如果不走科举正途，对于那些"为农、为工、为商、为兵者"，这些东西都"学非所用，用非所学"，极大地限制了人的发展，也限制了社会的发展。四是违背教育规律。由于科考以经学为主，"试题所自出耳，科第之所自来耳"，这就导致了教育过程中以读经诵经为目的，"未尝识字，而即授之以经"，"开塾未及一月，而大学之道在明明德之语，腾跃于口，洋溢于耳"，教学顺序严重倒置。由于科举考试试题确定于四书五经，需要考生们自己发挥的内容少之又少，因此学生只需死记硬背就好，这就使得封建社会的儿童教育采取了以记诵为主的教学方法，而正是这种死记硬背，延误了学童大脑的开发，"故窒脑之祸，自考试始"。梁启超认为这不是对思想和智慧的引导和启发，反而是对人的智慧的窒息。他进而提出，这种儿童教育方法的不当正是导致中国人创造力缺乏的根源，正是被西方人拉开差距的根源，正所谓："导脑者脑日强，窒脑者脑日伤，此西人之创新法制新器者，所以车载斗量而中国殆几绝也。"

在中国古代，孔子是一个十分有影响力的人物，同时也是中国第一个伟大的教育家，他所创造的儒家学派在中国古代历史上独领风骚，长期占据政治主流地位。1895 年，康有为写成《孔子改制考》作为变法的理论依据。在《论幼学》一文中，梁启超也引用了很多孔子及儒家学派的言语和理论，并且他还提倡“每日八下钟上学，师徒合诵赞扬孔教歌一遍”，“每十日一休沐，至日，师徒晨集堂中，祀孔子毕，合诵赞扬圣教歌一遍”，不仅反映了他对儒家教育理论的肯定，更能反映出他也希望以儒家的理论作为自己变法理论的掩护。

三、儿童教育思想的主要内容

梁启超通过与西方儿童教育思想的比较得出，中国儿童教育方法上确实还存在着很严重的缺陷。于是，在西方儿童教育方法的基础上，结合中国古代教育儿童的方法，他提出了一系列发展儿童教育的主张，主要有以下几个方面：

(一) 主张改革儿童教育的教材、课程和教法

梁启超认为，中国以科举为导向的儿童教育方法违背了教育规律，极大地损害了儿童的学习兴趣和积极性，并且没有实用性，于是他提出了“非尽取天下之学究再教之不可，非尽取天下蒙学之书而再编之不可”的口号。在教材方面，他设计了一系列的儿童启蒙教材，具体来说，总共有七种，包括识字书、文法书、歌诀书、问答书、说部书、门径书、名物书(即字典)等，并且相应介绍了学习这些教材的基本方法。这些书几乎囊括了各个方面的知识，对于扩大儿童的视野和知识面是很有帮助的。在设计儿童启蒙教材的时候，他根据儿童的心理特点和发展规律，主张教材应该通俗易懂，由浅入深，有繁反约，并且主张联系时事，阐发各个方面的道理，来激发国人的爱国热情，是“人心自新，人才自起”，从而达到国强的目的。在课程方面，他为儿童设计了一张一日的课程表，其所学内容包括了语文、算术、外语、体育及经学、史学、子学、天文、地理、历史、物理等各门的基本常识，体系较为完善，并且中西兼学，具有非常鲜明的近代教育特点。在教学方法上，梁启超主张循序渐进、由浅入深、由易到难的教学方法，在儿童学习书面语言表达教材的文法书方面，他说道，“初授粗切之事物，渐授浅近之议论，初授一句，渐三四句以至十句，两月之后，乃至三十句以上”，就非常鲜明地表明了他的这个观点。此外，他还主张要根据儿童的年龄施以不同的教育内容，并且在教学的过程中要注意启发儿童的智慧和悟性，因势利导，促进儿童大脑的发育，反对死记硬背的盲目的教育方法。

(二) 提倡趣味教育

梁启超是一个极力主张趣味主义的政治家和学者，他在许多场合称自己是一个趣味主义者。趣味教育是梁启超儿童教育思想的显著特色，也是他晚

年所力行的教育方法。早在《论幼学》一文中，梁启超就已经认识到了趣味教育的重要性。他比较中国与西方教育方法时就已经看到了西方儿童趣味教育的优点："必教以天文地学浅理，如演戏法，童子所乐知也。必教以古今杂事，如说鼓词，童子所乐闻也"，"又闻西人与三岁孩童，欲教以字，则为球二十六，分刻字母，俾作玩具，今日以 AB 两球与之，明日从彼索 A 球，又明日而从彼索 B 球，二十六日，而字母毕记矣"，"日用饮食，歌唱嬉戏，随机指点，因势利导，何在非学，何事非教"。

在他看来，趣味教育既是一种手段，同时也是教育的目的之一。他说："教育事业从积极方面说，全在唤起趣味；从消极方面说，要十分注意不可以摧残趣味。"虽然，在当时以及以后很长时间里梁启超的趣味教育法并没有得到人们的认可，但是，他却把这种趣味教育法应用到他自己教育子女的过程中，并且取得了不错的效果。他教育孩子时一再要求孩子们不要用功过猛，必须注意休息，并且多游戏运动，学习方法要得当，"只求理解，无须强记"。在给长女思庄的信中，梁启超鼓励她："专门科学之外，还要选一两样关于自己娱乐的学问，如音乐、文学、美术等。据你三哥说，你近来看文学书不少，甚好甚好。你本来有些音乐天才，能够用点功，叫他发荣滋长最好。"这样的趣味教育在他给子女的信中多有反映。趣味教育的熏陶使得梁氏子女性格乐观、兴趣广泛、朋友众多，不管环境如何变化，都能热爱生活、乐学好进、勤于事业，并且在自己喜欢的领域学有所成。

梁启超也并不是一味地提倡趣味教育，而忽视了知识的传授，他主张趣味教育要适度，既不能过度，也不能抵制。他在《中国教育之前途与教育家之自觉》一文中指出，"教育儿童纯用趣味引诱，则不能扩张其可能性"。趣味教育必须适度，这样才能够避免过于趣味而趋向浅薄，既能够使孩子们掌握知识，同时又能使孩子们快乐地学习，激发孩子们的学习兴趣。

（三）发展师范教育和女子教育

梁启超认为，儿童教育的责任很大程度上在于教师。他认为，当时中国的教师"蠢陋野悍，迂谬猥贱"，"毁齿执业，鞭笞觵挞，或破头颅，或溃血肉"，"导之不以道，抚之不以术"，正是因为有这样的教师，才使得中国的儿童教育质量低劣，让他们做学校的教师"是欲开民智而适以愚之，欲使民强而适以弱之也"。对于教师的培养，他十分赞成西方的"学究必由师范学堂，使习于教术，深知其意也"的做法，认为"师范学堂不立，教习非人也"。在《论师范》一文中，他提出必须将师范学堂的设立同小学堂的设立结合起来，从京师到各省府州县，遍设小学堂，同时辅之以师范学堂。小学堂之教师由师范学堂之学生充任，以小学堂教学之效果，来检验师范学堂教学之效果。这也反映出他希望通过发展师范教育促进儿童教育发展的思想。

此外，梁启超还十分赞成儿童教育主要归于家庭教育的西方儿童教育观点。儿童幼时，几乎全由母亲抚养，母亲对儿童的影响是十分巨大的，而“中国妇学不讲，为人母者，半不识字，安能叫人”，“女学衰，母教失”，这也是他为什么提倡女子教育的一个重要原因。因此，要发展儿童教育，就要发展女子教育。他非常赞成按照西方的模式发展女子教育，认为可以达到“上可相夫，下可教子，近可宜家，远可善种”的效果。

（四）建立小学义务教育制度，普及小学教育

梁启超在比较中西方儿童教育的过程中发现，“西人每百人中识字者自八十人至九十七人，而中国不逮三十人”，得出中国人的受教育程度相当低。他认为无论是从中国前途着想，还是从培养国民的教育目标来看，义务教育都是十分重要的。他说：“中国之衰弱，由于教之未善……立而存之，废而举之，愚而智之，弱而强之，条理万端，皆归学校。”因此，他在 1902 年发表的《教育政策私议》一文中指出：“今中国不欲兴学则已，苟欲兴学，则必自以政府干涉之力强行小学制度始。”为了普及义务教育，他主张，凡有千人以上的市镇和乡村，必须设小学一所，而小于一千人的乡村，可以数村合设一所小学。他要求：“子弟及岁不遣就学，则罚其父母。”应该说，梁启超关于义务教育的见解，反映了当时社会的发展和需求。它在客观上有利于劳动群众获得最低教育的权利，养成地方自治教育之风，这是强国的起点，在当时是有进步意义的。

四、梁启超儿童教育思想评价

梁启超是中国近代史上第一个比较完整地提倡改革儿童教育的知识分子。作为他教育思想中重要组成部分的儿童教育思想是在变法的背景下提出来的，具有很明显的近代教育的色彩，在其后的几年时间里，又经过不断地发展，为后来儿童教育的发展打下了一定的基础。它是梁启超在比较中西方儿童教育的基础上结合中国传统教育中的优秀部分而提出来的。它的提出，反映了近代新兴资产阶级学习西方、改造落后的封建儿童教育、发展近代儿童教育的美好愿望。它融合了中西方的不同文化，体现了梁启超忧国忧民、敢于开拓进取的精神。

梁启超的儿童教育思想里吸收了很多西方儿童教育的观念，这与当时受西方文化影响较大的社会环境和提倡学习西方进行改革的风气是分不开的。梁启超的儿童教育思想在这一背景下产生，作为政治改革的一部分具有十分重大的意义。其一，对儿童教育的改革，有助于警醒中国有志于教育的人士，促使中国儿童教育从故步自封的落后状态走向改革；其二，对儿童教育进行改革，有助于改变传统的文化风气，推动国内文化风气的进化；其三，对儿童教育进行改革，有助于推动科举取士的改革，为国家建设提供更多的人才；其四，也是最重要的，对儿童教育进行改革，有助于从根本上扭转国人的受教育状况，提高国民的文化水平，为政治社会改革的全面展开奠定坚实的基础。虽然梁启超在这方面所做的工作的本意是好的，但是，梁启超的教育思想只是介绍了西方教育思想的表面，远没有对西方的儿童教育思想作系统、全面、深刻的了解和研究，这也就使得他的这种教育思想在今后的很长一段时间里难以真正地贯彻实施。

由于当时的中国处在由封建社会向资本主义社会过渡的初级阶段，这就使得梁启超的儿童教育思想除了受到西方教育思想的影响之外，还深受儒家传统教育思想和内容的影响，尤其是深受孔孟的影响。梁启超虽然试图超越封建的传统的儿童教育，但他从小深受儒家学派的影响，十分欣赏古人的教育方法，而且不能排除他“托古改制”的嫌疑，以中国古代第一教育家和中国历史上最有影响的学派为掩护来证明改革儿童教育思想的必要性和可能性，所以，梁启超的儿童教育思想不可能完全摆脱封建的传统的儿童教育，其儿童教育思想还是保留了较浓厚的封建教育内容和教学方法。在设计教材方面，梁启超更多地偏向于中国古代的传统书目，虽然有近代的书籍，但少之又少，这固然可以保留下丰富的传统文化，不至于像“五四”时期的“一刀切”，但也在一定程度上使得改革举步维艰，尤其是提倡“祀孔子”、“师徒合诵赞扬孔教歌一遍”，更使得保守人士在今后的改革过程中找到了借口。

虽然梁启超的儿童教育思想的中西结合的方式是十分简略和粗糙的，而且他的思想理论也并不是十分系统、全面的资产阶级教育思想，但不可否认，他提倡的从遵循儿童身心发展规律来教育儿童、进行趣味教育、改革儿童启蒙教材和教学方法、小学义务教育等方面还是有值得肯定之处的，其部分思想对清末“新政”时期儿童教育改革产生了一定的影响，推动了近代儿童教育的改革和发展。可以说，梁启超的儿童教育思想是中国近代教育界的一盏启明灯，虽然光芒微弱，但毕竟开启了新时代的儿童教育。

第六章　现代幼儿教育

第一节　英国的幼儿教育

一、第二次世界大战前的幼儿教育

这个时期,英国幼儿教育的发展以保育学校的创立、发展和幼儿教育方法的改革为主要内容,幼儿园亦被纳入保育学校系统。1918 年的《费舍教育法》和 1933 年的《哈多报告》是这一时期政府颁布的与幼儿教育有关的两个重要文件。

(一) 保育学校的创立和发展

英国 1870 年颁布的《初等教育法》及随后颁布的若干法令,确立了对儿童从 5 岁开始进行免费义务教育的制度。英国传统的幼儿学校开始被纳入这一制度,不仅 5 岁以上的幼儿基本入学,未到学龄的儿童也跟随其哥哥姐姐大量涌入小学。19 世纪末叶,英国义务教育年限不断延长,小学负担日重,而 5 岁以下幼儿仍源源不断涌入小学,其结果不仅超出了小学的接受能力,也严重影响了 5 岁以下在校幼儿的身心健康。这种情况引起政府有关部门的注意。1905 年,教育委员会规定:地方教育行政当局开办的学校有权拒绝 5 岁以下的儿童入学。这样,就使得 5 岁以下幼儿的保教成为多方瞩目的社会问题。为解决这一社会问题,一种新颖的幼儿保教机构——保育学校应运而生。

英国保育学校的创办人是麦克米伦姐妹,但妹妹玛格丽特的贡献较之其姐拉歇尔更大。玛格丽特是福禄倍尔协会的成员及地方教育委员会委员。当时,英国许多福禄倍尔主义者对蒙台梭利方法持批判态度,但玛格丽特对蒙氏理论则有其独到见解，认为不乏可取之处。她从蒙氏的环境论及其教具得到启发，并予以仿效，主张在自己开办的机构中精心设计环境、制作教具，为幼儿无拘束的学习提供良好的条件。此外，她也倡导感觉训练、运动神经的控制训练，以及类似蒙氏“实际生活训练”的家政活动训练。

1908 年，麦克米伦姐妹在博乌开设实验诊疗所，1911 年发展为野营学校，1913 年正式命为“野外保育学校”。该校面向所有 5 岁以下儿童招生，特别是贫民和工人的幼儿，以为幼儿提供适宜的环境及增进幼儿健康为首要目的。其办学特点是：糅合欧文、裴斯泰洛齐、福禄倍尔及蒙台梭利的教育方法，注重幼儿的手工教育、言语教育、感觉训练、家政活动训练及自由游戏，反对一切拘谨的形式主义教学，在郊外开设，注意采光、通风及环境的布置。

麦氏保育学校的创办受到英国社会各界的赞誉，仿效者不断出现。到 1919 年，得到公认的保育学校有 13 所，入学儿童人数为 288 名。同年，保育学校开始接受国库补助。就在这一年，英国的幼儿园也改称为保育学校。1923 年，以玛格丽特·麦克米伦为首的英国保育学校联盟成立，致力于推广保育学校及保育学校的教师培训工作。

(二)《费舍教育法》

1918 年，英国国会通过《费舍教育法》，该项法案的目的是在英国建立完整的国家教育行政系统和初步确立一个包括幼儿教育、初等教育、中等教育和各种职业教育在内的学制。法案要求将小学分为 5～7 岁和 7～11 岁两个阶段，此外正式承认保育学校属于国民学校制度的一部分，并把保育学校的设立和援助委托给地方教育行政部门处理；规定除伙食费和医疗费外，保育学校实行免费入学，并决定对 13 所保育学校实行国库补助。

(三)《哈多报告》

1924 年上台执政的英国首届工党内阁任命以哈多爵士为主席的调查委员会对英国初等教育进行调查，并提出发展平等教育的建议。该委员会 1933 年发表的《关于幼儿学校以及保育学校的报告》是推动幼儿教育理论和实践发展的重要文献，这个报告简称《哈多报告》。

《哈多报告》提出：① 良好的家庭是 5 岁以下儿童的最佳环境，但同时认为保育学校对城市儿童的发展有重要作用，建议将保育学校定为“国民教育制度中理想的附属机构”，提倡大力增设麦克米伦式的保育学校、幼儿学校和幼儿部附处的保育班；② 建议成立以 7 岁以下幼儿为对象的独立的幼儿学校，指出 5 岁并不是区分儿童重要发展阶段的界限，而向 7 岁以上的少年学校过渡才是其重要发展阶段；③ 幼儿学校的教师也应遵循保育学校的原理，即注重对6岁以下儿童开展户外体育、游戏等自然活动以及进行会话、唱歌、舞蹈、手工、图画等表现能力的训练,对于6岁以上的幼儿才加进读写算的正规教育。

(四) 幼儿教育方法的改革

从20世纪初开始,在儿童中心主义教育思潮广泛传播的背景下,美国进步教育运动、蒙台梭利方法以及新教育的其他方法逐渐影响到英国,引起了英国幼儿教育界对革新幼儿教育方法的浓厚兴趣。在一些幼儿学校,开始了"做中学"、"设计教学法"的改革实验。蒙台梭利的方法对英国这一时期幼儿教育方法的影响更为深刻。蒙台梭利关于自由教育、环境布置和感官教具的理论与实践为幼儿教师们所接受。1915年,在蒙台梭利协会的倡导下,英国召开了"新教育理想协议会",会议呼吁弘扬"尊重儿童个性以及使儿童个性在自由气氛中得到充分发展"的新教育精神。1918年的《费舍教育法》也明文规定:初等教育中须贯彻"儿童中心"原则。

二、战后幼儿教育的发展

英国早在第二次世界大战后期,就开始酝酿战后教育改革的方案,但当时注意力集中于调整教育领导体制和初等与中等教育的衔接,在战后经济困难的情况下,非义务教育年龄段的5岁以下幼儿教育的发展一度处于停滞状况。进入20世纪70年代后,英国政府日益认识到幼儿教育的重要性,开始提供必要的经费援助,以扩大5岁以下的儿童教育。

(一)《巴特勒法案》

1944年,丘吉尔联合政府通过了一个重要的教育改革法令,即《巴特勒法案》,该法案以当时教育委员会主席巴特勒的名字命名。法令规定初等教育由三种学校实行:① 为2～5岁的儿童设保育学校;② 为5～7岁儿童设幼儿学校;③ 有的地方如果设立5～11岁的初等学校,则可在校内附设保育班,招收3～5岁的儿童。

《巴特勒法案》把保育学校或保育班的设置规定为地方教育行政当局不可推卸的义务,但未能将保育学校和幼儿学校连贯起来,幼儿教育以5岁为界被割裂开来,幼儿学校仍作为义务教育的最初阶段而包括在初等教育之中。

(二) 幼儿游戏班运动

第二次世界大战后的英国面临严重的经济困难,幼儿教育亦被波及,新校难以建立,师资极端缺乏。而与此同时,急切希望进入免费保育学校和保育班的人数常常达到可收人数的数倍。在此背景下,"幼儿游戏班运动"迅速发展起来。

幼儿游戏班运动是由本部设在伦敦的自由团体——儿童救济基金会于

20世纪60年代初发起的。它以为幼儿提供游戏场所为明确目标，以大城市为中心开始设立，收容2～5岁的幼儿。这种游戏班几乎都没有自己独立的设施，而是免费借用成人俱乐部、教堂、婴幼儿福利中心、学校等机构房屋设施的一部分作为活动场所。幼儿游戏班多数在早晚活动，每班15～20人，每周2～3次。其设备、玩具和电费均由儿童救济基金会提供或负担。游戏班管理人员主要是中产阶级家庭妇女，教师或保育员多半由孩子的母亲自愿担任，轮流值班。

(二)《教育白皮书》

1972年12月，教育科学大臣萨切尔发表《教育白皮书》，提出将“扩大幼儿教育”定为内阁将要实行的四项教育政策之一。白皮书制订计划，打算十年内实现幼儿教育全部免费，并扩大5岁以下儿童的教育。为此，提出以下要求：第一，要调动各方面的积极性，除政府外，还要依靠地方教育行政当局的周密规划，以及自由团体、教师和家长的大力协助；第二，确保有相当数量的教师队伍，必须在进一步改革大学幼儿教师培训课程的同时，对非正式教师进行特别训练；第三，政府为实现上述计划提供必要的经费援助。

1972年《教育白皮书》发表后，英国的幼儿教育有了较大的发展。

(四) 幼儿教育机构类型

英国的幼儿教育作为初等教育的重要组成部分，类型灵活多样，除幼儿游戏班外，比较重要的还有以下几种：

1. 保育学校

招收2～5岁儿童，是英国主要学前教育机构，接受地方教育行政当局领导，办学经费来自国家或地方税收。办校目的是促进幼儿体、智、德诸方面的发展。学校不开设正式课程，以幼儿自由活动为主，教师适当给予帮助，多为半日制。

2. 保育班

性质类似保育学校，招收3～5岁儿童，附设在小学中。

3. 幼儿学校

属于义务教育体系，为小学的一部分，学制2年，收5～7岁幼儿。第一年被称为“接待班”，与保育学校区别不大，只是除自由活动外，幼儿作业趋向有组织、有系统地安排；第二年，教学较为正规，小学预备教育的目的更为明确，有正式的教学大纲。

4. 日托中心

第一次世界大战时由于战时需要，曾得到政府扶持。战后继续发展，属于社会服务性质，招收社会救济部门选送的 5 岁以下幼儿或劳动妇女的无人照看的幼儿；全日制，由保姆负责保育；重在生活照顾及卫生保健。

（五）幼儿教育师资

英国对幼儿教育师资有严格要求。幼教师资主要由教育学院培养，所培养的学前教师要求入学前应有半年以上从事学前教育的实际工作经验，学习期限 3～4 年。所学课程包括：① 普通教育课程；② 职业教育课程；③ 教学实习。学生毕业后，尚须经过一年的实习考核，合格后方由教育部颁发合格教师证书。保育学校教师的任职资格与小学教师相同。

第二节 美国的幼儿教育

一、20 世纪上半期的幼儿教育

19 世纪末至 20 世纪三四十年代，美国开展了进步主义幼儿园运动，以新的哲学、心理学和教育学理论为基础展开对福禄倍尔正统派的批判，努力摆脱形式主义，加强教育与社会生活的密切联系。1913 年前后，美国曾出现“蒙台梭利热”，但不久就因种种原因而急剧冷落下来。1915 年，英国的保育学校传入美国，并逐渐成为美国幼儿教育的主要类型之一。

（一）进步主义幼儿园运动

19 世纪下半期，福禄倍尔主义在美国幼儿园占绝对统治地位，恩物和作业成为所有幼儿园的主要教学手段。福禄倍尔理论中的合理因素逐渐被人们所忽视，而其中的神秘主义和象征主义的东西却被福禄倍尔正统派奉为至宝。恩物、作业等内容一成不变，趋向形式主义。到 19 世纪末，改变教育脱离儿童发展、脱离社会生活，以及摆脱幼儿园教育中形式主义的呼声日趋高涨。为适应这一要求，进步主义幼儿园运动应运而生。

给进步主义幼儿园运动以极大影响的是心理学家霍尔和哲学家、教育家杜威。霍尔提出了心理进化理论“复演说”。他赞同福禄倍尔关于儿童发展的阶段论和关于游戏等观点，但批评福氏理论缺乏科学根据。他通过系列的调查，指出美国幼儿教育中存在着脱离儿童生活实际、忽视儿童健康等问题，并要求根据心理学研究的新成果来解决有关问题。杜威是美国进步主义教育运动领袖，提出了“教育即生长”、“教育即经验改造”、“教育即生活”、“做中学”等著名观点。他强调教育方法应以儿童为中心，让儿童通过活动积累直接经验，教育目的则应以培养儿童适应社会生活能力为重点。杜威肯定了福禄倍尔教育理论中关于儿童的自我活动和游戏以及社会参与等原则，但反对其中的神秘主义色彩，并把批判的焦点集中在幼儿园课程上，指责恩物和作业脱离儿童的生活经验。霍尔和杜威的理论，为进步主义幼儿园运动提供了理论依据。

进步主义幼儿园运动主要领导人是安娜·布莱恩、爱丽丝·坦普尔以及帕蒂·希尔。布莱恩是进步主义幼儿园运动的先驱，她于1890年最先公开批评福禄倍尔式幼儿园的种种缺陷，在自己的幼儿园进行大胆改革，并培养了坦普尔和希尔。坦普尔曾任芝加哥幼儿师范学校校长和芝加哥大学幼儿园系主任，希尔曾先后就学于帕克、霍尔和杜威的门下，1893年，她接管了路易斯维尔免费幼儿园协会和路易斯维尔师范学校。经过12年的努力，使这里成为进步主义幼儿园运动的中心。1905年，希尔应邀前往哥伦比亚大学师范学校执教。在此后的30年内，她不停地教书、实验、写作、讲演，培养了大批学生，把进步主义幼儿园运动引向深入。希尔还设计发明了一组大型积木玩具，被称为“希尔积木”，幼儿可利用这些积木做各种游戏，这是对霍尔关于大肌肉发展应予优先主张的实际应用。希尔积木被各地幼儿园广泛采用。

进步主义幼儿园运动一方面强调研究儿童，注重幼儿教育与实际生活的联系，开展多方面的实验活动，试图从根本上否定恩物主义和象征主义；另一方面，又充分肯定了福禄倍尔理论中合理的部分，竭力“回到福禄倍尔基点”，并在实践中突破幼儿园闭关自守的局面，使幼儿园逐渐发展成为一种同小学教育紧密结合的新型机构。

（二）保育学校的传入及发展

1915年，芝加哥大学教授夫人团体受到英国麦克米伦姐妹创办保育学校的启示，自发地以集体经营的形式开设了美国第一所保育学校。此外，对推动保育学校在美传播及普及做出突出贡献的还有两位杰出妇女伊利奥特及怀特。她们曾赴英国追随麦克米伦姐妹学习保育学校办学经验，回国后大力倡导及移植麦氏保育学校理论及实践。1922年1月，伊氏在波士顿创办能充分体现麦氏办学特色的拉格街保育学校。半月后，怀特在底特律也创办了一所保育学校。因此，两人成为20世纪20年代美国保育学校运动的主要领导人。

1919年，美国第一所公立保育学校诞生。到1933年，全国设立的保育学校已达300多所。在第二次世界大战期间，为了确保妇女劳动力投入到军工生产中，联邦政府对保育学校实行经济援助，使保育学校猛增。到1945年2

月，全美共有1481所保育学校，收容幼儿69 000名。战后，公立小学附设的保育学校由于联邦政府停止了援助，在经营上面临重重困难；与此相反，私立收费的保育学校急速发展，但由于保育费比幼儿园学费昂贵得多，故其招生对象仅限于重视早期教育的少数富裕知识阶层家庭的子女。

二、1957年后的幼儿教育

1957年，苏联成功发射了第一颗人造地球卫星，美国朝野大为震惊，深刻反省之后，开始大抓教育。1957—1965年，美国进行了为期约10年的教育改革，力图改变教育与科技的落后状态。教改运动后期，在布鲁姆有关学说影响下，教育政策委员会提出给所有儿童以均等教育机会的主张。1965年起，全国实行“开端计划”。1966年后，为适应“知识爆炸”的态势，美国政府加快智力投资，重视学前教育的研究与实验，努力以各种方式发展幼儿教育，以满足现代生活的需要。

（一）幼儿教育机会均等运动

1964年，芝加哥大学心理学教授布鲁姆在其新著《人性的稳定与变化》中，论述了环境变化对智力的影响。布鲁姆认为，在良好环境中成长的8岁的儿童与恶劣环境中成长的同龄儿童的智商差是16，说明了为幼年期儿童提供良好文化环境的必要性。布鲁姆的研究成果为给所有幼儿以均等教育机会的主张提供了重要的理论根据。

1966年，全国教育协会和美国学校行政协会的联合组织教育政策委员会提出对“所有5岁儿童和贫困而且没有文化教育条件的所有4岁儿童”扩大公共教育的提案。该项提案向社会大声疾呼让幼儿享有受教育的平等权利，并得到了强烈的反响。

（二）开端计划

1965年秋，美国联邦教育总署根据1964年国会制定的《经济机会法》，提出“开端计划”，要求对“处境不利者”的子女进行“补偿教育”。这是美国政府为实现幼儿教育机会均等的目标而实行的一项重要计划。其具体做法是：由联邦财政拨款，将贫困而缺乏文化条件家庭的4～5岁的幼儿免费收容到公立小学特设的学前班，进行为期数月到1年的保育，内容包括体检、治病、自由游戏、集体活动、户外锻炼、校外活动、文化活动等，以消除他们与其他儿童入学前的差异，实现“教育机会均等”。一般对5岁儿童进行为期8周的短期课程教育，对4岁儿童则进行1年的长期课程教育。

开端计划最初由联邦经济机会局制定并执行。1969年，尼克松总统将开端计划的管理权移交给新设立的“儿童发展局”。1972 年后，“开端计划”要求收纳 10%的残疾儿童，并着手进行包括幼儿、家庭和社区在内的综合改革实验及与学前教育机构或小学衔接的实验。

到 1977 年，开端计划的受惠者达 100 万人以上，一般幼儿的智商因此提高 10～15。但少数学校视幼儿为小学低年级学生，过多地进行文化教学，流为主智主义，有揠苗助长之虞，遂引起批评。

1968 年，美国有关部门又制定了被视为开端计划之延伸的“追随到底计划”，其对象是在开端计划中受益的小学低年级学生，目的是帮助贫苦家庭的儿童在入小学后能继续得到良好的发展。

（三）幼儿智力开发运动

从 1960 年起，美国在新传统派教育思想及结构主义心理学的影响下，掀起了中小学课程与教学方法的改革运动，目的在于提高中小学的教育质量。著名的结构主义心理学家布鲁纳提出的结构主义教育理论对美国的幼儿教育也产生了很大影响。按照他的主张，只要做到使学科教材适合儿童发展的阶段，并按照儿童理解的方式加以组织和表达，则任何学科都可用某种方式有效地教给处在任何发展阶段的所有儿童。布鲁纳认为，儿童存在着极大的智力发展的潜力，因此，现有各级学校的学科内容可以逐级下放。在他的影响下，幼儿教育界日益重视幼儿智力开发，强调对幼儿进行科学教育。1963 年，美国科学促进协会在科学工作者和教师的共同协助下，出版了适用于幼儿园和小学低年级的《科学教育见闻》。其宗旨是：从空间、观察、数的关系、测量等项入手，对儿童进行科学教育，增强其掌握科学的基础技能及充实经验。

智力开发运动的另一重要举措，是在 1969 年 11 月开始由美国儿童电视制片厂制作的学前儿童电视节目“芝麻街”。此节目内容丰富，形式多样，包括动画、木偶及真人表演等。其目的是对幼儿进行启蒙教育，发展智力。“芝麻街”最初以开端计划的儿童为主要对象，后来扩大到一般幼儿。每日播放 1 小时。全国各地教育电视台均予播放。该节目生动活泼，趣味横生，适应幼儿心理，收视率很高。在美国 2～5 岁的 1 200 万幼儿中，每天约有一半人热心收看。此节目还传播到国外，1989 年已在 84 个国家和地区发行。

（四）蒙台梭利运动的复兴和发展

20 世纪 50 年代后期，蒙台梭利在美国又重新引起人们的注意，并得到肯定。蒙氏学说在美国复兴的主要原因之一是由于受苏联人造卫星的冲击，促使美国进行教育改革，因而注意从各种教育流派中吸取有益的因素。在此背景下，蒙台梭利对早期教育的重视及对于智力发展的看法、感官训练的方法，以及强调个别指导和科学研究的态度与方法，都重新引起人们的兴趣。重新恢复的第一所蒙台梭利学校是由冉布什女士于1958年建立的“菲特比学校”，到70年代初，此类学校已达数百所。

进入80年代后，蒙式教学法逐渐深入人心。以往主要是私立学校采用蒙台梭利教学法，这时则大量普及至公立学校。1989年，它已被60个地区的110所公立学校采用，美国各式各样的学校中，有4 000余所冠之以“蒙台梭利”的字眼，蒙式教学法也从学前和小学教育扩展到中学教育。许多专家认为，地方的教育标准大都能够与蒙式教学法成功地融合起来。

（五）主要学前教育机构

美国教育制度、教育管理等以地方自治为基础，同样，学前教育也没有全国统一的教学计划及课程标准，教育计划的实施及教育机构的设立由各州自行决定。目前，美国的学前教育机构除前面已作介绍的蒙台梭利学校外，主要有以下三类：

1. 保育学校

一般招收3～4岁幼儿，半日制。大都配备完善的教学辅助设备，由受过专业训练的教师负责，但并不进行正规教学活动。教师主要承担看护、引导、指导的作用。校内活动内容丰富，包括体育、游戏、音乐、手工等，同时有选择地提供一些工具及物品，让儿童在模仿成人活动的过程中做中学，获得经验。此类机构有公立、私立、宗教团体设立三种。

2. 幼儿园

被作为“小学预备教育”来对待。具体实施中种类繁多，性质各异。大体可分为福禄倍尔式、蒙台梭利式、进步式、中立式和保守式等类型。一般为半日制，招收4～6岁儿童。活动内容丰富，但不开设必修科目，也不进行正规教育。推崇“做中学”。但从幼小衔接计，不少幼儿园也进行一些读、写、算的基础训练。手工、绘画、音乐、表演、游戏和体育等科目在许多幼儿园也占有一定地位。根据经费来源，幼儿园可分为公立和私立两种基本类型。前者被纳入当地公立教育系统，多附设于公立小学，虽不属义务教育范畴，但实行免费制。至1964年，公立幼儿园在籍儿童约占幼儿园人数的84％。

3. 日托所或日托中心

为一种全日制幼教机构，一般设在私人家庭、大学校园或各类社会机构中。每日开放可长达8～12小时，招收1～5岁婴幼儿。第二次世界大战期间，由于大量妇女参加战时工作，美国财政根据1941年的《兰哈姆法案》，曾拨专款加以扶持。战后，联邦政府不再提供经费，改由地方筹资或私人开办。20

世纪60年代后，日托所发展成为托管性质的、综合性质的、发展性质的三种。

(六) 幼儿教育师资

美国幼儿教育总的来说崇尚自由原则，但对师资要求却不低，一般要求幼儿教师有大学学历。幼儿园和保育学校的师资通过设于早期儿童教育系的综合大学或师范学院来培养，均为4年制。在4年中，前两年学习共同的课程，后两年分为教育课程和专业课程，并注重到幼儿园进行教育实习。目前，不少具有硕士乃至博士学位的人也从事幼儿教育。为了促进幼儿师资业务水平的不断提高，有些州还规定对幼儿教师要定期考核，并形成制度。

第三节 德国的幼儿教育

一、第二次世界大战前的幼儿教育

到第一次世界大战前，德国的幼儿教育机构呈多元化之势。除幼儿园外，还有一些从历史上沿袭下来的收容幼儿的慈善机构及幼儿学校等。第一次世界大战后，德国政府开始对幼儿教育进行整顿。1922年，德国政府制定《青少年法》，其中强调要设立“白天的幼儿之家”，包括幼儿园、托儿所及幼儿保护机构等，同时提出训练修女担任看护工作，此外还要求加强幼儿教师的培训。在此时期，幼儿园得到极大发展，成为德国幼儿教育中的主流。在政府颁布的幼儿园条例中宣布：各种各样的幼儿教育机构，凡招收2～5岁儿童者，均称为幼儿园。政府还规定了隶属关系，规定所有幼儿园由政府监督，隶属于教育、卫生两部。

二、第二次世界大战后的幼儿教育

(一) 幼儿教育的主要类型

第一次世界大战后，德国的幼儿教育主要在幼儿园及学校附设幼儿园实施。此外，还有多种形式的其他辅助幼教机构。

1. 幼儿园

大多由地方政府、教会、企业、社会团体或私人开办，未纳入国家教育计划。儿童入园根据自愿，国家不作强制规定，但要求不入园者，必须保证家庭教育的内容与幼儿园一致。幼儿园招收3～5岁儿童，分全日制和半日制两种。至1978年，德国有幼儿园23 411所，接收儿童约140万名。

2. 学校幼儿园

幼儿园在德国幼儿教育中据主导地位，此外，就是学校附设的幼儿园及学前班(简称学校幼儿园)。学校幼儿园于1939年创立于汉堡，属于为那些已到入学年龄，但身心发展滞后的儿童进行小学预备教育的设施。儿童可在此处接受一年特别的训练，以获得在小学学习的基础。学校幼儿园绝大多数为公立，由国家教育行政机构管辖，儿童入园免费。

3. 托儿所

接受0～3岁儿童，主要是双职工的年幼子女，实行保育。20世纪80年代初，德国有公立托儿所近900个，有床位约2.5万个。

4.“白天的母亲”

是指由联邦政府于1974年核准设立的幼儿保教计划。其主要做法是：由政府提供少量经费，让一些年轻妇女在照管自己小孩之余，再帮助邻近的职业妇女在白天照管1～2个小孩，以解决其实际困难。这些“白天的母亲”须参加短期培训，以获得科学育儿的知识。

(二) 幼儿教育的指导思想及内容

德国的幼儿教育深受福禄倍尔及蒙台梭利的影响。在指导思想上，虽然国家无统一规定，但形成约定俗成的方针，即倡导“自由发展”、“自我教育”，注意为幼儿创造良好的环境，重视游戏与活动，努力使幼儿通过各种活动发展体力、智力和道德感。在教育方法上，除采用福氏与蒙氏的基本方法外，还吸取杜威的主张，注重实际操作，从“做中学”。在教学内容上，注重对自然现象的观察和科学小实验，以及游戏、音乐和其他适合儿童身心的课程，福禄倍尔恩物及蒙台梭利教具亦得到应用。各类幼儿园均禁止教授读、写、算，也不教授外语。教学组织形式上，主张个别教学、小组活动，不要求组织全班儿童进行集体教学。

(三) 幼儿教育的管理及20世纪60年代后的发展

在战后，德国所有公、私立幼儿园的督察工作均由州儿童局负责，学校幼儿园的入园制度大多由各州自行决定，各州对幼儿园的日程安排也无统一规定。德国各类幼儿园中，公立的仅占三分之一，远低于教会所办幼儿园。公立幼儿园所占比重小的主要原因是：19世纪以来，统治者对幼儿教育采取控制而不援助政策，直至19世纪末，仍未像英、美、法等国那样将幼儿教育纳入公立学制系统。在此情况下，幼儿教育长期由市民或非政府机构自行管理，尤其是宗教团体的活动异常活跃，成为民营幼儿园的主导力量。由于幼儿园民办形成传统，故在一定程度上阻碍了公立幼儿园的发展。20 世纪 60 年代中期后，这种情况有所改变。

1966 年后，在美国及其他发达国家的诸如开端计划、幼儿教育机会均等、开发幼儿智力等计划及思想影响下，德国日益重视幼儿教育。1970 年，联邦教育审议会公布了包括学前教育在内的全国教育制度改革方案。此方案将整个教育体系划为初等、中等、继续教育三个领域。3～6 岁的幼儿教育被纳入教育体系的基础部分，属于初等教育范围，其中 5～6 岁的幼儿教育被列入义务教育。此后，不仅 5 岁以上幼儿普遍入学，3～5 岁幼儿入园率也不断提高。由于战后德国人口出生率持续下降，人们普遍认为，幼儿园的入园率将继续提高。

(四) 幼儿园师资

德国设有培养幼儿园教师的特别培训学校，修业年限 2 年，招收初中毕业生或具有同等学力的人。幼儿园教师无论在社会地位，还是在工资收入方面，都不同于小学教师。小学教师是国家公职人员而幼儿园教师仅仅是雇员。幼儿园教师的工资要比小学低。这一状况与其他发达国家形成极大反差。

第四节　日本的幼儿教育

一、第二次世界大战前的幼儿教育

(一) 公立幼儿园的发展减缓

1886 年，日本建立了第一所公立幼儿园。至 20 世纪初，公立幼儿园在日本幼儿园中一直占主导地位。1900 年，日本政府修改《小学校令》，规定幼儿园可以附设在小学里，这一规定使得幼儿园的开展较为容易，本可大大促进幼儿园的发展，但实际情况是，公立幼儿园的发展依然缓慢。其主要原因是：① 当时日本政府重视义务教育，义务教育年限不断延长，但有关经费却全由各地承担，在经费上捉襟见肘的地方多，对于非义务教育的幼儿目的投资不得不减少；② 社会上有些守旧人士鼓噪儿童进幼儿园会削弱家庭教育，有损亲子之情，“幼儿园无用论”甚嚣尘上。上述因素一度影响或制约了公立幼儿园的快速发展。

(二)《幼儿园令》

在20世纪初,日本公立幼儿园的发展受遏制,致使20年代以前,幼儿入园率一直低于3%。许多幼教工作者为振兴幼儿园,做了大量启蒙宣传。1911年,全国保育工作者大会作出决议,敦请当局改变一向在《小教法令》中附带提及幼儿园的做法,而制定并颁布单独的幼儿园令,以推动幼儿园的发展。此后,有关人员又多次向当局发出类似吁请。上述努力后来终于有了正面答复。

1926年4月,文部省制定了日本第一部《幼儿园令》,规定幼儿园是为父母都从事生产劳动、无暇进行家庭教育阶层的幼儿而设的保育机构。此外,《幼儿园令》放宽了入园年龄的限制,规定原则上3岁入园,但在特殊情况下,得到知事批准,不满3岁儿童也可入园,还可在幼儿园中附设托儿所。在保育时间上规定幼儿园不必拘泥于每日实行5小时的半日制,即便采取全日制也无妨。其他条款则与以前的规定几乎完全相同。

上述规定有几点变化值得注意:① 将幼儿园招收对象界定为劳动者子女,而不是富裕家庭子女;② 招收3岁以下幼儿,将托儿所纳入幼儿园体系。

《幼儿园令》的新规定有其可取之处,但由于未与有关部门协调好,故其颁布后,立即招来了反对意见。掌管托儿所的内务省表示,幼儿园不适合贫民的幼儿,招收贫民子女的托儿所应单独存在,并有自己的法令。社会各界对《幼儿园令》的有关规定也不无微词。加之主持制定《幼儿园令》的文部大臣很快辞职,故有关规定并未付诸实施,幼儿园实际上还是以招收富裕家庭的子女为主。

(三)托儿所的发展

在幼儿园基本上为富裕阶层子女服务的同时,保育所承担起收容贫民幼儿的任务。日本的第一所托儿所于1893年由私人建立。第一次世界大战后,日本妇女就业率空前提高,许多女工携幼儿上班,加之婴儿死亡率高,这一状况引起各方普遍关注,要求开办托儿所的呼声四起。1918年,日本爆发了贫民的"米骚动",统治阶级深感国家体制危机之深刻,并不得不采取一定对策,投入经费扶持托儿所即为当局对策之一。此后,托儿所在日本各地有了迅速发展。

托儿所招收学龄前婴幼儿,每日保育时间为11~12小时。托儿所的目的开始只是保护母亲和儿童,后来还强调注重精神的教化。托儿所收费低廉,有的托儿所规定入所儿童食品自备,每天每人收保育费二分钱。

二、战后幼儿教育的改革与发展

(一) 幼儿园教育大纲的制定与修改

1947 年 3 月，日本国会通过战后最重要的教育立法《教育基本法》及《学校教育法》，规定幼儿园是受文部省管辖的正规“学校”的一种，以满 3 岁至小学就学前的幼儿为对象。此外还提出：“幼儿园以保育幼儿，创造适宜的环境，促进幼儿的身心发展为目的。”为了实现这个目的，必须达到五项目标：① 培养幼儿日常必要的生活习惯，谋求身体诸机能协调发展；② 通过园内的集体生活，培养幼儿积极参与的态度以及合作、自主、自律精神的萌芽；③ 培养幼儿正确认识和对待周围的社会生活及事物；④ 引导幼儿正确使用语言，培养对童话、画册等的兴趣；⑤ 通过音乐、游戏、绘画以及其他活动，培养幼儿创作的兴趣。这些规定表明，日本在战后力图摒弃战前注重效忠统治者的思想灌输，转以民主主义教育观为指导，开展幼儿教育。

根据《学校教育法》等文件的精神，文部省于 1948 年 3 月颁布《保育大纲》。1956 年，对《保育大纲》进行修订，在此基础上颁布《幼儿园教育大纲》。1964 年，为配合“人才开发”政策，以满足产业界经济高速增长的需求，文部省再次修订并颁布《幼儿园教育大纲》。此大纲规定了 20 世纪 60 年代以来日本幼儿园教育的基本方针及教育内容。

修订后的大纲规定日本幼儿园教育的基本方针是：① 力求幼儿身心得到协调发展；② 培养基本的生活习惯和正确的人生态度；③ 激发关心自然和社会现象的兴趣，培养初步思考能力；④ 提高幼儿的语言能力；⑤ 通过各种表达活动丰富幼儿的创造力；⑥ 培养幼儿的自立性；⑦ 因材施教；⑧ 结合幼儿的生活经验、兴趣、要求，全面教育；⑨ 完善幼儿园生活环境；⑩ 突出幼儿园特点，有别于小学教育；⑪ 与幼儿家庭教育密切配合。大纲将幼儿教育的内容系统化，概括为六个方面：健康、社会、自然、语言、音乐韵律、绘画手工，并对每个方面都提出“理想的目标”，要求“无遗漏地全部予以指导”。

1989 年 3 月，日本根据 60 年代以来社会生活的变化、科技的进展及幼儿教育的发展，又颁布了一个新的《幼儿园教育大纲》。新大纲提出：“幼儿园教育是通过环境进行的”，须重视三个问题：① 努力促进幼儿的主体性活动；② 以游戏指导为中心；③ 指导方法须适合每个幼儿的特点。新大纲将上述要求定为幼儿园教育的基本原则。新大纲还将幼儿园教学内容由原来的六个方向改为健康、人际关系、环境、语言、表现。总的来看，新大纲对幼儿园方针、任务的规定较为简明，力求更符合当代社会对幼儿培养规格的需要。

(二) 保育所的建立及幼保一元化的进展

1947年3月颁布的《教育基本法》及《学校教育法》将幼儿园纳入受文部省领导的学校系统。1947年12月，日本国会又颁布了《儿童福利法》，强调保障所有儿童的福利，同时又宣布将战前的托儿所改名为保育所，声称保育所是受保护者之委托、以保护婴幼儿为目的的福利机构，受厚生省管辖。

随着社会的发展及民主化潮流的影响，保育所与幼儿园两者在性质、设施、设备及实际功能上有所接近。现在的日本家庭不论收入多寡，都可将婴幼儿送入保育所，幼儿园也不再是只招收富裕阶层子女入园，实际上在一个地区两者共同担负着婴幼儿的保育、教育任务。60年代以来，日本社会上响起了“幼保一元化”的呼声。在此主张影响下，1963年，厚生省与文部省达成协议，要求各地为保育所开设的课程和提供的设备必须与幼儿园基本相同。为此，1965年厚生省以1964年文部省制定的《幼儿园教育大纲》为根本，制定了《保育所保育指南》。

(三) 60年代以来幼儿教育的进展

60年代以来，追随重视幼儿教育的世界潮流，日本政府除了颁布或修订幼教大纲外，还推出了几项振兴幼教的重要计划。

1962年，日本文部省根据政府新提出的“培养人才”的政策，制定从1964年开始的《幼儿教育7年计划》，目标是使1万人以上的市、镇、村幼儿入园率达到60%以上。在达到目标后，文部省又在1972年制定《振兴幼儿教育10年计划》，目标是实现4～5岁儿童全部入幼儿园或保育所。为此，日本实行了幼儿园入园奖励制度，即对于将子女送往公立或私立幼儿园的收入微薄的家庭，减免保育费。此计划的实施大大推动了日本幼儿教育的发展。自此，日本学前教育的水平已进入少数最发达国家之列。

1991年，日本文部省又策划、制定了战后第三次幼儿教育振兴计划，其目标是确保此后10年3～5岁幼儿有充分入园机会。由于4～5岁幼儿教育已基本普及，故新计划根据社会实际需要及呼声，将重点放在进一步推动3岁幼儿的保育上，为此划拨了专项资金，供新建或改建幼儿园设施之用。此外，还将入园奖励费扩大到3岁幼儿，并对低收入家庭规定了幼儿园学杂费减免标准。上述措施有力地推动了振兴计划的实施。

(四) 幼儿教育师资的培养

日本一向重视幼教师资的培养。第二次世界大战前，幼儿园及保育所的教师均称为“保姆”。最早培养保姆的机构是东京女子师范学校开设的“保姆练习科”。1882年文部省规定幼儿园的保姆“必须是具有小学教育资格的女子,或得到其他府县知事许可者。”

第二次世界大战后,日本将幼儿园的保姆改称为“教谕”、“助教谕”,与小学教师是同级人员。根据《学校教育法》,欲取得相关称号者,必须接受高等教育,一般大学学前专业本科毕业生可取得一级任职证书,短期大学毕业生可取得二级任职证书。

保育所的教师至今仍称保姆。根据《儿童福利法》,合格的保姆须具备以下三项条件之一:① 普通大学、短期大学或保姆养成所毕业生;② 高中毕业后,经都道府县举行的保姆考试合格者;③ 经厚生省大臣特批者。其中,符合第一项条件者占保姆人数的60%以上。

第五节 以色列的幼儿教育

以色列位于西亚的巴勒斯坦地区,境内居民主要为犹太人。公元1~2世纪,处于罗马帝国统治下的犹太人被驱赶出故乡,流浪到世界各地,但在宗教的维系下,犹太民族并未消亡。1948年3月,根据联合国1947年通过的巴勒斯坦分治决议,犹太人在巴勒斯坦地区重新建国,定名为“以色列”。此后,世界各地的犹太人掀起了大规模的移居以色列的移民潮。20世纪80年代中叶,以色列的犹太人已从建国初的60万人增加到340万人。

一、幼儿教育的沿革及政策

以色列建国之前,所在巴勒斯坦地区为英国托管地。该地区的犹太人社区,继承了古代犹太民族重视幼儿教育的传统,素以幼儿教育组织优良而著称,并与同一地区的阿拉伯人社区形成了对照。以色列国成立后,由于居民成分极为复杂,例如,有些新移民原系阿拉伯沙漠中目不识丁的穴居者,有些新移民则原系西方发达国家中受过良好教育的富裕阶层,所有这些文化背景迥异的移民都必须学会在新的国度里彼此适应、共同生活。为了使人们同化,特别是使年轻一代摆脱文化差异,同心同德,报效国家,以色列政府视教育为政府事务中必须优先考虑的关键因素。建国不久,以色列政府即颁布了《义务教育法》,规定义务教育从5岁开始。这一规定意味着将幼儿园教育纳入义务教育范畴。此外,对于幼儿中的所谓“处境不利者”,即贫苦新移民子女的教育,政府也极为关注，并采取了一系列优惠、扶持措施。尽管政府重视幼儿教育，但考虑到国情的复杂性及各阶层的实际需要，政府对幼儿教育并未采取整齐划一的措施，并注意调动或充分利用各种社会力量，共同发展幼儿教育。

二、幼儿教育机构

以色列幼儿教育机构的设立呈现出多元化的倾向，主要包括以下类型。

1. 幼儿园

为一年期的幼儿教育机构，招收5～6岁幼儿。根据以色列义务教育法，所有入园儿童享受免费教育。幼儿园有其自身的教师培训及监管系统，以色列教育部中设有专管幼儿园的部门。

2. “刻布兹”幼儿教育中心

“刻布兹”为希伯来语中“集体定居户”之音译，主要来自欧洲。以色列国成立之前他们便成群结队来到巴勒斯坦定居，并形成所谓“刻布兹运动”。刻布兹运动重视所在社区的幼儿教育，并为断奶(约半岁)后的婴幼儿提供正式或非正式的教育。断奶后的刻布兹婴儿多安排在4～5人的小组中，由婴儿母亲或代理母亲看护。儿童年满3岁后，则组成保育班，由专职教师监管，并进行情绪的、社会的、理智的训练。在部分地区，刻布兹运动还为3～6岁儿童提供连贯式学前教育。

3. 私立保育学校

招收中产阶级家庭3～4岁子女，由家长资助设立并维持。有60%～70%的中产阶级家庭子女进入此类机构接受保育。

4. 公立保育学校

20世纪60年代初由教育部在地方市政部门协助下开设的免费助教机构，主要招收贫困新移民的3～4岁幼儿。此机构发展迅速，到60年代末，已吸收60%以上有关移民的子女。

5. 儿童照料中心

由中央劳工联盟开办的福利机构，其目的是资助需要特别帮助的职业劳动妇女或其家庭。此类机构接受所有学前阶段的儿童。

三、幼儿教育课程及教法

以色列幼儿教育课程及教法受欧美各种主要教育及心理学理论的影响甚大。早在建国前，犹太人社区的幼儿园就引进了福禄倍尔、蒙台梭利及德可乐利的综合教学法。刻布兹运动则更多地受到欧洲精神分析及儿童中心论的影响，更注重儿童自发的活动与游戏，以作为宣泄、升华及创造的手段。小学低年级还采用了设计教学法，并将格式塔心理学作为教育指导理论之一。

以色列国成立后，由于和美国的联系较为密切，幼儿教育课程及教法更多地打上美国幼儿教育的烙印。受进步教育及自由教育的影响，在以色列的幼儿园中，教材及以教师为主的直接教学法逐渐为儿童自发的活动及自由游戏所取代。然而20世纪50年代末以后，随着各国重视儿童智力的开发，以色列也不甘落后，重新强调开发幼儿智力，并注意为幼儿提供足够的刺激。70年代后，儿童心理学的最新发展成果，尤其是皮亚杰及其弟子的理论对以色列幼儿教育的影响甚大。由于以色列的新移民中有许多属于"处境不利者"，针对这一部分幼儿，以色列教育部门会同有关专家进行了深入研究，除为他们开设免费教育机构外，还制定了专门的课程、教材、教学及教师培训制度。

在目前以色列的幼教机构中，主要流行两种教学方法：一种叫"直接教学法"，主要在"处境不利者"幼儿教育中采用，通过使用结构教材、严格的课程计划、确定的任务、教师的教导，为儿童提供智力刺激，使之获得信息，促进发展；另一种教学方法叫"加强教学法"，为直接教学法与进步教学法之综合，并为以色列绝大部分幼教机构所采用。

四、幼儿教育师资培训

以色列教育部对师资培训甚为注意，全国建立了系统的学前及小学教育师资培训制度。有关师资培训一般在专设师范学校中进行，招生对象为高中毕业生，培训时间为2～3年。师范学校分为三种，分别为保育学校及幼儿园科、小学低年级科、小学中高年级科。以色列教育部还设有专门培训从事"处境不利者"教育师资的特殊师范学校。

第六节 中国的幼儿教育

一、民国时期幼稚园制度的实施

(一) 幼稚园课程标准的颁布

最初我国学前教育一直没有关于课程标准的规定，各种学前教育机构在课程设置上各行其是。1922 年幼稚园制度确立后，学前教育有所发展，幼稚园课程和教材的审查编辑的问题就更为突出，此外还有师资、推广乡村幼稚园问题等。编订一个适合我国国情的幼稚园课程标准，就成为幼教战线一项迫切的任务。同时国内的很多幼稚园，如南京鼓楼幼稚园、晓庄乡村幼稚园、南京高师附小附属幼稚园等都在幼稚园课程等方面做了改革实验，并取得了相当的成果。因此，制定一个全国通行的课程标准的条件已经成熟。于是，陈鹤琴等 11 人受教育会议的委托，着手进行幼稚园课程标准的拟定。1929 年 9 月《幼稚园课程暂行标准》拟订完成，并由教育部令各省市作为暂行标准试验推行。1932 年 10 月教育部正式公布，称《幼稚园课程标准》，1936 年又修正一次。这个"标准"，是我国第一个自己制定的统一的幼稚园课程标准。《幼稚园课程标准》分幼稚教育总目标、课程范围、教育方法要点三部分。

关于幼稚教育总目标，"标准"指出：

(1) 增进幼稚儿童身心的健康；

(2) 力谋幼稚儿童应有的快乐和幸福；

(3) 培养人生基本的优良习惯(包括身体、行为等各方面的习惯)；

(4) 协助家庭教养幼稚儿童，并谋家庭教育的改进。

"标准"的第二部分是课程范围，规定的幼稚园的课程内容有音乐、故事和儿歌、游戏、社会和常识、工作、静息、餐点，共 7 项。每一项都分别阐述，各项均列目标、内容及最低限度的要求。

"标准"的第三部分是教育方法要点，共列 17 项，说明幼稚园具体的教育方法。主要内容举说如下：规定幼稚园 7 项课程不可截然分开，于实际施行时，无所谓科目，而实行课程(作业)中心制的设计教学，以一种需要的材料，做一日或两三日内作业的中心，一切活动都不离开这个中心；各种作业，可由儿童各从所好，自由活动，但每日必有一次团体作业，故事、游戏、音乐、社会和自然，大部分都可由教师引导，施行团体作业；教师是儿童活动中的引导者、把舵者、裁判者，教师必须作充分的准备，提出引导儿童活动的材料，指导儿童活动的方法，教师应体察儿童的心理，为儿童准备的活动材料和指导儿童活动的方法，都要切合儿童的经验，教师是儿童活动的裁判者，但又不是替代者，儿童的问题，应由儿童自己解决，儿童确不能解决时，教师也只可从旁启发引导。

《幼稚园课程标准》，是我国第一个由国家颁布的幼稚园课程标准，它建立在幼稚园制度确定以后幼稚园数量上的较大发展和各种实验活动开展的基础之上的，它是由我国的专家和学者在总结自己实践基础上，吸收和借鉴了西方学前教育思想与教育方法而形成的，因此它既体现了民族性，又体现了洋为中用的精神。

该“标准”具有中国化、科学化的特点，它要求寓知识于娱乐之中，其教育内容和方法都比较符合儿童的接受能力，符合儿童的年龄特点和教育的要求，因此有较强的科学性。在教育内容上，对儿童进行多方面训练，不仅开发儿童的智力、身体、德性、美感，而且注意了儿童社会化的培养。在教育方法上，灵活多样，运用团体、分组和个别的方式，组织儿童的各种活动，儿童的活动有相当的自由。教育目标也比较灵活，除一般要求外，还有最低限度的要求，以适应不同地区、不同幼稚园发展不平衡的状况。

同时，这个课程标准产生在半殖民地半封建的大社会背景下，也存在一些封建主义的余毒和西方教会的影响。

（二）各类幼稚园的建立与发展

1922 年壬戌学制颁定后，确立了幼稚园制度，我国的学前教育进入了一个实验、改革、发展的时期。从数量上看，幼稚园有了长足的发展。就全国讲，1929 年全国幼稚园数为 829 所，1936 年发展到 1 283 所；之后抗日战争全面爆发，幼儿教育的发展受到严重破坏，1940 年全国幼稚园数减至 302 所；抗战胜利后，幼稚教育得以恢复，到 1947 年全国幼稚园数为 1 301 所，恢复到战前水平。

幼稚园制度建立后，在陈鹤琴、张雪门等一大批学前教育领域的优秀教育家、教师的推动下，在全国范围内开展了以探索建立中国化、科学化幼儿教育为中心的实验改革的推动下，出现了一大批各具特色的幼稚园，如厦门集美幼稚园、南京高等师范附属小学幼稚园、北京香山慈幼院、南京鼓楼幼稚园、南京燕子矶幼稚园等，从它们各自的办园特色中可以反映出当时中国幼稚教育发展的特点和形势。以厦门集美幼稚园、南京鼓楼幼稚园、南京燕子矶幼稚园等为例进行分析。

1. 厦门集美幼稚园

由爱国华侨陈嘉庚先生创办，于 1919 年 2 月 21 日在厦门集美学校内成立，是一所私立的独立设置的幼稚园，共招收幼儿百余名。1920 年并入集美学校，改称集美学校附属幼稚园。1927 年，集美幼稚师范成立，集美幼稚园改为中心幼稚园。

集美幼稚园的办园宗旨是：深信幼稚园是教育的基础，要教养儿童成为健康的儿童，教育应以儿童为中心，教师是儿童的伴侣，幼稚园应成为“儿童的乐园”，幼稚园教育应有改造家庭教育的责任等。在学习编制上，曾试行以年龄、智力为分级标准，取代仿照美国幼稚园的学年编级制。在课程实施上，分两步拟订计划:① 一个月的活动计划;② 一周的活动计划。该园的教学内容有故事、音乐、游戏、自然和社会、识字与计算、工作、餐点、静息、家庭联络工作,共9项。

2. 南京鼓楼幼稚园

陈鹤琴于1923年春创立,是一所实验性质的幼稚园,以研究幼儿心理与教育为中心。陈鹤琴任园长,聘请南京大学教育科毕业的张宗麟为研究员,开展了幼稚园教育改革的全面实验。该园也是南京大学教育科的幼儿教育实验园地,开创了在大学进行幼儿教育的实验研究活动。

该园的实验活动包括课程实验、行为习惯的培养、技能学习、幼稚生生活历的安排、幼稚园设备等。实验总结了音乐、游戏、工作、常识、故事、读法、数法、餐点、静息9项课程。这9项课程成为以后教育部制定幼稚园课程标准的基础。通过对儿童行为习惯的探索,总结出了对儿童进行卫生习惯、做人习惯等方面训练的内容。在技能训练方面,总结出了生活技能、游戏运动技能、表达思想的技能和日常常识等的内容。在幼稚生生活历方面,总结了入园儿童一天、一个星期、一个月、一年的生活历。该园的实验经验和出版物在全国颇有影响,1952年由南京教育局接办改名为南京市鼓楼幼儿园。

3. 南京燕子矶幼稚园

这是中国第一个乡村幼稚园,由人民教育家陶行知于1927年11月11日创办。该园办园宗旨为建设中国的、省钱的、平民的幼稚园。该园结合农村实际,确定保教内容,选取教学材料,草订幼儿生活纲要,分全年的、一月的、每周的、当天的四种。在教学方法上,继续试验"设计组织"的方法,尤其注意:① 户外生活多,室内生活少;② 注意卫生;③ 注意读法;④ 看护极小的儿童。

在幼稚师资教育上,燕子矶幼稚园用"艺友制"的办法训练"艺友"成为幼儿园教师。在燕子矶幼稚园的影响下,当时很多地方出现了创办乡村幼稚园的活动。

上述所举幼稚园实例,反映了不同类型的学前教育机构的创办情况,这些幼儿园中既有公立的,也有私立的;既有附属于其他学校的,也有单独设立的;既有设在城市的,也有设在农村的,这说明当时我国学前教育的极大发展。另外,这些幼稚园都不同程度地开展了教育实验研究,形成了20世纪二三十年代以后幼稚园教育实践与研究的风气,带动了全国幼教工作者的研究兴趣,这是新中国成立前我国学前教育发展最好的时期。

(三) 幼稚园师资的培训

1922年壬戌学制作了师范学校和女子师范学校可附设幼稚师范科的规

定。但在相当长的时间内,幼稚师范教育还没能得到人们应有的重视。1928年,在全国教育大会上,陶行知、陈鹤琴分别提出开设幼稚师范和在普通师范中设幼师科的提案,经过讨论通过。1932年,中华民国政府颁布《师范教育法》;1933年教育部颁布《师范学校规程》,对附设幼稚师范科作了若干规定,规定师范校要附设幼稚师范科,修业年限三年或二年,招收初中毕业生。1928年全国教育会议以后,幼稚师范教育得到一定发展,幼稚教育的师资不断增加。1929年,全国幼稚园教职员为1 580人,到1936年,增长到2 607人。在此期间,公立幼稚师范科有了一定的发展,私设幼稚师范也不断出现,还出现了省立实验幼稚师范和国立幼稚师范专科。以北平幼稚师范学校和江西省立实验幼稚师范学校为例:

1. 北平幼稚师范学校

是香山慈幼院的一部分,创建于1930年,张雪门为校长。该校以培养幼稚师资为己任,以实现全民的幼稚教育为最终目标。学校重视实行教学做的方法,实习的内容有幼稚园实习,实行先参观、次参与、后实习的制度,还有家政实习、自然实习、儿童文学实习、手工实习、游戏实习等。学制三年,但可分年结业,一年制为速成科,可任幼稚园教师或助教;二年制为幼师科,可任幼稚园主任;三年制毕业后,可兼任小学低年级及婴儿园教师。

2. 江西省立实验幼稚师范学校

这是中国第一所独立设置的公立师范学校,由陈鹤琴1940年10月创立于江西泰和县,附有小学、幼稚园、婴儿园。1943年2月改为国立幼稚师范学校,并添设幼稚师范专科。办学宗旨是:① 培养幼稚园的师资;② 开展幼稚教育的理论和教材教法的实验研究;③ 进行陈鹤琴的"活教育"理论的实验。课程内容分为精神训练、基本训练和专业训练三项,外加人生心理一科。教材和教学方法强调尽量与小学实际、幼稚园实际相联系,教学方法强调以"做"为中心,采用陈鹤琴提出的"做中学、做中教、做中求进步"的方法。基本目标是培养学生"做人,做中国人,做现代中国人"。学校校风优良,自由平等,实行"纯爱"教育,培养了一批批幼教战线的优秀人才。1948年并入南昌女师,改为幼稚师范科。

二、民国时期蒙养园制度的建立

(一) 南京临时政府的教育改革

1912年1月9日,南京临时政府教育部成立,著名的民主教育家蔡元培任教育总长。他对封建主义教育进行全面改革的主要措施有以下几个方面:

1. 颁布新的教育宗旨

教育部于1912年9月公布新教育宗旨，其内容是“注重道德教育，以实利教育、军国民教育辅之，更以美感教育完成其道德”，否定了清朝“忠君”、“尊孔”、“尚公”、“尚武”、“尚实”的旧教育宗旨。

这一新的教育宗旨，其实质是一个资产阶级的教育方针。其所注重的道德教育，是指把资产阶级自由、平等、博爱思想灌输给新一代，取代了忠君、尊孔的旧道德。实利主义教育，是指要量儿童之力，给其有实用价值的知识教育。军国民教育即体育。它强调德、智、体、美和谐发展，注重美育、体育，这都为学前教育改革奠定思想基础。

2. 制定新的学制系统

1912年9月，教育部公布《学校系统令》，称“壬子学制”。不久，教育部又陆续颁发了各种学校令，与“壬子学制”结合，成“壬子癸丑学制”，这个学制实行到1922年。

3. 改革课程

主要是改革中小学课程，废除读经，增加自然科学课程和实用课程及美术、音乐等，体现对学生德、智、体、美诸方面的培养。

4. 改革教学原则和方法

废除封建专制主义遗毒，强调教学应适应儿童身心发展的特点，不得用体罚，注意教育内容与儿童实际生活相联系。

（二）蒙养园制度的规定

壬子癸丑学制的规定，学前教育机构的名称为蒙养园。它是学制体系上的教育机构，但与大学院（今研究生院）一样，不占学制年限，并未单独成为学制系统中的一级。它是其他教育机构的附属部分，附属在小学和女子师范学校、女子高等师范学校内，尽管还没有摆脱附属的地位，但已纳入到真正教育机构之中，而不设于育婴堂、敬节堂内，标志着学前教育地位的提高。

蒙养园在办园宗旨、课程、设备方面与《奏定蒙养院章程及家庭教育法章程》中的规定基本相同，如课程仍为四项，不过将“歌谣”改成“唱歌”。同时，仍然强调蒙养园要辅助家庭教育。蒙养园在清末至民国期间有了很大的发展，各地都建立了为数不少的蒙养园。同时，幼稚师范也有所增加，培养了不少幼儿教育师资。

（三）幼稚园制度的确立

五四运动后，在美国教育的影响下，一批爱国民主教育家推动了改革教育的热潮。改革的综合体现就是学制改革。在资产阶级教育观念和教育团体的推动下，1922 年 9 月，教育部召开学制会议，通过《学制改革系统案》，11 月公布《学校系统改革令》，又称“壬戌学制”或“新学制”。

该学制根据“七项标准”制定。这七项标准是：① 适应社会进化之需要；② 发挥平民教育精神；③ 谋个性之发展；④ 注意国民经济力；⑤ 注意生活教育；⑥ 使教育易于普及；⑦ 留各地方伸缩余地。

这个学制不再采用日本的模式，而是受美国实用主义教育思想影响，采用美国的“六・三・三”制的框架，小学六年，初中三年，高中三年。

学前教育方面，这个学制规定在小学下设幼稚园，“幼稚园收受六岁以下之儿童”，并把幼稚园正式列入学校系统，改变了以前蒙养院和蒙养园在学制中没有独立地位的状况，确定了学前教育机构在学制系统中作为国民教育第一阶段的地位。

新学制的颁布，促进了我国学前教育的发展，江西、浙江等率先开设幼稚园，以后全国各省市幼稚园不断发展，并且不断向农村发展。1927 年，在陶行知领导下先后在南京郊区燕子矶、晓庄、和平门、迈皋桥等地创办了我国第一批乡村幼稚园。同时，还办了一些实验幼稚园，如 1923 年，陈鹤琴在南京创设了我国第一所实验幼稚园，即私立南京鼓楼幼稚园。

三、老解放区学前教育的基本经验

老解放区的学前教育始终得到了老一辈无产阶级革命家的关怀和重视。在党和边区政府亲切的关怀和正确方针指引下，老解放区的学前教育取得了令人瞩目的成绩，其发展历程蕴藏着丰富的值得挖掘、借鉴的宝贵经验。

（一）坚持为革命战争和生产建设服务的方向

老解放区学前教育始终坚持正确的服务方向，即为革命战争和生产建设服务。这是学前教育的社会功能的最充分体现，主要是通过解放妇女、解除父母的后顾之忧来实现。根据地广大妇女在中国共产党的号召下热情地投入到社会生产、社会生活、军事生活、党政机关和文化教育工作中，成为中国革命的组成力量。只有把妇女从家庭中解放出来，摆脱家务特别是照管幼小子女的负担，她们才能更好地参与社会生活，由学前教育机构代替广大老区妇女承担养育和教育子女的责任是社会发展的必然趋势。

老解放区的学前教育通过办多种不同类型的学前教育机构来满足支援生产和战争的需要。今天我们学习老解放区学前教育坚持为革命战争和生产建设服务的思想有助于端正目前学前教育机构的办学思想，有助于人民正确认识学前教育机构的价值和功能，使得人们更加关注学前教育。

（二）贯彻依靠群众和勤俭办园的原则

老解放区的学前教育机构所取得的所有成绩是与群众的热情支持密不可分的。他们对学前教育的支持包括房屋、玩具设备、食物、医疗、人力、师资、掩护等多种不同的方式。老解放区群众拥有高度的政治觉悟和强烈的热爱儿童的情感，尤其是广大妇女，她们像爱自己的孩子一样去爱托儿所、保育院的孩子，这种无私的、博大的母爱激发了老区学前教育工作者的工作热情。

老区学前教育事业的发展还得益于勤俭办园的指导思想。老区学前教育机构没有设备就自己或请人制造，没有条件就因陋就简，从不因为开办托幼机构而向财政机关多要开支，而是始终贯彻勤俭办园的原则，在各方面都注重节约。老区学前教育事业的发展始终离不开广大群众的关心与支持。今天我们也要发扬勤俭节约的传统，提倡办节约型幼儿园，因地制宜地开展幼儿园建设。

（三）实施“保教结合”，促进儿童全面发展

老解放区学前教育工作者充分认识到了托儿所、保育院是对儿童实施保育和教育的机构，在日常工作中必须坚持保育和教育相结合的原则，对儿童实施全面教育。同时，他们还认识到保育员也是教员，要由幼稚教员教保育员幼稚教学法，供给保育员材料，并加以指导。至今我们开展学前教育时也强调保教合一，既从思想观念上认识保教合一的必要性，又从行政管理制度上加强对各自职责和相互协作的行为规范。

（四）“一切为了孩子”的教育理念指导下的幼教队伍

老解放区学前教育，最重要的经验是有一支“一切为了孩子”的高素质的保教队伍。他们把“一切为了孩子，一切为了革命，一切为了前线”、“把方便留给妈妈，把愉快留给孩子，把困难留给自己”当作自己工作的基本准则，无私地奉献着自己的青春甚至生命。老解放区不仅培养了一支有很高的思想觉悟的保教队伍，而且特别注意提高他们的文化水平和业务素质。学习的方式灵活多样，学习的内容联系实际。老区保教人员一切为了孩子的自我牺牲精神，是我们当前提高幼儿教师职业道德水平的生动教材，有助于广大幼教工作者树立正确的儿童观、教育观和高度的责任感。

总之，老解放区的学前教育是中国共产党领导下的，为革命战争服务、为生产建设服务、为工农大众服务的学前教育。它在本质上不同于国民党统治区的学前教育。它所创造的幼教成绩，它对革命事业所做的贡献，它的崇高精神和它所积累的宝贵经验，是中国现代学前教育发展史的辉煌乐章。

四、社会主义改造时期学前教育的发展

(一) 重视学前教育的管理工作

1956 年 2 月，内务部、教育部、卫生部发出《关于托儿所、幼儿园几个问题的联合通知》，对我国的学前教育事业发展方针、领导关系及培养干部问题都做了决定，明确了对各类型托儿所、幼儿园的领导职责，以统一领导、分级管理为原则。

《联合通知》指出：各类型托儿所、幼儿园的经费、人事、房屋设备和日常行政事宜，均由主办单位(包括教育行政部门、厂矿、机关、团体、部队、学校、群众、私人等)各自负责管理，有关方针、政策、规章、制度、法令、教育计划、教育内容、教育方法、儿童保健等业务，在托儿所方面，则统一由卫生行政部门领导，幼儿园统一由教育行政部门领导。主办单位应向当地卫生或教育行政部门报告工作，主办单位对所办园所应定期检查，帮助解决存在的问题。卫生、教育行政部门应分别对托儿所和幼儿园实行经常的监督及重点的检查，还应办好几个托儿所和幼儿园，使它们起示范作用。这一通知，明确了托儿所和幼儿园的领导管理体系，有力地加强了对托儿所和幼儿园的领导和管理，保证了托幼事业健康的发展。

(二) 深化学习苏联的学前教育理论与经验

继学前教育家戈林娜之后，学前儿童心理学专家马努依连柯于 1954 年来华任教，使幼儿教育界掀起了学习儿童心理学的热潮。从 1953 年起，陆续翻译出版了苏罗金娜的《学前教育学》、查包洛塞兹的《幼儿心理学》、沙巴也娃的《教育史》、维特罗金娜的《幼儿园音乐教学法》、萨古林娜的《幼儿园绘画教学法》以及有关幼儿卫生学、语言和认识环境、游戏、体育锻炼、三岁前集体教养等方面理论的几十种书籍，它们成为我国师范院校学前教育专业的主要教学用书，对我国学前教育界影响极大。

在苏联专家指导下，教育部幼儿教育处于 1954 年 10 月召开新中国成立以来第一次幼儿教育经验交流会——“北京、天津两市幼儿园教养员工作经验交流会”。会后，教育部发出《关于组织幼儿教育工作者收集和总结经验的通知》。自此，各地幼儿教育工作者普遍开展了总结经验的活动。可见，此时期学习苏联的教育思想方面，不仅从教育学学科向心理学学科发展，并注意与中国实际相结合，指导我国幼儿园总结经验，提高教育质量。尽管 20 世纪 50 年代末、60 年代初由于中、苏两国的分歧和矛盾，使“学苏”逐渐淡化，但是苏联的教育理论和经验对我国学前教育的发展影响是深刻的。

(三) 继续加强学前教育师资培养

1955 年,教育部决定幼儿园师资由地方教育行政部门设立幼儿师范学校负责培养,在全国范围内增设了中级和初级幼儿师范学校,增加了幼儿园教师的培养基地。1953 年 7 月,教育部颁发《幼儿师范学校教学计划(修订草案)》,并对大纲、教材、课程安排作了规定。1956 年 5 月,教育部正式颁发《幼儿师范学校教学计划》,调整了部分课程的教学时数。同年 6 月,教育部又分别颁发了初级幼儿师范学校的教学计划(草案)。除正规幼儿师范学校培养新师资外,还通过多种渠道、采用多种形式培训提高在职教师。

五、社会主义建设时期学前教育的发展

(一) 确定学前教育的性质、任务和发展方针

1. 学前教育的性质

1951 年 10 月 1 日,政务院命令公布施行《关于改革学制的决定》,产生了新中国第一个学制。此学制共 5 个部分:第一部分,幼儿教育;第二部分,初等教育;第三部分,中等教育;第四部分,高等教育;第五部分,各级政治训练班。

新学制规定实施幼儿教育的组织为幼儿园,3 周岁到 7 周岁的幼儿,使他们的身心在入小学前获得健全的发育。1951 年颁布的这个学制规定中,幼儿教育被列入学制体系之中,成为小学教育的基础。学制还规定幼儿园应在有条件的城市首先建立,然后逐步推广。至此,自 1922 年“壬戌学制”定名,沿用了 30 年的“幼稚园”,从此改称为“幼儿园”了,并开始了它的新生命。

2. 学前教育的任务

幼儿园的任务是,根据新民主主义教育方针教养幼儿,使他们的身心在入小学前获得健全的发育,同时减轻母亲对幼儿的负担,以便母亲有时间参加政治生活、生产劳动、文化教育活动等,并规定幼儿园应对幼儿进行初步的全面发展的教养工作。

3. 学前教育的发展方针

1951 年,中央教育部制定了《幼儿园暂行规程》和《幼儿园暂行教学纲要》,并于 1952 年 3 月将这两个试行草案颁发至全国试行。《暂行规程》与《暂行纲要》的制定和试行,明确了幼儿园的双重任务和教养并重的方针,强调了幼儿园教育的目的性和计划性以及各科教学的思想性、系统性和科学性,为全面改革旧教育以及逐步建立社会主义学前教育新体系奠定了良好的基础。

(二)学习苏联的幼儿教育理论与经验

新中国成立初期,我国受到帝国主义的包围,又缺乏建设社会主义的经验。为了加速社会主义建设步伐,中央提出了向苏联学习的方针。在教育上,也积极学习苏联的经验进行了教育改革。学习苏联教育经验,对于改造旧教育、建设新教育起了积极作用,取得的成绩是明显的。当然,在学习苏联教育经验的过程中,也出现过结合我国实际情况不够、生搬硬套的情况。认真总结学习苏联教育经验的成败得失有着现实意义。

1950年9月,教育部发出通知,幼教工作者要学习《幼儿园教养员工作指南》一书。该书是苏联教育部颁布的幼儿园教育工作的指导文件,当时已译成中文出版,成为我国幼儿园改革的主要依据。为了学习苏联的幼儿教育理论与实践,在1950年至1956年期间,教育部先后聘请了戈林娜、卡尔波娃两位苏联教育专家来我国,她们系统地讲授了学前教育的全部专业课程。苏联专家的各种指导性活动都及时地影响到全国,我国的幼儿园工作出现了新的面貌。

新中国成立之初,学习苏联的教育理论和经验,对有目的、有计划、有组织地实施全面发展的学前教育,做出了可贵的贡献。但是,苏联专家、学者及其教育思想对中国的教育包含学前教育的影响并不完全都是积极的,他们对西方当代教育制度和教育理论的片面观点,他们过分强调集中统一、正规化、教师的主导作用、课堂教学的作用等思想,也都影响着我们的教育工作,如加强计划性、忽视灵活性,注意集体、忽视个体,机械划一、重教轻学等。在学习苏联教育理论和经验的同时,开展了对杜威实用主义、儿童中心论等的彻底批判。另外,由于对电影《武训传》的批判而波及对陶行知"生活教育"理论的批判,由此又牵连到对陈鹤琴的"活教育"理论的批判。20世纪50年代初,学术问题上简单化的全盘否定,对继承我国近现代丰富的教育思想遗产危害很大,不利于教育理论和教育科学的发展,不利于调动知识分子的积极性,也有碍于教育领域出现生动活泼的局面。

(三)学前教育的师资建设

1. 中级师范教育

1952年7月颁发的《师范学校暂行规程》规定:培养幼儿园师资的称为幼儿师范学校。师范学校得附设幼儿师范科、师范速成班、短期师资训练班等。中级师范学校招收30岁以下的初中毕业生或具有同等学力者,修业年限为3年。初级师范学校招收25岁以下的小学毕业生或具有同等学力者,修业年限为3~4年。正规幼儿师范将承担培养幼儿园新教师和在职保教人员的双重任务。

2. 高级幼儿师范教育

1952年，教育部颁发试行的《关于高等师范学校的规定》中指出：高等师范学校设置的教育系分设学前教育组，培养中等幼儿师范学校的专业课教师。根据教育部关于高等学校院系调整的精神，将分散于一些高校的有关专业适当合并，调整为学前教育专业或幼儿教育系，以利于集中力量，切实形成幼儿师范学校师资培养基地。具体措施为：将分散于南京金陵大学（金陵女子文理学院已于1951年并入该校）、广东岭南大学、上海复旦大学的儿童福利组、托儿专修班与南京大学师范学院幼儿教育系合并成为南京师范学院幼儿教育系，将燕京大学、辅仁大学的家政系与北京师范大学的学前教育专业合并成为北京师范大学教育系学前教育专业。这样，高师学前教育专业的力量相对集中，目标较明确，担负着为全国培养幼儿师范学校师资力量的任务。

3. 其他培训工作

1950年9月，苏联学前儿童教育专家戈林娜在北京师范大学教育系任教。她在北京师范大学为学前教育专业的本科生讲课，为来自全国高等学校、幼儿师范学校、幼儿园以及各级教育行政部门的教师和干部的进修班和专修班讲课，在北京举办苏联幼儿教育讲座，在北京市的"六一"、"北海"、"分司厅"等幼儿园指导进行实验研究，1951年又增加中央军委保育院、北师大二附小幼儿园、大方家胡同幼儿园等，到沪、宁一带讲学。在戈林娜的指导下，拟订了《幼儿园暂行规程》和《幼儿园暂行纲要》。

经过专家介绍苏联的学前教育，使中国的幼儿教育有了新的借鉴；通过专家的教学和科研工作，为新中国培养了首批学前教育骨干力量，对我国的学前教育事业起了积极的作用。同时，各地举办了各种类型的短期培训班，以解决幼儿园师资的急需。

六、"文革"时期学前教育的全面破坏

（一）全盘否定学前教育的理论与实践

历经十年的"文化大革命"运动对新中国十七年的教育进行了彻底的否定与批判，并把学前教育视为推行修正主义路线的典型，对全面发展的学前教育方针进行严重的歪曲，斥之为资产阶级的教育方针，对四育的任务和内容全面地横加批判，幼儿教育的理论与实践被全盘否定。

在体育方面，歪曲体育，把原先科学、合理的各种体育设施和措施都当作资产阶级生活方式予以批判，致使幼儿园取消了合理的生活制度、科学的生活

管理，体格检查不做了，体育锻炼被停止了，不计算营养量，无须订食谱，卫生保健制度也被取消，幼儿生活无常规可循。幼儿的体育活动和基本动作训练被"集体放羊"而取代，而供成人观赏的大型团体操表演和大型运动会却风行一时。

在智育方面，把传授知识、发展智力都作为智育第一加以批判。不引导幼儿去观察周围环境与生活，更不启发幼儿进行智力活动，使幼儿生活贫乏，智力发展受到阻碍。

在德育方面，以空头政治代替德育的全部内容，以"极左"的政治口号代替日常行为规范。同时还把文明礼貌等斥之为"小节"，而不注意培养幼儿的基本行为品德。

在美育方面，更把美育视为资产阶级思想和情调的表现。音乐、美术、文学都只能作为政治教育的工具，而不能作为美育的手段，致使造反歌舞、样板戏曲充斥幼儿园。不引导幼儿去欣赏自然美和艺术美，使幼儿对美丑的辨别能力和对美的感受力、创造力得不到应有的培养和发展。

（二）彻底破坏学前教育的管理体制

近20年积累起来的行之有效的幼儿园管理体制，被批判为管、卡、压，工作人员的合理分工被斥之为资产阶级法权，勤杂工、保育员、教养员、园长的工作轮流换班，取消岗位和分工，取消规章制度，致使幼儿园陷于混乱的境地。幼儿园失去了领导和管理，成了任人宰割的牺牲品。有的幼儿园园舍、场地被占用，人员被任意调离，幼儿园惨遭解散。幼儿园脱离了科学管理的轨道，处于混乱状态，严重危害了幼儿身心健康发展。

（三）全面取消学前教育的师资培训

全国原有的幼儿师范学校，在"文化大革命"中遭到严重破坏，全部停止招生，有的停办，有的改为普通中学，房舍被占，图书、钢琴等教学设备被毁，教师被迫改行。只有浙江幼儿师范学校坚持举办短期培训班。正规的中级幼儿教育师资的培养中断了10多年。高等师范学校学前教育专业，也只有南京师范学院保留了全部人员，并于20世纪70年代初开始深入工厂和农村培训幼儿教育师资。可见，幼儿教育师资的培养工作，几乎惨遭"全军覆没"。

七、改革开放后学前教育的发展

（一）学前教育科学研究机构的建立

1978年7月，经国务院批准重建中央教育科学研究所时，就开始设置了幼儿教育研究室，这是我国第一个国家级的幼儿教育研究机构。该室的研究任务是:探索3～6岁幼儿进行体、智、德、美全面发展教育及幼儿教育事业发展等方面的规律,研究具有中国特色的社会主义幼儿教育体系的基础理论问题。为决策部门制定和修订幼儿教育方针、任务,为幼儿园编写教育纲要、教材与教法等有关幼儿教育科学研究书籍提供科学依据。

除中央教育科学研究所的幼儿教育研究室,全国先后建立的36个省、自治区及直辖市的教育科学研究所中,辽宁等7个省(市)都设有幼儿教育研究机构,北京等13个省(市)、自治区的教育科学研究所内设有专职幼儿教育科研人员。中央和地方的幼儿教育科学研究机构及教育行政部门相互协作培养了科学研究人才,带动了全国相当一部分地区和幼儿园的科学研究工作。

此外,学校附设有学前教育科学研究机构。在高等师范院校(含教育学院)或幼儿师范学校内,有一批幼儿教育研究室诞生于20世纪80年代。高校是科学研究的重要基地,老中青专家云集于此,他们与幼儿园实际工作者相结合,运用理论指导和科学的研究方法,深入幼儿园实际,进行课题研究,取得了一定的成果,引导幼儿教育改革从局部向整体、从浅层向深层发展。如南京师范大学教育科学研究所幼儿教育研究室与南京市实验幼儿园合作进行的"幼儿园综合教育课程结构"的研究,上海市长宁区教育学院幼儿教育研究室与该区幼儿园合作进行的"幼儿园综合性主题教育"的实验研究,北京幼儿师范学校科学研究室与北京宣武区幼儿教育研究室及幼儿园合作进行的"关于幼儿创造力教育的实验研究"等。此外,一些幼儿园或特级教师单独进行的研究课题,也不同程度地得到了专门的研究人员或高等师范院校教师的指导。

学前教育科学研究的开展,标志着我国学前教育的发展水平的提高,虽然20世纪50年代时也有少数单位成立了研究室,如南京师范学院的玩具教具研究室,出版过多种书籍,研制生产的玩具还出口国外,但从全国范围来说,学前教育的科学研究兴起于70年代末,活跃于80年代,深化于90年代。专门的科学研究机构和群众性的科学研究组织,开展了某些课题的研究,取得了一定的成果,对繁荣学前教育科学、提高学前教育工作者的理论水平和实际教育工作质量做出了不可估量的贡献。

(二) 主要研究课题及成果

1. 总结我国幼儿教育历史经验的研究

1979年开始进行"建国32年来幼儿教育的历史经验和教训"的课题研究,该课题由中央教科所幼教室主持,并成为1982年全国幼教研究会学术年会的中心议题。此后,孙爱月着手撰写了《当代中国幼儿教育》,由福建人民出版社出版。为庆祝中华人民共和国成立50周年,史慧中等编写了《新中国幼儿教育50年简史》(内部资料),总结了我国幼儿教育的历史经验。

2. 对我国现代教育家陶行知、陈鹤琴等幼儿教育思想的研究

1985年成立中国陶行知研究会和基金会后,由四川教育出版社出版了《陶行知幼儿教育的理论和实践》。1985年起,江苏、北京、上海、江西、安徽等省市先后成立了陈鹤琴教育思想研究会,并由北京出版社出版了《陈鹤琴教育文集》上、下两卷,江苏教育出版社出版《陈鹤琴全集》共6卷。此外,北京少年儿童出版社出版了《张雪门幼儿教育文集》上、下两册,湖南教育出版社出版了《张宗麟幼儿教育论集》。1991年11月,全国幼教研究会在浙江宁波市举办了陶行知、陈鹤琴、张雪门、张宗麟四位教育家幼儿教育思想研讨会,深入研究了四位教育家宝贵的幼儿教育思想。

3. 对幼儿体、智、德、美教育方面的研究

二十多年来,我国幼教界学者对幼儿体、智、德、美教育方面的研究非常丰富。体育方面的课题有"我国幼儿形态、机能、基本体育活动能力调查研究"、"幼儿园幼儿膳食营养调查与实验研究"、"幼儿一日生活组织"的研究等;智育方面的课题有"幼儿园3～6岁儿童言语发展的特点和教育的研究"和以发展幼儿观察力和创造力为中心的实验研究等;德育方面的课题有幼儿友好关系、爱祖国教育、劳动教育和"幼儿园德育大纲"等;美育方面的研究在美术教育和音乐教育方面,对发展幼儿的审美情操及创造力的培养等方面,作了重点研究,各高校学前教育专业已经有不少论文和专著。

4. 农村幼儿教育调查和实验研究

南京师范大学主持的"农村幼儿教育研究"是列入全国教育科研"七五"规划的第一个农村幼教研究课题。通过在江苏苏南和苏北为期三年的教育实验,制定了我国第一个农村学前教育大纲,其成果《农村学前一年综合教育课程设计》由教育科学出版社出版。"八五"期间,建立了"学前儿童多种保教形式的研究"课题组,成为"适应我国国情提高幼儿素质实验研究"的一个子课题。该课题采取了充分挖掘正规幼儿园的潜力,探索以幼儿园为核心的多种学前教育保教形式,在学前一年或两年教育已基本解决的地区,通过非正规形式使散居幼儿有权受到一定程度的学前教育。这是贫困农村幼教进一步开拓农村资源以创造不同教育模式的又一创造性成果。

5. 幼儿园课程结构的实验研究

1983年起,南京、北京、上海等地先后开始课程改革的实验研究,旨在克服现行幼儿园课程结构的弊端,探索新的课程结构,以利于幼儿身心得到充分的发展。课程研究是一项复杂的系统工程,有待于深入探讨的问题很多。

(三)国际交流与合作

1. 承诺并履行《儿童权利公约》

1989年11月20日,第44届联合国大会通过《儿童权利公约》。《公约》体现了四个基本原则:儿童最佳利益原则、尊重儿童尊严的原则、尊重儿童观点与意见的原则、无歧视原则。1991年3月,李鹏总理代表中国政府签署了上述两个文件,并做出了庄严的承诺,履行《儿童权利公约》,并于1992年2月发布《九十年代中国儿童发展规划纲要》。1996年4月23日至25日,在北京举行了国家教委与联合国教科文组织联合主办的"中国履行《儿童权利公约》研讨会",国家教委基础教育司幼参处处长朱慕菊以《幼儿受教育权利的保护与国家政策》为题作讲话,指出中国幼儿教育事业的发展政策始终围绕着为更多的儿童提供学前教育的机会这一核心,并提到教育是否有效地促进每个幼儿在原有水平上的发展是幼儿学习权利的实质所在。

经过十年努力,中国基本实现了九十年代儿童纲要和1990年世界儿童首脑会议提出的全球目标。我国将继续履行对《儿童权利公约》的承诺,未来10年儿童发展纲要将以促进儿童发展为主题,以提高儿童素质为重点,从儿童与健康、儿童与教育、儿童与环境、儿童与法律保护四个领域,提出中国儿童生存、保护、发展和参与的目标以及实现目标的策略措施。

2. 开展国际合作项目

从1982年起到1984年,中华人民共和国和联合国儿童基金会的学前教育合作项目,由南京师范学院承担;1985—1989年由北京师范大学等8所高等师范学校的学前教育专业和17所幼儿师范学校分别承担,并合作建立了"儿童发展中心"。同时,还先后选送近30名人员到国外学习进修,并多次派出幼儿教育访问团到国外参观访问。经过进修、访问,既提高了高等师范和幼儿师范师资自身的水平,又引进了国外幼儿教育的先进理论和经验,对改革和提高幼儿素质起了积极作用。

1990—1994年,联合国儿童基金会与国家教委的合作项目为"幼儿园与小学衔接的研究",该研究在全国城乡八个实验点进行,在88所教育机构对2189名儿童进行了调查,在16所小学和幼儿园进行教育实验,同时选了16所小学与幼儿园作为实验的对比班。其成果"幼儿园与小学衔接的研究"丛书共有7册:《"幼儿园与小学衔接的研究"研究报告》、《入学前社会性适应教育》、《入学前数学教育》、《学前读写教育》、《初入学儿童社会适应性教育》、《初入学数学教育》、《初入学读写教育》,由中国少年儿童出版社出版。国家教委与联合国儿童基金会合作项目"贫困地区、社区、家庭、教育机构共同促进儿童发展"在内蒙古、广西、安徽等地进行,项目实施使农村幼儿受教育的条件得到较大改善。

3. 开展国际交流活动

1989 年 10 月,为纪念国际儿童年成立 40 周年和联合国儿童基金会与中国合作 10 周年,国家教委在南京主办了“幼儿教育国际研讨会”,来自美、英、苏、日、澳及中国大陆、台湾和香港地区的 145 名专家学者,围绕“幼儿园课程”这一中心议题进行了广泛、深入的交流和探讨。这次会议是在我国举办的第一次幼儿教育国际会议,也是海峡两岸幼儿教育界的第一次聚会和交流,它向世界展示了我国幼儿教育 10 年改革在理论和实践上取得的成就,表明我国幼儿教育已提高到能进行国际交流的水平,迈入了国际交流的行列,并具有组织幼儿教育国际交流与研讨活动的力量。

1993 年 5 月,联合国儿童基金会和国家教委联合举办“幼儿教育发展——向 90 年代挑战国际研讨会”,以国家政策与事业发展、幼儿保育与教育、师范教育家庭与社区参与幼儿发展为会议专题,达到 90 年代促进幼儿教育发展目的。此外,还有大学主办的亚太地区国际幼教会议、学前儿童(包括正常儿童与非正常儿童)一体化国际会议等。

国际交流,不仅使我国学者了解世界,也让世界了解中国,极大地推动了我国幼儿教育改革的进程,使中国学前教育走向世界。

(四) 多层次的学前教育师资培养

1. 中等学前教育师资的培养

幼儿师范学校是培养幼儿园老师的重要基地。20 世纪 70 年代末期,党和政府要求迅速恢复原有的幼儿师范学校并积极发展新的幼儿师范学校,做到每个省、自治区和直辖市至少有一所独立的幼儿师范学校,也可在师范学校内举办幼师班。于是,各地幼儿师范得到了重点资助,因而发展迅速。

1985 年 5 月,教育部颁发《幼儿师范学校计划》,对 1980 年颁发的试行草案进行了修改,在减少理化课的课时,增加教育课和教育实习时间,对艺体课试行分组教学等。人民教育出版社出版了新中国成立以来第一套幼儿师范学校课本,对提高幼儿师范学校的教学质量起了保证作用。

1995 年 1 月,国家教委发布《三年制中等幼儿师范学校教学方案(试行)》。《方案》指出幼儿师范学校“要坚持社会主义方向,培养德、智、体全面发展,能适应当代幼儿教育发展和改革需要的幼儿教师”,并对具体培养规格,从“思想品质”、“知识、技能及基本能力”、“身心素质”等三方面的素质要求作了规定。课程设置由单一必修课改为必修课、选修课、教育实践课和课外活动四块内容,对文化知识、教育专业、艺体三大类课时进行了调整,增加了文化课的课时，适当削减了艺体课的课时，取消了六科教学法，增设了“幼儿园教育活动的设计与指导”课。人民教育出版社根据《方案》精神，出版了第二套中级幼儿师范学校的各科教材。

2. 高等学前教育师资的培养

1978年10月，教育部《关于加强和发展师范教育的意见》指出：“原有的学前教育专业的师范院校应积极办好这个专业，扩大招生名额，为各地培养幼师师资”。于是，原有的6所高师学前专业从1978—1979年先后恢复了招生。

20世纪80年代初，华东师范大学、陕西师范大学以及一些省（市）、自治区为适应中级幼儿师范学校发展的需要，在省级师范院校内也增设了学前教育专业。据1987年统计，共有22所师范院校设置了学前教育专业。到90年代末，高校学前教育专业如雨后春笋，发展迅速，尤其随着中等幼儿师范学校的升格，成倍增长。从80年代初起，已有北京师范大学和南京师范大学学前教育专业设有2个硕士点，到90年代末，又增加了华东师范大学等5个硕士点，并有南京师范大学、北京师范大学、华东师范大学3个博士点。随着学前教育事业发展的需要，本科及其以上层次的毕业生均有到幼儿园实践第一线去当幼儿教师的机会。

1997年10月，国家教委颁发《关于组织实施“高等师范教育面向21世纪教学内容和课程体系改革计划”的通知》，指出世纪之交的高师改革计划“起点高、立意新、针对性强，高师需要用现代文化、科技发展新成果充实和更新教育内容”，要“采取科研立项的办法，把研究过程和改革实践紧密结合起来”。高师学前教育专业纷纷建系设所，主持的全国及省级科研项目也有较大增加，1998年开始有了第一位进博士后流动站研究学前教育的学者。人民教育出版社出版了我国学者编写的第一批高师学前教育专业的教材，还组织力量翻译出版了苏联和美国等国的高校教材。此外，通过举办的夜大、函授、自学考试、干部专修科、研究生课程班等大专、本科、硕士和博士研究生的在职教育（包括学历和非学历的），使广大学前教育工作者脱产或不脱产地接受高等教育。

3. 在职教师的进修和提高

由于幼儿园的迅速发展，新师资的培养跟不上幼儿园发展的需要，致使大多数教师未受过专业训练。同时，培训幼儿园师资的教师也需增补和提高。为此，政府有关部门发出了一系列指示，通过各种渠道和形式，使不同层次和规格的在职教师得到培养和提高。

1996年1月，国家教委颁发《关于开展幼儿园园长岗位培训工作的意见》，要求采取多种形式开展培训工作，争取用五年左右的时间将全国幼儿园园长轮训一遍。培养内容有建设中国特色社会主义理论，党和国家教育方针、政策、法规，幼儿教育的基本理论，幼儿园管理，国内外幼儿教育改革动向等。全脱产培训的时间为12周，也可采取半脱产形式进行。培训后经过严格的考试、考查并通过撰写专题论文，以达到园长任职资格的要求——热爱幼教事业，具有小学、幼儿园一级或高级教师职务，能胜任工作。通过教育部门和民间办学，采取短期培训、脱产进修、夜校、函授、刊授、广播、电视、自学考试等形式，进行授予学历文凭专业证书和结业证书的不同层次水平的培训，并编写出版了函授、培训等教材。人民教育出版社为未受过专业训练的幼儿园教师出版了“幼儿园教师培训教材”12种13册。在职培训体现了因地制宜、长短结合、脱产与业余结合、正规与非正规相结合等特点。

第七章　现代幼儿教育思想

第一节　蒙台梭利的幼儿教育思想

一、蒙台梭利的生平

玛利亚·蒙台梭利(1870—1952)是教育史上一位杰出的幼儿教育思想家和改革家，意大利历史上第一位学医的女性和第一位女医学博士。1870 年 8 月 31 日，蒙台梭利出生于意大利安科纳地区的基亚拉瓦莱小镇。父亲亚历山德鲁是军人，母亲瑞尼尔·斯托帕尼是虔诚的天主教徒，博学多识，虔诚、善良、严谨、开明，作为独生女的蒙台梭利受到良好的家庭教育，因此从小便养成自律、自爱的独立个性，以及热忱助人的博爱胸怀。

蒙台梭利五岁时，因父亲调职而举家迁居罗马，开始了她的求学生涯。十六岁进入工科大学，专攻数学。因后来发现对生物有兴趣，于 1890 年进入罗马大学读生物，后进入医学院研读，26 岁获罗马大学医学博士学位，成为罗马大学和意大利的第一位女医学博士。蒙台梭利在担任助理医生期间，主要是治疗智障儿童。当时意大利把智障儿童与精神病患者一起关押在疯人院里，室内没有玩具，甚至没有任何可供儿童抓握和操作的东西，管理人员态度恶劣，根本不组织任何活动。蒙台梭利对这些儿童的处境深表同情。通过观察和研究，她深深感到，这种医疗方法只能加速儿童智力下降。从此，她对智障儿童的治疗和教育问题产生了兴趣，决心用自己的智慧去帮助他们。为了找到一种适合智障儿童的教育方法，蒙台梭利认真研究了法国心理学家伊塔和塞根的教育思想和方法，她亲自翻译他们的著作，亲手抄写，以加深理解。伊塔和塞根的教育思想和方法深深地影响了蒙台梭利，她认为这就是“科学的教育学”的先导。1898 年，在都灵召开的教育会议上，蒙台梭利发表了以《精神教育》为题的演讲，阐述了对智障儿童教育的思想和方法。她指出：“儿童的智力缺陷主要是教育问题，而不是医学问题。”她向社会呼吁，智障儿童应当与正常儿童一样享有同等受教育的权利。她后来发现，自己为智力缺陷儿童设计的教育方法也适用于正常儿童，而且会获得更显著的效果。于是，她决心献身于正常儿童的教育工作。在这种思想支配下，1901 年，蒙台梭利离开精神治疗学院，再次回到罗马大学，进修哲学、普通教育学、实验心理学和教育人类学，以扩大和加深自己的理论基础，进一步研究教育正常儿童的方法，为以后从事正常儿童的教育打下了坚实的基础。

1907 年，蒙台梭利在罗马贫民区建立“儿童之家”，招收 3～6 岁的儿童加以教育。她运用自己独创的方法进行教学，出现了惊人的效果：那些“普通的、贫寒的”儿童，几年后心智发生了巨大的转变，被培养成了一个个聪明自信、有教养的、生机勃勃的少年英才。蒙台梭利崭新的、具有巨大教育魅力的教学方法，轰动了整个欧洲，人们仿照蒙台梭利的模式建立了许多新的“儿童之家”。1909 年，蒙台梭利写成了《运用于儿童之家的科学教育方法》一书，1912 年这部著作在美国出版，同时很快被译成 20 多种文字在世界各地流传。100 多个国家引进了蒙台梭利的方法，欧洲、美国还出现了蒙台梭利运动，1913—1915 年，蒙台梭利学校已遍布世界各大洲；到 20 世纪 40 年代，仅仅美国就有 2 000 多所。蒙台梭利在世界范围内引起了一场幼儿教育的革命。1929 年，“国际蒙台梭利协会”在丹麦成立，蒙台梭利任会长。此后，10 多个国家相继成立了“蒙台梭利学会”。从 1929 年至 1951 年蒙台梭利逝世前，“国际蒙台梭利协会”召开了 9 次大会，蒙台梭利连任 9 届大会主席。1952 年 5 月 6 日，蒙台梭利逝世于阿姆斯特丹，享年 82 岁。

二、蒙台梭利的幼儿发展观

蒙台梭利对于儿童心理发展的看法，是她全部教育学说的基础。过去许多人批评她在这个问题上纯属遗传决定论，其实并不尽然。纵观蒙台梭利的全部学说，她认为儿童的心理发展既不是单纯的内部成熟，也不是环境、教育的直接产物，而是机体和环境交互作用的结果，是“通过对环境的经验而实现的”。蒙台梭利肯定，创造良好的环境，采取正确的教育措施，及早进行教育，丰富儿童的经验，可以消除和防止智力落后的现象。具体地说，蒙台梭利首先强调的是人和遗传素质以及内在的生命力。她说：儿童的“生长是由于内在的生命潜力的发展，使生命力显现出来，他的生命就是根据遗传确定的生物学规律发展起来的”。对儿童来讲，生命力表现为自发冲动，因此她把对儿童的自发冲动是压制还是引发作为区分好坏教育的分水岭，对旧学校压抑学生自发冲动的做法予以猛烈抨击。她说：“在这样的学校里，儿童像被钉子固定的蝴蝶标本，每人被束缚在一个地方——桌子边”，这对儿童的发展是不利的。在身体方面，导致骨骼畸形；在心理方面，教师为了把零碎干瘪的知识塞进儿童的头脑，用奖励和惩罚诱逼儿童集中注意和缄默不动。蒙台梭利否定奖励、惩罚等强化的作用，强调儿童的内在力量、主观能动性；要求环境（刺激）要适合儿童的内在需要和兴趣，认为儿童不是消极被动地接受外界刺激，他们每个人都有自己的内部结构、变化和发展。

蒙台梭利还认为，生命力的冲动是通过儿童的自发活动表现出来的，“生命是活动的，只有通过活动才能发展”，为了使儿童的生命力和个性通过活动得到表现、满足和发展，就必须创造适宜的环境。蒙台梭利为“儿童之家”设置了一个良好的环境：有一个较大的花园，学生可自由进出；轻巧的桌椅，4 岁儿童便能随意搬动；教室里放有长排矮柜，儿童可任意取用放在里面的各种教具。这样的环境设置明显的是服务于儿童的自由活动的。

从个体心理发展过程来看，蒙台梭利强调通过自发活动表现出来的生命力发展呈现一种节律，童年是个性形成最重要的时期，“没有比这个时期更需要智力方面的帮助”了。而在童年期，儿童的各种心理机能也存在不同的发展关键期，例如，2～6 岁是对良好的行为规范的敏感期，2～4 岁是对色、声、触摸等感觉的敏感期。某种感觉能力在相应时期内出现、消失，当它们出现时，能最有效地学习；忽视了敏感期的训练，就会造成难以弥补的损失，这正是很多低能儿童之所以低能的主要原因。因此，环境和教育在儿童心理发展中又是举足轻重的。

蒙台梭利还认为，不同的个体有不同的发展节律，教育要与儿童发展的敏感期吻合，就必须用不同的教育来适应不同的成熟节律，因此她十分强调个别教学，让儿童各按自己的需要自由活动，使个性得到充分发展。

三、自由教育

蒙台梭利认为，自由就是活动，自由是儿童可以不受任何人约束，不接受任何自上而下的命令或强制与压抑的情况，可以随心所欲地做自己喜爱的活动。但是，这并不意味着可以放任自流，或让幼儿任意妄为，儿童的自由是有范围和限度的。第一，儿童的自由以不损害集体利益为限度。如果一个幼儿为了满足他自己玩游戏的愿望，而试图将所有的玩具都占为已有，不顾其他人的正当利益，这是有违蒙台梭利的自由原则的。作为教师，要能够很好地把握这个度，在教学过程中不能过于迁就幼儿的所谓“自由行为”，如果幼儿的行为影响了教学的正常进行，那么就应该坚决进行制止。第二，冒犯或干扰他人，对他人不礼貌或有粗野行为就应该加以制止。针对这一点，教师可以和幼儿共同制定一套小小的惩罚措施，这套措施应该是征求了大部分幼儿的意见，且能真正达到效果的。比如，可以规定，如若谁有了冒犯或干扰他人，对他人不礼貌或有粗野行为，就让他在一旁反省，暂时不能参与活动，而只能看其他幼儿活动，让他明白，自由也是有一定规则的。在活动开始之前，教师应该将此项活动的规则以适当的方式告之幼儿，在幼儿理解各项规则的基础上再开展活动，就能有效地避免任意妄为的自由了。

自由是每个人与生俱来的权利，幼儿只有在自由的气氛中才能将自我淋漓尽致地显现出来。因此，教师必须为幼儿提供一个自由及开放的环境，在这种环境中观察幼儿。蒙台梭利的教育原则和方法是在“有准备的环境”和特定的条件下给儿童以最多的自由和活动的权利，并在组织的井然有序的自由活动中让儿童自然而然地接受纪律和道德方面的训练。因此，我们在日常活动中首先应该对儿童个人自由的积极表现加以引导，使他们经历这些行为而达到独立。

四、感官教育

感官教育在蒙台梭利教育体系中占有重要的地位，并成为她的教育实验的主要部分。在她的著述中，有大量篇幅专门论述感官教育训练、运动训练与智力发展以及感官教育与纪律教育、知识、技能的培养的关系和密切的联系。她认为感官教育的主要目的是通过训练儿童的注意、比较、观察和判断能力，使儿童的感受性更加敏捷、准确、精练。在蒙台梭利看来，学前阶段的儿童各种感觉特别敏感，处在各种感觉的敏感期，在这一时期如果不进行充分的感觉活动，长大以后不仅难以弥补，而且会使其整个精神发展受到损伤，因此，在幼儿时期进行各种感官教育显得至为重要。同时她认为，感官是心灵的窗户，感官对智力发展具有头等重要性，感官训练与智力培养密切相关。另外，她还认为，人的智力高低与教育有较大关系，通过感觉教育可以在早期发现某些影响智力发展的感官缺陷，并及时采取措施，使其得到矫治和改善。

蒙台梭利的感官教育包括视觉、触觉、听觉、嗅觉和味觉等感官的训练。视觉训练在于帮助幼儿提高度量的视知觉，鉴别大小、高低、粗细、长短、形状、颜色及不同的几何形体；触觉练习是帮助幼儿辨别物体是光滑还是粗糙，辨别温度的冷热，辨别物体的轻重、大小、厚薄；听觉训练是要使幼儿习惯于区分声音的差别，使他们在听声的训练中不仅能够分辨音色、音高，还能培养初步的审美和鉴赏能力；嗅觉和味觉的训练则是注重提高幼儿嗅觉和味觉的灵敏度。蒙台梭利希望通过这一系列的感官训练，使幼儿成为更加敏锐的观察者，促进和发展他们一般感受的能力，并且使他们的各种感受处于更令人满意的准备状态，以完成诸如阅读、书写等复杂的动作，也为将来进行数学的学习打下基础。

蒙台梭利的感官教育遵循着一定的原则和方法。她认为，感觉教育的实施应该遵循循序渐进的原则，并且她提倡幼儿根据自己的能力和需要进行学习，使幼儿在感官训练中通过自己的兴趣去进行自由的选择、独立操作、自我校正，去努力把握自己和环境。因此，在蒙氏的教育教具中都设有专门的错误控制系统，使儿童在操作过程中能按照教具的暗示进行“自我教育”。

五、读、写、算的练习

在是否让幼儿学习读写算的问题上，一般的心理学家认为，幼儿期的主要任务是获得生活经验，以及通过活动、游戏等形式去发展各种能力，不应过早学习文化知识。与此相反，蒙台梭利认为，3～6 岁的儿童已具备学习文化知识的能力，这种能力是与具有吸收力的儿童心理特点一致的，教育者应当利用这种能力，为儿童准备适当的教材、教具，并提供正确的学习途径。下面主要以写字为例简介蒙台梭利教幼儿学习的有关做法。

在“儿童之家”里，蒙台梭利打破常规，将写字的练习先于阅读的练习。她认为文字的书写关键在于握笔，即肌肉的控制能力，因此，主要通过触觉的训练就能循序渐进地过渡到书写练习。蒙台梭利识字法的程序大致如下：

第一阶段，练习执笔、用笔的机械动作，训练儿童的肌肉控制和握笔能力。属于手工作业的绘画练习可作为握笔能力训练的间接准备。

第二阶段，掌握字母的形体。大致可分为三个步骤：① 通过视、触、听觉相结合的练习，了解字母形体。② 辨认字母的形体。即当儿童听到某个字母的发音时，能从教师所给出的一些字母中辨认出该字母的形状，并选出来交给教师。③ 记住字母的形体。教师可将字母放在桌上，几分钟后，再问儿童：“这是什么?”以便儿童巩固记忆。蒙台梭利认为，通过上述步骤，儿童可以掌握字母。到儿童熟悉字母后，就可以给儿童一支笔，临摹字母，开始练习写字。

第三阶段，练习组字和词。由于意大利文的拼写和发音十分接近，因此这一点对儿童并不困难。蒙台梭利受德弗里“突变理论”的影响，认为儿童由于通过多次的触摸等活动，知道了字母的形状，很快就能“爆发”出写字的欲望和能力来。这时他们会连续地写，到处去写。蒙台梭利认为儿童的这种举动不是为了执行任务，而是服从内部的冲动。在“儿童之家”中，据说 4 岁的儿童毫不费劲地就学会了写字，这在当时曾被视作奇迹。

掌握了文字书写的技能之后，儿童再转入阅读学习。阅读教学及算术教学也都遵循由简单到复杂的程序，有时可采用生活中的实例，但主要的途径仍然是各种感官教具。

蒙台梭利经过实验，证明所有儿童都具有学习读、写、算的能力。她认为遗憾的是，人们并未认识到 6 岁前的幼儿已进入学习的敏感期，并否认他们有学习读、写、算的可能，这就严重影响了儿童的发展。

蒙台梭利的上述思想为儿童的早期文化教育提供了理论和范例，富于启迪和借鉴的意义。但也有人指责她的有关主张的缺点：其一，强调的是词汇的学习，而忽略了句子结构的学习；其二，按照她的语言学习“爆发式”的顿悟说观点，忽略了儿童之间以及儿童与成人之间语言交流的作用。

六、实际生活练习

蒙台梭利把身心协调、手脑结合的活动作为教育工作的关键，蒙台梭利教学法的全部要点也在于联合手与脑的动作。她声称：“自由就是动作”，“动作是生活的基础”，动作练习具有发展智力的目的，认为如果儿童在每个发展时期都能够从事适合其自然需要的、既动手又动脑的特殊工作，就将造就和谐的个性。

蒙台梭利的感觉训练和读写算的练习，在一定程度上是通过动作练习实现的，它们属于蒙氏教育体系中“发展的练习”。另一类练习则为实际生活训练，又称为“肌肉教育”或“动作教育”，主要包括以下几项：

1. 日常生活技能的练习

蒙台梭利认为，通过日常生活技能的练习，可培养儿童自我料理的能力，从而有助于儿童独立性的形成。此外，她还认为这种练习是一种要求神经系统与肌肉高度协调的综合性运动，对儿童的发展不无裨益。在“儿童之家”里，蒙台梭利设计了不少诸如练习走路、正确的呼吸、说话乃至开抽屉、开门锁、系鞋带、看书等一系列的练习和专门的教具。她要求儿童在练习时应掌握要领，力求将动作完成得准确、迅速。为此，还可将较为复杂的动作进行合理的分解，指导儿童有分有合地进行练习。她要求儿童进行的每一种动作，不仅要达到动作的目的，还要注意达到目的的方式。

2. 园艺活动

蒙台梭利接受了卢梭的影响，主张儿童应多到大自然中从事自由活动。她认为儿童从事在自然环境中进行的园艺活动有很多益处：其一，可使儿童脱离人为生活的束缚；其二，符合儿童的兴趣，有益于儿童的健康；其三，能练习动作的协调；其四，可发展儿童的智力；其五，可以发展儿童的预见性。

3. 手工作业

蒙台梭利的手工作业主要是指绘画和泥工。前面已提到，她主张儿童在学习写字前，先要学习绘画，以作为基础，故她将绘画称为写字的"间接法"。具体做法是：首先准备各种立体的图形作为教具，让儿童用手触摸图形的轮廓，再将形体放在纸上，要儿童将轮廓勾画出来，最后用色笔涂满所绘轮廓。至于泥工，即要儿童将泥土塑成各种器具或动物。蒙台梭利认为，泥工既可练习手的动作，也为儿童提供自我表现的途径。

4. 体操

蒙台梭利认为 3～6 岁的幼儿正处于锻炼肌肉的重要时期，为帮助儿童的肌体得到正常发展，应为他们设计各种体操练习。她认为此时最主要的体操练习应是走步。走步首先要学习保持身体平衡，为此她根据儿童的生理特点设计了一种"走线"（包括直线、椭圆形线与 8 字形线）的平衡练习。

5. 节奏动作

这种练习的目的是促进儿童动作的协调，发展节奏感。练习的第一步是要儿童在音乐中走路、跑步和跳跃，第二步是使儿童按乐调做出不同的节奏动作，最后发展到由儿童自由表演各种优雅的动作。

上述蒙氏教学法中不乏匠心独具且有价值的主张。总的来说，她要求手脑结合，身心和谐的幼儿活动的指导思想是可贵的；但与此同时，她也提出过一些导致争议乃至被不断批评的意见，主要表现在她把现实的活动同想象的活动对立起来。蒙台梭利反对儿童游戏，特别是批评福禄倍尔鼓励儿童想象的游戏，认为儿童只有从事真实的活动才能体现活动的目的性、责任感和其他社会性的品质。她也不赞成给儿童准备漂亮的玩具，认为与其给儿童假的洋娃娃，不如让他们接触真正的伙伴，从事真正的交往。蒙台梭利把她的教具统统称作教材，不叫玩具。

蒙台梭利之所以不赞成培养幼儿的想象力，主要出自两个原因：① 她所领导的"儿童之家"主要收容从小处于贫困家庭的贫民子女，如果倡导培养想象力，会导致儿童不切实际的空想；② 根据幼儿的身心特点，想象只能通过对现实世界的正确感知才能有积极意义，而幼儿正处在培养感知的阶段，所以不能在此时对他们提出发展想象力的要求。此外，我们还应看到，蒙台梭利的这些观点与她早年从事特殊教育的经历不无关系。对于低能儿童来说，进行个别的感官及生活技能训练是有益和有效的，而提出更高的要求则是不切实际的。由此而形成的观念及习惯对她后来从事正常儿童教育产生了较大的影响，反对培养幼儿的想象力就是这种影响的一种表现。

七、论教师

蒙台梭利根据自己的教育观对幼儿教师提出了以下要求：

1. 具备观察的素质，了解儿童特点

蒙台梭利认为，观察是一种科学方法，是了解儿童之路。教师只有努力使自己成为一位观察者，才能耐心地等待，不干涉儿童；尊重儿童的各种活动，使儿童自动地显示其需求。如此教师才能真正地了解儿童的精神，并给予适时与适量的帮助。因此她认为，善于观察应是教师必须具备的素质。

2. 善于指导或引导儿童

蒙台梭利认为，观察及了解儿童虽然重要，但不是教育的最终目的。教师的工作除了消极的观察，还应进行指导、引导及示范。在这方面教师主要有四项职责：① 不是直接教儿童方法和观念，也不能采用奖罚等手段，教师的职责是给儿童提供活动的环境及进行作业的教具，教师应成为环境的"保护者"与"管理者"；② 应是儿童的示范者，即教师应注意自己的一言一行，在仪容上要整洁，在风度上要自然、大方、文雅、端庄；③ 根据儿童的成熟程度，引导儿童选择相应的作业，然后促使他们通过作业，达到自我发现和发展。为了使儿童选择适当的教具，教师先要对教具有充分的了解，对每套教具的难度和在使用中所产生的内在兴趣都要有亲身体验，由此可推断出儿童在每项教具上将花费多少精力和持续多少时间；④ 指导的另一含义是维持良好的纪律和阻止不良行为。蒙台梭利主张教师必须在两个问题上约束学生：一是不允许冒犯和打扰他人，二是必须正确使用教具。

3. 成为学校与家庭、社区的联络者与沟通者

蒙台梭利认为，教师必须时常与儿童的父母及社区联系沟通，这是因为家庭与社区都是儿童的社会环境，并占据了儿童生活的大半，通过这种联系，有助于更新家长与社会的陈旧的教育观念，使学校与家庭、社会共同努力，从而有利于儿童的健康成长。

八、当代对蒙台梭利学说的评价及其影响

(一) 对蒙台梭利学说的评价

20 世纪 50 年代末以后，蒙台梭利的下述主张在美国等国又重新引起人们的注意并得到了肯定：

(1) 蒙台梭利重视早期教育的思想受到了支持。以前美国一些学者曾否定童年是认知发展的关键时期，60 年代以来，许多心理学家已抛弃了这一见解，现在人们已普遍承认从初生到 7 岁是儿童智力发展最快的时期，不应错过良机对儿童进行教育。

(2) 蒙台梭利对于儿童智力及心理发展的看法受到了肯定。蒙台梭利认为智力、心理的发展虽是由内驱力推动的，但既不是单纯的内部成熟，也不是环境、教育的直接产物，而是机体和环境相互作用的结果，后天的环境与教育能影响智力的发展。这种通过与环境交往获得经验，使儿童智力、心理得到发展的观点，得到了当代儿童心理学家皮亚杰与美国心理学家布鲁纳等人认知发展理论的赞同。现在人们已普遍接受了这一观点。

(3) 蒙台梭利强调的感官训练思想也受到重视。

(4) 蒙台梭利的敏感期及儿童心理发展的阶段论理论受到了现代心理学家的支持。

尽管不少人对蒙台梭利的教育主张予以肯定，但也仍然存在非议。主要集中在这样几个方面：① 对蒙台梭利感觉训练的评价。有些人仍然认为她的做法机械、呆板、烦琐、枯燥，所用教具脱离生活实际。② 蒙台梭利教育法限制了儿童的想象力、创造力，以及情感和语言的发展。③ 在儿童提早学习读、写、算问题上，有些教育家并不怀疑蒙台梭利从感觉训练开始，教儿童学习读、写、算的成就，但他们从珍惜儿童童年的立场出发而反对这一做法。

(二) 蒙台梭利在当代的影响

尽管蒙台梭利的学说从问世到当代，对它一直存在着批评意见，但蒙台梭利对幼儿教育的贡献及重要性已成为一个不可否认的事实，她被人们赞扬为“儿童世纪的代表”。

在英国，由于蒙台梭利的影响，蒙台梭利的方法和教材大量地渗透进传统的福禄倍尔幼儿园。前苏联在 20 世纪 50 年代时曾对蒙台梭利大加鞭笞，斥之为“反动理论”，到 70 年代则给予了某些肯定。

1969 年，蒙台梭利思想的推崇者在纽约成立了“进步的蒙台梭利国际协会”，自称“代表进步的蒙台梭利教育思想”，并提出了有组织的教育方案，要求

按照蒙台梭利的教育原则，应用现代教学技术，进行新的改革。1979 年，蒙台梭利的另一批信徒在华盛顿成立“国际蒙台梭利学会”，目的是向全世界传播蒙台梭利的新教育主张，力图使她的“通过教育改革社会，进而实现世界和平”的理想得以实现。

曾长期追随蒙台梭利工作的史但丁说过：“蒙台梭利教学法不是一个完结的方法，它如同生物继续生长着。”

第二节 蔡元培的儿童教育思想

一、蔡元培生平

蔡元培（1868—1940），字鹤卿，又字孑民，浙江绍兴山阴县（今绍兴县）人，革命家、教育家、政治家，中华民国首任教育总长，1916 年至 1927 年任北京大学校长，革新北大，开“学术”与“自由”之风。蔡元培为发展中国新文化教育事业、建立中国资产阶级民主教育制度做出了巨大的贡献。他的教育思想涉及面广，从教育方针、学制到教学方法，从高等教育到学前教育，从家庭教育到社会教育，他都有过许多论述。他的儿童教育思想主要体现在发表于“五四”前后的《新教育与旧教育之歧点》《贫儿院与贫儿教育的关系》《美育实施的方法》《美育》等著名篇章中。

二、“五育”并举的教育方针论

1912 年 2 月，蔡元培发表《对于教育方针之意见》的重要文章。在批判封建主义教育的基础上，根据资产阶级需要，为养成“共和国民健全之人格”，提出了军国民教育、实利主义教育、公民道德教育、世界观教育和美育这“五育”并举的教育方针。

1. 军国民教育即军事体育

蔡元培鉴于当时国家屡遭强国欺凌的国情，认为非提倡军国民教育不能强兵，并且要举国皆兵，进行军事训练。同时也十分重视体育锻炼，他视体育为培养共和国民健全人格的重要环节，他说：“健全的精神，必宿在健全的身体。”

2. 实利主义教育即智育

蔡元培认为,“今之世界恃以竞争者,不仅在武力,而尤在财力”。实利主义教育能给人以各种普通的文化科学知识,发展实业的知识和技能,以及一定的职业训练。这对发展国民经济、强国富民有着重要意义。他对基础教育非常重视,认为基础教育关系到国家人才的培养和成长。此外,他还重视学生智力的发展,他反对注入式的教学,主张学生自觉、自动地学习,养成独立思考的能力和习惯。

3. 公民道德教育即德育

蔡元培认为德育是完全人格教育的核心,是“五育”的“中坚”。军国民教育和实利主义教育必须以道德为根本。主张自由、平等、博爱作为道德教育的内容。关于道德教育的方法,他认为身体力行是道德教育的重要原则。

4. 世界观教育

蔡元培认为军国民教育、实利主义教育、公民道德教育是“隶属于政治之教育”,而“世界观则统三者而一之”。世界观的教育是“超越政治之教育”,其主要任务是培养人们超越现世之观念,而达于实体世界之最高精神境界,使人生变得更有价值,人格更趋完善。这是蔡元培教育理论的最高目标。

5. 美感教育即美育

蔡元培认为美育的作用在于“陶养吾人之感情,使有高尚纯洁之习惯,而使人我之见,利己损人之思念,以渐消沮者也”,只有通过美育才能有效地进行世界观的教育。

以上“五育”,他认为尽管各自的作用不同,但均是培养“健全人格”所必需的,是统一整体所缺一不可的,因此五育任何一育都不可偏废。蔡元培五育并举的思想,体现了德智体美和谐发展的全面教育思想。它是辛亥革命后资产阶级改革封建教育的需要,反映了发展资本主义对人才提出的要求,顺应了社会变革的潮流,同时也是改革学前教育的指导方针。

三、儿童教育主张:“尚自然”、“展个性”

1918 年,蔡元培发表了著名的讲话《新教育与旧教育之歧点》,他认为昔之教育,使儿童受教育于成人;今之教育,是使成人受教于儿童。他对违反自然、束约人的个性自由发展的旧教育深恶痛绝。他主张的新教育要崇尚自然、尊重儿童,让儿童自由发展。

四、学前儿童公育的理想

1919年，蔡元培在《贫儿院与贫儿教育的关系》这篇演讲中，提出了学前儿童公育的理想。他揭露封建家庭的黑暗及对儿童产生的种种不良影响后，主张不论哪个人家，要是妇女有了身孕，便进胎教院；生了子女，便迁到乳儿院；一年以后，小儿断乳，送到蒙养院受教育。他还提出胎教院等机构的设备，如饮食、器具、花园、运动场、装饰的雕刻与图画、书报等都要有益于孕妇或乳儿的母亲的身体与精神。

蔡元培的公育理想受康有为公育思想的影响，但他比康有为实际。他主张通过贫儿院的试验和推广，逐步以学前公共教育替代现行的家庭教育，最终实现学前儿童公育的理想。蔡元培对封建家庭教育的批判具有进步性，但儿童公育的理想显然也还是空想。

五、倡导学前儿童的美育

蔡元培是我国近现代美育的首倡者。1922年，他发表《美育实施的方法》一文，对实施美育的范围和时期、内容和方法作了全面、系统的论述。有关学前儿童美育的实施，他的主张有以下几个：

首先，主张从家庭教育、学校教育、社会教育三方面实施美育。学校美育方面，建筑和陈设都要合乎美的条件，学校还应开设音乐、图画、运动、文学等美育课程，并通过一切课程贯彻美育，向所有的学生进行普通美育的教育。此外，学校美育还包括专门美育，即开设各级音乐学校、戏剧学校、美术学校，培养专门的艺术人才。学生还应走出校门，去美术馆、剧院等接受社会美育。家庭要将美育寓于家庭生活之中。蔡元培关于家庭、学校、社会三结合的美育思想，对学前儿童美育起着导向作用。

其次，他设想通过胎教院、育婴院、幼稚园三级机构实施学前儿童美育。他把胎教作为美育的起点。胎教院的环境一定要优美，要使孕妇完全生活在平和活泼的氛围里，避免将不好的影响传到胎儿。胎儿出生后，要让婴儿及其母亲生活在自然美和艺术美构成的环境之中。

蔡元培把幼稚园视为"家庭教育与学校教育的过渡机关"。要在幼稚园里开展各种美育活动，使儿童不仅感受美，而且能表现美。幼稚园的美育，一方面通过舞蹈、唱歌、手工等"美育的专课"进行，另一方面要充分利用其他课内涵的美育因素。

蔡元培上述关于学前儿童美育方面的主张虽有脱离实际的地方，但是他重视学前儿童美育的基本思想和他所提出的一些合理要求，对我们今天的幼儿园教育教学活动也具有十分重要的指导作用。

第三节 张雪门的幼儿教育思想

一、张雪门的生平

张雪门(1891—1973)，浙江鄞县人，我国著名的学前教育专家。早在20世纪30年代，他就与我国的另一位著名学前教育专家陈鹤琴先生有“南陈北张”之称。他一生潜心研究学前教育，特别是幼稚园教育，经过长期的实践和理论研究，写出了近200万字的著作，大大丰富了我国学前教育思想宝库。在他的著作中，有关幼稚园课程方面的理论与思想占据极其重要的位置。这些著作主要包括《幼稚园的研究》《幼稚园课程编制》《课程组织法》《幼稚园教育概论》《幼稚园教材研究》《幼稚教育新论》《中国幼稚园课程研究》《增订幼稚园行为课程》等。他的幼儿教育思想涉及课程的本质、幼稚园课程的内容与来源、幼稚园课程的编制与组织等方面，而他的学前教育课程思想则集中地体现在他的“行为课程”的理论与思想。

二、行为课程理论的主要内容

(一) 课程的本质是经验与行为

研究课程，不能不探讨课程的本质问题。课程的本质，集中地反映课程的基本特性。那么课程是什么呢？从他的著述中我们可以看到，张雪门关于课程本质的理解在不同的时期发生了一些变化，经历了从“经验”到“行为”的转变。

在早些年份的著作《幼稚园的课程》中，张雪门认为，“课程是经验；是人类的经验，用最经济的手段，按有组织的调制，用各种的方法，以引起孩子的反应和活动。”幼稚园的课程是什么呢？“就是给三足岁到六足岁的孩子所能够做而且喜欢做的经验的预备。”

由此可见，课程就是经验。但是，需要注意的是，张雪门先生并不把所有的自然经验都看作课程。因为自然经验太零碎、太紊乱，自然经验的获得太不经济，自然经验仅有适合简单环境的常识，不足以供高深专业的需求。在他看来，课程是有选择的经验，是有价值的经验，“是适应生长基本价值的选品，随时代而变迁”。张雪门先生批判了当时学校把课程仅仅看作“知识”乃至“书本”的倾向，认为要改造民族，首先要打破有关课程的谬见，恢复课程的本来面目。课程的本来面目是什么？“课程原是人类生活有价值的经验。只为这些经验对于个人和社会都有绝大的帮助，所以人类要想满足自己的需要、适合社会的生活，便不得不想学得这些经验。”“其实课程的范围很大，技能、知识、兴趣、道德、体力、风俗、礼节种种的经验，都包括在课程里。”“课程非但是人类生活的经验，尤其是有价值的经验的选品。”这些经验不是一经过选定就固定不变的，而是随着时代需要有变迁，适应时代的经验于是也有变迁，而课程的内容更不得不随之而变。“所谓变更课程的内容者，不过适应当代的需要，以合于生长的原则罢了。”

课程是一个变化的范畴和概念，人们对于课程的理解也会发生变化，张雪门先生也是这样。在 20 世纪 30 年代，他把课程主要理解为经验，经过选择的有价值的经验和材料，这种经验随着时代的变化而变化。到 60 年代，他对课程的本质有了新的理解。在《增订幼稚园行为课程》中，张雪门提出了“行为课程”的概念，并系统论述了他关于行为课程的思想。何为行为课程？“生活就是教育；五六岁的孩子们在幼稚园生活的实践，就是行为课程。……这份课程包括了工作、游戏、音乐、故事等材料，也和一般的课程一样，然而这份课程，完全根据于生活：它从生活而来，从生活而开展，也从生活而结束。不像一般的完全限于教材的活动。”幼稚园课程应强调直接经验。行为课程“首先应注意的是实际行为，凡扫地、抹桌、熬糖、炒米花以及养鸡、养蚕、种玉蜀黍和各种小花，能够实际行动的，都应让他们实际去行动。从行动中所得的认识，才是真实的知识；从行动中所发生的困难，才是真实的问题；从行动中所获得的胜利，才是真实的驾驭环境的能力。游戏、故事、唱歌等教材虽然也可以表演，然而代表不了实际行为。”

从张雪门的上述论述中，我们可以看到，他对课程本质的理解从经验转到行为，只是从重点为经验转向重点为行为，或者说是注重经验到注重直接的经验。他强调让儿童在亲身的行动和活动中获得直接经验，这样的经验对儿童发展才更有价值。因此可以说，张雪门先生对幼稚园课程的理解更深入、更科学了。

（二）课程和教材来源于儿童直接的活动

课程是经过选择的有价值的经验，是儿童的直接的、实际的行为和活动。

课程是儿童生长需要的材料。而儿童不仅是自然的人，也是社会的人。因此，为儿童发展所选择的经验，必须具有社会意义，同时又必须适合儿童发展的需要，但首先应从儿童的生活环境中搜集材料。这些材料的来源，“仍不外由于儿童的本身和其所接触到的环境”。也就是说，幼稚园课程来源于学前儿童直接的活动。

那么，儿童的直接的活动有哪些呢？张雪门认为，可以构成儿童课程来源的直接的活动有如下四种：① 儿童自发活动；② 儿童与自然界接触而产生的活动；③ 儿童与人事界接触而产生的活动；④ 人类聪明所产生的经验，而合于儿童的需要者。

教材是课程的支柱，是课程目标的具体实现手段。课程确定以后，选择和编写教材就成为非常关键的因素。根据这四种活动及其要求，张雪门把幼稚园课程划分为以下具体内容，这些具体内容就形成了幼稚园的教材。

首先，张雪门先生确定了选择幼稚园教材的标准或条件。他认为，教材的功能在于满足儿童的需要，自然应在儿童的生活里选材。教材应该从儿童的直接经验中选择有价值的部分，加以合理的组织。但是仅仅这样，显然还是不够的。真正适合儿童发展的教材，应该符合以下四个条件：

1. 教材必须合于现实社会生活的需要

儿童必须学习人类积累下来的经验。但是，由于社会的发展是变化的，人类积累的经验的价值也是变化的。从古代遗传下来的有价值的经验，不一定符合现实生活的需要，有的甚至会阻碍社会的发展。而儿童是现实生活中的儿童，他们是要在现实生活中学习和发展的。因此，为了儿童选择的经验，应该适合现实生活的需要。

2. 教材必须合于社会普遍生活的标准

由于我国幅员辽阔，从城市到农村，从沿海到内地，从北到南，各地差异比较大，所编写的教材，不能把全国各地的所有情况都照顾到，而各地的情况又是时刻在变化的，因此，教材应该符合社会普遍生活的标准，只能注意最大多数的普遍要求。

3. 教材必须合于儿童目前生长阶段的需要

进幼稚园的儿童，他们“非动作无以促进生活的健全，也非动作无以满足好奇的欲望……不是动这样，便是动那样。动作是整个的，其流转演变，无痕迹可分，知识技能……仅为动作的结果而已！所以教材要适合儿童生长现阶段中的需要，就得看能不能抛开分类的抽象知识，变成了直接的具体的行动。”

4. **教材必须合于儿童目前的学习能力**

教材应适合现代儿童的学习能力，诸如摇船、荡秋千等，可以用来联系儿童的平衡感；用抛球可以发展儿童的投准，用堆积木、修铁道、盖楼房、种玉米等，可以培养儿童的合作精神与能力，等等。

上述四种标准不是各自分裂的，而是互相联系的。选择教材，应该进行全面的思考。

（三）幼稚园课程的特点和编制

幼稚园课程是为幼稚园的儿童所设计和准备的，应能促进儿童健康活泼的发展。因此，幼稚园课程必须适合儿童的年龄特点。那么，这样的课程应该具有什么特点呢？

1. **"整个的"**

幼稚园的课程不能像中学和大学的课程一样采用分科组织，而是"一种具体的整个活动"。在幼稚园，各种科目都变成儿童生活的一面，不能分而且不必分。"不独这科与那科不分，有时候甚至一种科目当作儿童自己生活之表现，科目与人都无法分了。"

2. **"直接的"**

中小学的课程多偏重于间接经验，而幼稚园的课程应注重儿童的直接经验。让儿童通过亲身活动来获得经验，对儿童具有更大的发展价值。

3. **偏重个体发育**

中小学时期，课程虽然也注意儿童的生理与心理需要，但不像幼稚园时期分量大。幼稚园时期，儿童正处于6～7岁以下，其身体的发展比其他任何时候都迅速，而且儿童的情绪、兴趣、性情等心理的发展，都与这个时期有密切关系。因此，幼稚园课程应更多地重视儿童本体，而不是较多地强调社会制约性，同样不能过多地强调间接经验和知识。

张雪门认为，编制幼稚园课程时应特别注意三点：

（1）幼稚生对于自然界和人事界没有分明的界限；他们看宇宙间的一切的一切，都是整个儿的。

（2）幼稚生时期，满足个体的需要，实甚于社会的希求；编制课程时，不能忽视社会的希求，但更应注意儿童现在的需要和能力。

（3）幼稚园的课程，应根据儿童自己直接的经验。因此，幼稚园的课程，不能是学科式的；学科式的课程是不适合儿童生活的。

根据幼稚园课程的特点，张雪门构建了幼稚园课程结构和相应的教育目标，认为幼稚园课程由游戏、自然、社会、工作和美术、故事和歌谣（言语与文学)、音乐、常识等方面组成。每一方面都包括许多具体的内容。

① 游戏活动:感觉游戏、竞争游戏、社会性游戏、猜测游戏、表演游戏、节拍游戏等;

② 自然活动:饲养小动物、种植植物、观察自然现象、旅游参观、科学小实验等;

③ 社会活动:有关家庭的认识活动、参观附近的社会场所和设施、了解各种职业的活动、了解其他社会团体的活动、节日和纪念日活动等;

④ 工作和美术活动:参加家庭与学校的工作、模拟成人的职业工作、模仿成人家庭的工作、美术工艺活动等;

⑤ 言语与文学活动:自由谈话、特殊谈话、有组织的团体谈话和活动、述说故事(动物故事、神仙故事、浅近的科学故事、笑话、寓言、名人故事、传说)和歌谣(儿歌、民歌、谜语、游戏歌)等;

⑥ 音乐活动:听音乐、辨音、拟音、唱歌、演奏简单的乐器等;

⑦ 常识活动:关于衣、食、住、行方面的生活活动,关于家庭、邻里、工厂、商店、公共机关和社会团体方面的认识活动,关于节日和纪念日的活动,以及其他自然方面的活动。

(四) 幼稚园课程的编制

如何编制幼稚园课程?张雪门认为首先必须明确“儿童是什么”。为此,他提出了五个小问题:儿童是不是和空的东西一样?儿童是不是和植物一样?儿童是不是和动物一样?儿童是不是从不完备到完备的一段里程?儿童究竟是什么?

儿童是生长的有机体。儿童的全部生活都是生长的一段,他有自己的生理和心理。他用自己的生理和心理,与其当时的环境相接触,因而发生交互的反应,促进自己的生长。这就是儿童的本体。

儿童因身心与环境相互作用的结果而生长,在这种生长的过程中,儿童获得的是经验。人类的经验按其性质分为三种:认识、知识、技能。这三种经验不一定能同时获得。而即使获得的经验,也要经过重新构建和改造。按范围来讲,经验有自然经验和人为经验。自然经验无目的,在生长上是堆积的经验;人为的经验是有目的的,按一定的步骤所获得的,在生长上是有机的经验。

第四节 陶行知的学前教育思想

陶行知是我国著名的人民教育家、民主革命家、中国民主同盟的主要领导人之一。他一生经历许多艰辛和危难，对改革中国旧教育、建立适合中国实际的新教育，进行了不懈的探索和实践。他的幼儿教育思想与实践，是他留下的宝贵财富的一部分。

一、幼儿教育实践活动

晓庄师范学校建立后，1927 年 11 月，陶行知在陈鹤琴、张宗麟的协助下，创办了我国第一个乡村幼儿园——南京燕子矶幼稚园。以后，又创办了晓庄幼稚园、和平门幼儿园、新安幼儿园等。

1931 年，陶行知为推行普及教育，创办了“自然学园”、“儿童科学通讯学校”，编辑出版了《儿童科学丛书》和《儿童科学活动指导》。1933 年，组成中国普及教育促进会，以后又提倡小先生制。1939 年 7 月，他在重庆合川创办育才学校，培养由于日本侵华造成的难童。他在育才学校实施生活教育理论。他将学生的学校教育与社会教育、普通教育与专业教育、知识教育与生产劳动教育、课堂教学与课外实践、认真学习前人经验与发挥学生的创造精神等较完美地结合起来，把育才学校办成了一个现代教育史上新型的学校。他根据因材施教原则，在课外设社会科学、自然科学、文学、美术、音乐、戏剧、舞蹈等组，培养人才的幼苗。

二、生活教育理论

(一) 生活教育理论的产生与确立

由陶行知创立的生活教育理论，是在批判传统教育、吸收改造杜威实用主义教育思想的基础上，探索普及大众教育的实践中产生的。他认为清末以来建立的新式教育，实质上仍是旧的一套，这种教育仍以书本为中心，脱离实际。这种教育，只能为少数少爷、小姐享用，而与民众生活无关。

在批判传统教育基础上，陶行知接受杜威的教育主张。杜威主张教育即生活，而不是生活的预备，主张将学生的学习与实际生活相联系，这种观点在反传统教育上很有意义，在"五四"前后有很大影响。陶行知也曾作为宣传者、倡导者，并且在杜威的"民主主义教育"思想影响下，大力开展平民教育活动，然而却没有得到广大劳苦民众的欢迎。在不断的实践中认识到必须从中国实际出发，探寻新路。他逐步酝酿出一个新的教育理论体系，这便是在办晓庄学校时期所形成和确立起来的生活教育理论。

(二) 生活教育的主要内容

陶行知将杜威的实用主义教育理论进行改造，形成了生活教育理论，主要内容是"生活即教育"、"社会即学校"、"教学做合一"。

1. 生活即教育

他把杜威的"教育即生活"进行改造。二者都反对传统教育脱离实际，反对教育是生活的准备。但陶行知认为二者有不同之处，杜威的"教育即生活"，指教育必须从个人的实际生活出发，而"生活即教育"，是以实际生活为教育源泉，教育领域才宽广。

"生活即教育"包括以下含义：

(1) 生活是教育的源泉。

(2) 是生活就是教育。

(3) 是供给人生需要的教育，不是作假的教育，是为生活向前向上的需要而教育，是使生活发出真力量的"真教育"。

2. 社会即学校

这是对杜威的"学校即社会"的改造。陶行知认为"学校即社会"是把社会生活组织到学校中来，使学生在学校中受到"大社会"所需要的训练。他认为必须把受教育者放到大自然、大社会中去接受训练。这是陶行知苦心探索普及大众教育的"穷办法"，在大社会中，一切有专长的人都可以传授知识，如农夫、村妇、渔人、樵夫都可以做先生，又都是学生；马路、弄堂、乡村、工厂、店铺、监牢、战场，凡是生活的场所，也都是教育的场所。

3. 教学做合一

这是陶行知的教育理论，体现了他的"行是知之始，知是行之成"的基本哲学思想。他认为"教学做"是要解决传统教育学非所用、用非所学的问题。在教学做三者中，他强调"做"是中心，在做上教的是先生，在做上学的是学生，又强调"行"是知识的源泉，提出"在劳力上劳心，以期理论与实践之统一"。他还反复强调"教学做"是一件事，不能分开。

(三) 生活教育理论的实质

陶行知生活教育理论是在晓庄学校的办学实践中逐步形成的，在办育才学校时期达到成熟的阶段。这种思想受杜威实用主义教育思想的影响，但不是杜威教育思想的简单翻版。生活教育理论体系的建立和完成的过程，也是陶行知逐步改造和摆脱杜威教育思想束缚的过程。

生活教育理论是建立在唯物主义认识论的基础之上的，他在教育实践中逐步摆脱了杜威的经验主义哲学。从生活教育理论的性质来看，它体现了新民主主义教育的特色。陶行知的生活教育理论形成的过程，是他以"在中国教育里摸黑路"的精神，艰苦地探寻适合中国民族特点的教育思想的过程。抗战爆发后，他将生活教育理论与实践，与反日民族解放斗争联系起来，使其教育思想更凸显民族性特点。

生活教育理论也是科学的。所谓科学的就是反对封建思想、迷信思想，主张实事求是，尊重客观真理，主张理论与实际统一。生活教育理论正是具有尊重实际与生活打成一片，强调客观真理的鲜明特点。

他认为生活教育的特质是大众的教育、大众自己办的教育、大众为生活解放而办的教育。

三、论学前教育的意义

陶行知认为教育与生俱来，与生同去，出生即是破蒙，进棺材才算毕业。这是一种终身教育的思想，其中尤其重视学龄前这段的教育，他指出："人格教育，端赖六岁以前之培养。凡人生之态度，习惯，倾向，皆可在幼稚时代立一适当基础。"因此强调了儿童早期教育的重要。

1926 年 10 月，在《新教育评论》上他发表《创设乡村幼稚园宣言书》，更具体地指出"幼儿教育实为人生之基础，不可不趁早给他建立得稳"。陶行知主张，儿童 6 岁以前的教育，是人生的基础教育，这个时期将打下个人的人格、智力、体格的基础，并且这个基础一旦奠定，便不易改变。6 岁以前是儿童求知的好时期，决不可任意放弃，失掉了这个时机，便减少了很大的人类的造就。

由此，陶行知主张普及教育，不仅要普及小学，也要普及幼儿教育。陶行知从人类自身发展的需要和国家的前途的双重意义，阐发了学前教育的重要意义。他一生普及教育的探索，也包含了普及幼儿教育的实践。

四、论学前教育的服务方向

陶行知尖锐地指出，旧时的学前教育是富贵人家和伪知识阶级的专利品，失去了幼稚教育造就国民后代的意义。造成这种状况的原因是当时的幼稚园害了"三种大病"：一是外国病，即仿效外国，不适国情；二是花钱病，即处处模仿外国，花费过多；三是富贵病，即所收儿童多属贵族。这样的幼稚园自然平民子弟是没有份的。陶行知认为幼儿教育最应该服务的对象是广大工人和农民，最应该办幼稚园的地方是工厂和农村。因为这种幼稚园有利于儿童教育，有利于女工精神解放，同时也能对农民进行切实的帮助。

陶行知在工厂和农村开辟幼儿教育新大陆的思想，是他坚持幼儿教育要为工人农民而服务的方向，他号召应该开展一个幼稚园下厂、下乡的运动。他主张要办中国的、省钱的、平民的幼稚园。他认为要办好中国的工厂和乡村的幼稚园，最关键的问题就是要打破对外国的盲目崇拜，要建立中国式的幼稚园，使幼稚教育适合国情。

五、论创造的儿童教育

陶行知指出："儿童的生活，是一面社会的镜子。"他认为好的幼儿教育要使儿童自己创造出自己的乐园，这是陶行知极力提倡对儿童进行创造教育的真谛。

陶行知是我国创造教育的首创者。他认为儿童有很强的创造力，儿童的创造力是人的才能之精华。发挥加强培养这种创造力，便是教育的任务。教育的作用是启发解放儿童的创造力。

（一）认识儿童的创造力

教育工作者要把自己摆进儿童的队伍里，成为孩子当中的一员，加入到儿童的生活中。只有这样才可以认识小孩子的创造力。陶行知在他的教育实践中，遇到了很多事例，都证明孩子有创造力。

（二）解放儿童的创造力

陶行知认为，发现了儿童有创造力，认识了儿童有创造力，就须进一步把儿童的创造力解放出来。具体他曾提出六大解放：

（1）解放儿童的头脑。

（2）解放儿童的双手。

（3）解放儿童的眼睛。

（4）解放儿童的嘴巴。

（5）解放儿童的空间。

（6）解放儿童的时间。

（三）培养儿童的创造力

陶行知认为培养儿童创造力的措施有以下几个：

（1）需要充分的营养。

(2) 建立良好的习惯。

(3) 因材施教。

(4) 发扬民主。民主运用在教育上有三点:① 教育机会均等;② 宽容和了解;③ 在民主生活中学民主。

六、论艺友制的幼稚师范教育

师范教育思想是陶行知教育思想的重要方面。在幼稚师范教育方面,其特色方法是艺友制的运用。

何为艺友制?为何要用艺友制?他在《艺友制师范教育答客问》一文中做了说明。他说:"艺友制是什么?艺是艺术,也可作手艺解。友就是朋友。凡用朋友之道教人学做艺术或手艺便是艺友制。""凡用朋友之道教人学做教师,便是艺友制师范教育。"

艺友制便是学生(称艺友)与有经验的教师(称导师)交朋友,在实践中学习当教师,方法是边干边学。艺友制的办法培养了一部分幼儿师资,为学前教育的发展创造了条件。艺友制的幼稚师范教育的最大的特点也是优点是:首先,学生在幼稚园中实地学习,克服了师范教育脱离实际的现象;第二,是在不可能迅速建立大批师范学校的情况下,亦能培养有质量的师资;第三,节省时间,一年半到两年结业,缩短幼师 3 年的毕业期限。

同时,陶行知也强调,艺友制的幼稚师范教育,不是培养师资的唯一方法,它应与普通幼稚师范学校"相辅而行",不能用来替代师范学校。师范学校不能废除,而应当根本改造。

第五节 陈鹤琴的幼儿教育思想

现代儿童教育家陈鹤琴,是我国学前教育和儿童心理研究的开拓者和奠基人,他对我国幼儿教育事业做出了杰出的贡献。

一、陈鹤琴幼儿教育实践活动

1923 年春,陈鹤琴在自己家里创办南京鼓楼幼稚园,亲任园长。不久又以该园作为南京大学教育科的幼教实验园地,建立了我国第一个幼教实验中心，开展了幼稚园的课程、设备、故事、读法以及幼稚生应有的习惯和技能等项实验研究。

1927 年 3 月，陶行知创办南京晓庄试验乡村师范学校。陈鹤琴兼任该校指导员及第二院（幼稚师范院）院长，支持晓庄师范创办乡村幼稚园，同年任南京特别市教育局学校教育课课长，着力整顿中小学教育和幼稚教育。他发起组织幼稚教育研究会，创办我国最早的幼稚教育研究刊物《幼稚教育》（1928 年改为《儿童教育》）并任主编。1929 年 7 月，中华儿童教育社在杭州成立，他担任主席。1928 年 5 月，在蔡元培主持召开的第一次全国教育会议上，他与陶行知共同提出《注重幼稚教育案》7 条。

1934 年 7 月至次年 3 月，陈鹤琴赴英、法、德、苏、意等 11 国考察教育。回国后积极介绍欧洲先进教育经验，特别是苏联推行普及教育和儿童教育的经验，并在教育实践中作为借鉴。

抗日战争全面爆发后，陈鹤琴先后担任上海国际救济会常务委员会兼教育组负责人和上海国际红十字会教育委员会主任，负责领导开展难民中的儿童教育、成人教育和职业教育，以后又任上海慈善团体委员会教育委员会主任。为收容和教育流浪儿及孤儿，他发起组织儿童保育会，任理事长，并创办儿童保育院和报童学校 10 所。

1940 年赴江西筹建幼稚师范。10 月 1 日江西省立实验幼稚师范学校——我国第一所公立幼稚师范学校便诞生于江西省泰和县文江村，由陈鹤琴任校长，全面实验“活教育”，以实现其办中国化幼稚教育，由中国人自己培养中国化幼教师资的宏愿。期间，他创办《活教育》月刊，任主编。

1945 年 9 月，陈鹤琴被聘为上海市教育局督导处主任督学，负责接管外国人办的中小学 30 余所。同年创办上海市立幼稚师范学校（1947 年 2 月改为市立女子师范学校）并任校长，继续实验活教育，复办《活教育》月刊，并编写了《活教育——理论与实施》、《活教育的创造》、《活教育的教学原则》等，建立了活教育的理论体系。

中华人民共和国诞生后，陈鹤琴历任第一届至第五届全国政协委员、中国人民保卫儿童全国委员会委员、全国文字改革委员会委员，同时先后担任南京大学师范学院院长兼幼教系主任和南京师范学院院长。期间，他亲自开设儿童心理学、教育史等课程，并创立了包括托儿所—幼儿园—幼儿师范学校—幼教系、儿童教育研究室和儿童玩具研究室以及附设玩具工厂等一套完整的教学、科研、生产三结合的学前教育体系。

受“左”的思潮的影响，20 世纪五六十年代陈鹤琴的活教育思想受到全盘否定，1959 年被迫离开教育岗位。拨乱反正后，重新恢复了陈鹤琴作为著名教育家的地位。1979 年起，他出任江苏省人民代表大会常务委员会副主任，九三学社中央委员会常务委员，并当选为中国教育学会名誉会长、全国幼教研究会名誉理事长、江苏省心理学会名誉理事长。1980 年他患了脑血栓病，经抢救后双腿瘫痪。1981 年"六一"儿童节时，他虽行动不便仍题词："一切为儿童，一切为教育，一切为四化。"1982 年病情加重，当他连说话都困难时还对友人写下"我爱儿童，儿童也爱我"的肺腑之言。1982 年 12 月 30 日，陈鹤琴在南京逝世，终年 90 岁。

陈鹤琴毕生致力于中国教育的改造和儿童的教育事业。从普通教育到师范教育，从家庭教育到学校教育到社会教育，从婴幼儿教育到青少年教育，从一般正常儿童的教育到特殊儿童的教育，从普及教育到新文字运动，他都做过全面深入系统的探索和研究。他开创了我国儿童心理、学前教育的科学研究工作，并促使家庭教育科学化、幼儿师范教育系列化。陈鹤琴无愧为我国现代著名的教育家和幼儿教育专家，他所留下近 400 万字的著作，也是我国教育史特别是学前教育史上的宝贵财富。我们应当学习其献身精神和创业精神，继承和发展其教育思想，为创建具有中国特色的社会主义学前教育体系而努力。

二、活教育理论

陈鹤琴自 1940 年在江西省立实验幼稚师范学校时开始提出"活教育"思想，经过几年的教育实验，直到 1947 年在上海逐步整理出"活教育"的理论体系。什么是活教育呢？他针对陶行知揭露旧教育的弊端，将其表述为："教活书，活教书，教书活；读活书，活读书，读书活。"

陈鹤琴的活教育理论体系，包括目的论、课程论、方法论，以及教学原则、训育原则等。

（一）目的论

陈鹤琴指出活教育的目的就是"做人、做中国人、做现代中国人"。这样的人应该具备的条件是：一要有强健的身体，二要有建设的能力，三要有创造能力，四要有合作的态度，第五要有服务的精神。抗战胜利后，他进一步提出"做人、做中国人、做世界人"、"爱国家、爱人类、爱真理"的要求，说明陈鹤琴的活教育目的论不仅体现了他的爱国主义精神，也反映了他具有放眼世界的胸怀。

（二）课程论

陈鹤琴指出："大自然、大社会都是活教材。"陈鹤琴认为大自然、大社会才是活的书、直接的书，应该向大自然、大社会学习，获取知识经验。

（三）方法论

活教育方法论的基本原则是“做中教、做中学、做中求进步”。活教育重视直接经验，他认为“做”就与事物发生直接接触，就获得直接的经验，就知道做事的困难，就认识事物的性质。

（四）教学原则

根据“心理学具体化，教学法大众化”的指导思想，他提出了活教育的17条教学原则，即：① 凡儿童自己能够做的，应当让他自己做；② 凡儿童自己能够想的，应当让他自己想；③ 你要儿童怎样做，应当教儿童怎样学；④ 鼓励儿童去发现他自己的世界；⑤ 积极的鼓励，胜于消极的制裁；⑥ 大自然、大社会是我们的活教材；⑦ 比较教学法；⑧ 用比赛的方法来增进学习的效率；⑨ 积极的暗示，胜于消极的命令；⑩ 替代教学法；⑪ 注意环境，利用环境；⑫ 分组学习，共同研究；⑬ 教学游戏化；⑭ 教学故事化；⑮ 教师教教师；⑯ 儿童教儿童；⑰ 精密观察。

以上17条教学原则可以综合概括为活动性（做）原则、儿童主体性原则、教学法多样化原则、利用活教材原则、积极鼓励原则和教学相长的民主性原则等，其基本精神为当代心理学和教育学的科学研究所证实。

（五）训育原则

他提出的训育原则有：① 从小到大；② 从人治到法治；③ 从法治到心理；④ 从对立到一体；⑤ 从不觉到自觉；⑥ 从被动到自动；⑦ 从自我到互助；⑧ 从知到行；⑨ 从形式到精神；⑩ 从分家到合一；⑪ 从隔阂到联络；⑫ 从消极到积极；⑬ 从“空口说教”到“以身作则”。

以上13条训育原则，揭示了道德的认知、情感和行为表现的内外统一和相互促进，充满了辩证法思想，符合道德教育的基本规律。

活教育是“五四”新文化运动浪潮下对封建旧教育的有力批判，也是抗日战争社会背景下时代精神的体现，活教育是对欧美新教育思想的吸收和再创造，更是陈鹤琴长期教育实践的经验总结和理论探索的结果。尽管活教育理论有其历史和领域的局限，但却非常适宜于当时的学前教育领域。

三、论儿童的发展与教育

陈鹤琴从1920年冬开始，以其长子一鸣为研究对象，在儿童的动作、能力、情绪、言语、游戏学美感等方面，逐日对其身心发展变化和各种刺激反应进行周密的观察和实验，作了详细的文字记录和摄影记录，写成《儿童心理之研究》一书。他在书中阐述了儿童心理发展的一般规律与年龄特征，揭示了儿童形成心理特征和道德品质、掌握知识与技能以及发展智力和体力的心理过程。20世纪50年代初，陈鹤琴结合教学完成了《儿童心理学》讲稿，进一步系统地论述了儿童从新生到幼儿成长过程中所产生的一切变化。他对儿童身心发展进行了缜密的研究，为我国儿童教育的科学化提供了坚实的基础。

（一）儿童期对人生和教育方面的意义

儿童期包含两方面意思：一方面儿童期是发展能力的时期，另一方面儿童期具有可以发展的性质，此即所谓可塑性或谓可教性。幼稚期（自出生至七岁）是人生最重要的一个时期，应当把幼稚期的教育当作整个教育的基础。

（二）幼儿的心理特点与幼稚教育

陈鹤琴通过揭示幼儿的心理特点来提出教育教学原则。他认为儿童不是“小人”，“儿童的心理与成人的心理不同，儿童时期不仅作为成人之预备，亦具有他本身的价值，我们应当尊敬儿童的人格，爱护他的烂漫天真。”幼儿具有以下几个主要特点：

1. 好动

对于儿童的这种好动心，家长及教师要正确对待，应当给他们充分的机会，适当的刺激，使儿童多与万物接触，儿童就是通过“他玩这样弄那样，就渐渐地从无知无能的地步，到有知有能的地步”。

2. 好模仿

他对儿童模仿动作的分类与发展进行了研究，认为：

（1）模仿的动作与所模仿的动作不是一样的。

（2）模仿只在初做的时候，后来继续所做的动作，是感觉这个动作的快乐而做的，并不是模仿了。

（3）儿童的模仿能力是有差异的，并有一个发展过程。

（4）儿童模仿是无选择的。

3. 好奇

陈鹤琴指出：“儿童凡对于一切新的东西就生出好奇心。”陈鹤琴认为新异的刺激能激起儿童的好奇心。这种新异有两种：一种是事物本身所具有的，另一种是事物与事物相接触而发生的新异。陈鹤琴还指出：好奇心不是永久不变的，是随年岁而发展的。

4. 好游戏

陈鹤琴对游戏作了深刻的研究，形成了他自己的游戏理论：

（1）游戏的种类。

（2）游戏的发展。

(3) 游戏的价值。陈鹤琴认为“小孩子生来好动的，以游戏为生命的”。他认为游戏的教育价值有：第一，发展身体；第二，培养高尚道德；第三，能使脑筋锐敏；第四，为休息之灵丹。

5. 喜欢成功

他认为成人应当利用这种心理去鼓励他做各种事情。儿童的自信力与成就可以互相为用。

6. 喜欢合群

要利用好群的心理教育孩子，要给他良好的小朋友作朋友，应给他驯良的小动物作伴侣，应给他小娃娃之类的玩具以聊解他的寂寞。

7. 喜欢野外生活

他告诫做父母或做教师的，不要总不放心让孩子到外面去，不要怕身体疲劳、弄脏衣服、感冒风寒，做教师的则不要怕麻烦而不愿多事，要创造使学生与自然界相接触的良好机会。

8. 喜欢称赞

成人应用言语、动作、表情来鼓励他。做父母的教育小孩子时，应当利用赞许心，但不可用得太滥，以免适得其反。

(三) 学前儿童的发展阶段与教育

陈鹤琴认为必须把儿童的生活过程分成几个段落来加以研究，儿童时期的重要在于他是人类独立人格生活的奠基。陈鹤琴根据自己多年的观察和实验的研究成果，主张把新生到学前儿童时期分成四个阶段，每一阶段，都包含一个特征，这四个阶段即：

(1) 新生婴儿期——新生。

(2) 乳儿时期：新生后到1岁左右。

(3) 步儿时期：1岁左右到3岁半左右。

(4) 幼儿时期：3岁半左右到6岁左右。

陈鹤琴按照儿童发展的有序性，揭示了每一阶段的发展特点，并确定了与各发展阶段相适应的教育重点。

如步儿期儿童发展特点是，第一，行走的发展；第二，言语的发展。针对儿童的发展特点，他提出的教育重点是；第一，行走教育；第二，言语教育。

陈鹤琴一贯重视对儿童生理和心理发展特点的研究，要求把教育建立在科学的基础上。他说：“儿童不是成人的缩影，而是有他独特的生理、心理特点的。幼儿期是身体和智力发展的极为重要的时期，必须掌握其特点，掌握其生长发展的科学规律，才能把幼儿教好、养好。”

四、论家庭教育

陈鹤琴所著的《家庭教育》以及 20 世纪 30 年代后陆续发表的《怎样做父母》等论文论述了家庭教育的科学化、民主化、游戏化、艺术化。这些论著既有理论也有实践，融生理学、心理学、教育学、社会学、美学等基本知识于一体，涉及儿童家庭教育的方方面面，可说是具有中国特色的儿童家庭教育“百科全书”。陈鹤琴的家庭教育思想，主要有以下内容：

(1) 把家庭教育作为关系到国家前途、命运的大事。

(2) 要把科学地了解儿童作为实施家庭教育的依据。

(3) 要把教育功能自然地渗透于家庭生活的各个方面。

五、论幼稚园教育

陈鹤琴撰写了《现代幼稚教育之弊病》以及《我们的主张》《幼稚教育之新趋势》《战后中国的幼稚教育》等论文来阐述关于开办幼稚园的主张，同时，通过创办鼓楼幼稚园，实验研究有关幼稚园的教育、教学及教材、设备等，探索中国化幼稚教育的道路。

(一) 办好幼稚园的 15 条主张

(1) 幼稚园是要适应国情的。

(2) 儿童教育是幼稚园与家庭共同的责任。

(3) 凡儿童能够学的而又应当学的，我们都应当教他。

(4) 幼稚园的课程可以用自然、社会为中心。

(5) 幼稚园的课程须预先拟定，但临时可以变更。

(6) 幼稚园第一要注意的是儿童的健康。

(7) 幼稚园要使儿童养成良好的习惯。

(8) 幼稚园应当特别注重音乐。

(9) 幼稚园应当有充分而适当的设备。

(10) 幼稚园应当采用游戏式的教学法去教导儿童。

(11) 幼稚生的户外生活要多。

(12) 幼稚园多采取小团体的教学法

(13) 幼稚园的教师应当是儿童的朋友。

(14) 幼稚园的教师应当有充分的训练。

(15) 幼稚园应当有多种标准随时考查儿童的成绩。

（二）幼稚园的课程理论

陈鹤琴的实验研究是探求适合幼儿身心发展特点的幼稚园课程。其课程思想的主要内容有以下几个方面：

1. 课程应为目标服务

目标规定幼儿要做有合作的精神、同情心、服务的精神的人，要有健康的体格，养成卫生的习惯，并有相当的运动功能。教师应有研究的态度、充分的知识、表意的能力去开发儿童的智力。要使幼儿能欣赏自然美和艺术美，养成欢天喜地的快乐精神，消泯惧怕情绪。

2. 课程应以自然和社会为中心

自然和社会这两种环境是儿童天天接触到的，应当成为幼稚园课程的中心。

3. 课程应实验“整个教学法”

陈鹤琴不主张幼儿园分科教学，提倡“整个教学法”，就是把儿童所应该学的东西整个地、有系统地去教儿童学。

4. 课程应当采用游戏式、小团体式等的教学方法

陈鹤琴认为儿童在游戏中、在活动中学习，会有事半功倍的效果，还主张多采用小团体的教学法等多种方法。

5. 课程应当有考查儿童成绩的标准

陈鹤琴认为回答幼稚园应当教什么，幼稚生做什么，做到什么地步，程度怎样得有种种标准。

总之，课程中心制是编制课程的一种方式，指幼儿在园一天的所有活动包括教育、教学的各种教材、内容、范围和方法等的安排运用，都围绕自然和社会这个中心，组成一个个单元来实施。今天我们来看这种以儿童生活、儿童经验、儿童活动为中心的课程，基本上属于活动课程模式。

（三）“五指活动”思想

陈鹤琴提出的幼稚园课程思想，包括“五指活动”。陈鹤琴说：“五指，是活的，可以伸缩，互相联系。课程是整个的、连贯的。依据儿童心身的发展，五指活动在儿童生活中结成一个教育的网，有组织有系统，合理的编织在儿童的生活上。”五指活动的五个方面是：

(1) 健康活动，包括饮食、睡眠、早操、游戏、户外活动、散步等。

(2) 社会活动，包括朝夕会、周会、纪念日集会、每天的谈话及政治常识等。

(3) 科学活动，包括栽培植物、饲养动物、认识环境等。

(4) 艺术活动,包括音乐(唱歌、节奏、欣赏)、图画、手工等。

(5) 语言活动,包括故事、儿歌、谜语、读法等。

陈鹤琴指出:“幼稚园的课程全部包括在五指活动中,并采用单元制,各项活动都围绕着单元进行教学。”

此外,陈鹤琴还对幼稚园课程的编制、幼稚园的教具和玩具、教材和设备等都进行过实验研究,建树颇多,形成了他一整套的学前教育理论体系。

第八章　当代西方幼儿教育的发展

第一节　当代西方幼儿教育的新动向

一、光谱方案

(一) 光谱方案的理论基础

光谱方案是由哈佛大学的加德纳教授等人率领哈佛大学零点方案和塔伏茨大学的合作研究小组合作完成的,是一项持续了10年的研究。

光谱方案的理论基础有两个:一是加德纳的多元智力理论,二是费尔德曼的非普遍性理论。这两大理论都看到了儿童在智力上的多样性,都认为儿童具有独特性,应该相应地给儿童提供多种发展空间和机会,使每一个儿童都有机会发挥和实现自己的潜能,从而奠定了光谱方案的基调。其中,非普遍性理论确认了人类对非普遍性领域的追求,而多元智力理论则明确了7大智力领域:语言、数理逻辑、空间、音乐、身体动觉、自知自省和交流交往智力,于是就有了光谱方案的8大课程领域:机械和建构、科学、音乐、运动、数学、社会理解、语言、视觉艺术活动,以及8大评估领域:运动、语言、数学、科学、社会理解力、视觉艺术、音乐、工作风格。

(二) 光谱方案的内容及特点

光谱方案活动主要分四个步骤:① 让儿童见识或接触广泛的学习领域;② 在丰富的学习环境中发现儿童的强项;③ 发展儿童的强项;④ 把强项迁移到其他领域和学业表现中去。从目前的教育实践来看,光谱方案采取的主要活动形式有在教室设立学习中心、与社区如儿童博物馆联合、实行导师制等。

以学习中心而言，一般每一个光谱教室会开设8个学习中心，包括语言、数学、自然科学、机械和建构、艺术、社会理解力、音乐和运动等，而这些学习中心是从7个评估领域（工作风格除外）引申出的，同时这7个领域又细分为7个评估方面，延伸出八套关键能力，然后教师再根据这些关键技能来建构各种活动材料和形式。从这里可以看出，光谱课程来源于光谱评估，同时光谱课程也使得光谱评估不至于成为无本之木。课程和评估相结合，既有利于教师设计相应的活动，又有利于教师根据这些关键技能来对孩子进行评估，是为光谱方案的特点之一。

光谱方案的特点之二表现在光谱课程的综合性上。光谱方案的出发点是：每一个人生来都拥有各种智力，同时，每一个人都有智力上的优势领域和弱势领域，不管这“强”和“弱”是相对于他自己而言还是相对于他人而言。因此，它不仅强调为儿童准备来自各个领域的材料、强调材料的丰富性和启发性，还强调儿童以自己独特的方式探索材料和展示才能，强调课程的个性化，以及儿童的积极参与。光谱活动是游戏，但它绝不仅仅是游戏——它们是一些如果没有教师的支持和指导，儿童不太容易掌握的认知技能和基本技能。可以说，光谱课程是学术型课程和建构型课程之间的过渡，它综合了学术型课程对基本技能的直接教学的强调和建构型课程对儿童的自发游戏和自动发现的重视。而这种综合代表了早期教育课程的发展趋势。因为研究和经验已经告诉我们，这两种课程对于儿童的发展都各有所长，也各有所短。光谱课程认为要用一定的材料使儿童参与到活动中来，但儿童的能力不会自动得到提高，需要有目的、有计划的指导，它同时认识到了教师的不可替代的作用和发挥儿童主体性的重要性，体现了世界早期教育课程发展的趋势。

光谱方案的特点之三表现在它对传统的评估方案的超越。在光谱研究者看来，儿童正处于智力的快速增长期，不能过早地给孩子下结论。学前阶段儿童的学习主要不是集中在读写算上，而是应该发展他成为一个自知、自制、自信、自尊的人。光谱评估方案以皮亚杰的认知理论为基础，同时还超越了皮亚杰的理论，指出皮亚杰事实上主要集中在数理逻辑智力上，没有说明个体之间存在差异的原因、教育影响发展的方式，并且还假设各个智力领域都会有一样的发展，无论是在方式还是速度上。光谱评估方案认识到了儿童在智力快速成长期的特殊品质和能力。

（三）光谱方案的组织与实施设计

光谱方案在8个知识领域里为教师提供了不同类型活动的样板，使教师能够看到儿童的长处，并能够在儿童长处的基础上有所作为。每个知识领域由15～20个活动组成，选择这些活动的理由是：① 能反映各种类型的智能；② 在各个学习领域内，能强调和练习关键能力；③ 在有意义的背景中能与问题解决的技能有关；④ 能为教师提供为每个儿童准备适合的课程的信息。

每个知识领域的一组活动一般都是自由游戏和结构化活动的组合。有些结构化的活动是与技能联系在一起的，目的在于让儿童能在这个知识领域中以现有的能力去完成学习任务。还有些结构化的活动将儿童的各种学习经验与课程目标整合为一体。

每个知识领域的一组活动都有类似的形式加以表述：首先，有一个有关该知识领域的简介，随后，提出一些与在此领域学习中成功有关的关键能力，有些活动还对活动所需的材料作了交代。在每一个具体的活动中，都列出了目标、核心成分、材料以及具体步骤。在活动的结束部分，还常包括教师应该注意的事项、对教师的建议、活动的改进和拓展等。这些活动都有益于教师的教学和评价，教师可以运用核心成分表作为观察和记录在知识领域中学习兴趣和能力的依据。

在每一组活动的后面，都有一些"回家作业"，这些活动为的是使家长能够参与儿童的活动过程，培养儿童所具有的长处。在许多情况下，这些活动与教室中的活动是相对应的，这样，这些技能和概念在学校和家庭中都能得到强化，而活动所需的材料大部分都能在家庭中找到。

二、瑞吉欧幼儿教育体系

（一）瑞吉欧幼儿教育体系概述

瑞吉欧·艾米里亚是意大利北部一个小城，具有良好的城市公共生活传统和艺术、人文的精神氛围。20世纪60年代以来，该市在马拉古兹的发起和领导下，凭借市政府和社区民众的全力支持、合作与参与，经过专业人员数十年的艰苦努力，终于继蒙台梭利之后，又推出了一个颇具特色的、影响整个世界的幼儿教育模式。

瑞吉欧体系的特色几乎体现在所有的方面：机构的组织与管理，资源的配置和利用，校内校外的人际、群际互动与合作，课程与教学，教师的成长，等等。而其中最直接、最感性的特色，就是幼儿在教育过程中的生动而丰富的表现。

为弘扬进步主义的教育理念、推广自己的教育经验，自20世纪80年代初期以来，马拉古兹率部在欧美各国举办巡回展览，获得巨大成功，使瑞吉欧的精神理念与教育经验得到各国教育界、学界和政治界人士的赞赏，被美国《新闻周刊》评为"全世界最好的教育系统之一"，并掀起了一场席卷西方世界的瑞吉欧教育"旋风"，慕名前往的参观学习者络绎不绝。

瑞吉欧成功的关键在于它的教育理念和实际做法，正好迎合了当前世界幼儿教育改革与发展的最迫切的呼声。瑞吉欧教育体系中，幼儿、教师和家长在共同活动中所表现的积极参与、主动探索、团结互助、友好合作的精神，所营造的自由表达、通融理解、开放民主的氛围，所焕发出的责任心和想象力，以及在长期的合作中所结成的共同体，无不向人们展示了幼儿教育中永恒为真、为善、为美的景象。

(二) 瑞吉欧教育体系的主要特色

1. 全社会的幼儿教育：社会支持和家长参与

瑞吉欧·艾米里亚的幼儿教育是全社会的事。在瑞吉欧市，0～6 岁的保育和教育是一项十分重要的市政工程，享有 12%的政府财政拨款。许多由社区公民自发组织起来的民间组织对地方政府施加实质性影响，以保障和改善该地区学龄前儿童的家庭教育和正规教育。

家长在学校中也起着种种实质性的作用。在全市所有的幼儿学校中，家长都有权利参与学校所有环节的事务并自觉承担起这一责任。例如，家长要讨论学校的各项政策，研究有关幼儿身心发展的状况，参与课程的计划与实施，并给予一定的评价。

2. 民主与合作：学校管理风格

瑞吉欧学前教育系统并没有我们在一般机构中所见的那些行政事务，教师之间也没有任何的层次等级，他们只是平等的共事者与合作者。所有学校出一位主管直接向市政府汇报工作，他还要组织协调一群教研员进行宏观的决策、计划和研究，并对各所学校进行具体的指导。这些教研员是幼儿教育的课程决策者，其中每个人都要协调和指导五六所学校教师的业务工作。

学校每个班配备两名教师，实行三年一贯制，以保持教师和幼儿之间长期稳定的联系。每所学校都有一名在艺术方向受过专业培训的艺术教员，他除了自身要在艺术教育方面为瑞吉欧幼儿教育做出特殊的贡献，还要协助教师发展课程并做好课程、教学与幼儿活动的记录。

3. 项目活动：弹性课程与研究式的教学

项目活动是对该学校的课程与教学最全面准确的概括。这种活动的基本要素包括真实生活中的问题，小群体共同进行长期、深入的专题研讨，等等。

项目活动一般始于教师对幼儿的观察或者教师就某一主题对幼儿的询问，其起点是幼儿的自发性、兴趣和教师敏锐的判断，其过程充满了大量的偶然性，其结果导致幼儿的发现学习、自由的表达和创造性的问题解决。教师们常常同某一个小组的幼儿一起开展一个项目，此时其他幼儿可以从事一些常见的自选活动。

瑞吉欧没有固定的课程计划，项目活动强调深入而富有实效的学习，绝不匆匆忙忙“走过场”，教育过程显得自然而流畅。

4. 百种语言：儿童学习与表达的手段

在幼儿小组围绕着一个共同的“项目”开展研究、探索解决问题的办法并不断有所发现的过程中，自我表达和相互交流是两种基本的活动。在瑞吉欧看来，幼儿表达自我和彼此沟通的手段，以及教师判断幼儿对于相关的内容是否理解的标志，不应只是人类特有的语言符号，还应包括动作、手势、姿态、表情、绘画、雕塑等一切表达方式。在绝大多数情况下，幼儿的学习、探索和表达是许多种“语言”的综合。

5. 合作学习和反思实践：教师的成长

瑞吉欧全部教育过程与效果得以有效地进行和保证的最关键的要素是教师们一直在努力提升自己对幼儿的认识和对幼儿教育的理解。

瑞吉欧的教师和孩子一样，都不是“训练”出来的。相反，教师是通过进入一个充满各种关系的环境之中学习的，环境中的这些关系支持教师们合作建构了关于儿童、关于学习过程以及关于教师角色的知识。

教师的成长与孩子的发展被视为一个“连续体”。在与儿童合作开展的项目活动中，教师不断地观察幼儿，并采用多种方式记录、保存学习过程和“产品”，为孩子建立“档案”。记录、整理、分析解释档案的过程，不仅为教师本人计划和实施课程提供了充分的信息基础，也成为教师自我反思和同其他教师、教研员、艺术教员及家长共享的宝贵资源。

6. 开放的环境：学校的第三位教师

物质环境的设计布置同样也是瑞吉欧教育的重要环节，而该环节的一个核心问题就是如何增进环境的开放和资源的综合利用。学校在设计新的空间和改造旧的场所时，一个通常的考虑就是如何使各部分的教室能够便利有效地衔接起来，并且使学校与周围的社区密切互动。学校所有的教室都向一个中心区域敞开大门，入口处放着各种各样的镜子、照片和儿童作品。教室内部也基本上照此办理。

瑞吉欧的教师们将幼儿学校的环境称作“我们的第三位教师”。教师们竭力创造机会，要在学校的每一个角落都为幼儿提供充分的交往机会，便利他们的沟通。为此，教师们在学校的大厅里设置一个活动中心，教师之间可以通过电话、过道进行联系，餐厅和浴室的设计也以促进幼儿之间的游戏性的交流为宗旨。

瑞吉欧的早期教育方案并非全新的创造。在理论上，它遵循了许多大师们的教导与指示，其中主要包括杜威、皮亚杰、维果茨基、布鲁纳等。在实践上，它则继承了20世纪以来的进步主义的传统，接受了60年代以来的开放教育运动的熏陶。但是，瑞吉欧教育不是一种模式或理论派别的附属物，它是特定时代下的生动的实践，而且是极为成功的实践，这种实践较之于一些理论和派别能够给我们更多更切实的启示和借鉴。

第二节 当代西方幼儿教育研究的主要特点

当代西方幼儿教育研究主要有三个主要特点：基础研究与应用研究相结合、课程开发研究与课程评价研究相结合以及课程开发研究与教师发展研究相结合。

一、基础研究与应用研究相结合

当代西方的幼儿教育研究非常重视基础研究与应用研究的结合——基础研究引领应用研究，同时又寻求来自应用研究的多方支持；应用研究以基础研究为指导，同时又不断为基础研究提供新的研究课题。原来远离实践的基础理论研究有了“用武之地”，幼儿教育改革实践中的应用研究有了理论的引导和支持。

美国哈佛大学加德纳教授在20世纪80年代提出了“多元智能理论”。应该说，这是一个基础性研究的成果。该理论提出后很快进入实践层面，在教育改革包括幼儿教育改革的广阔天地中找到了一块块“试验田”，从而在美国迅速出现了一些在该理论指导下的课程改革方案，如“光谱方案”、“艺术推进方案”等。“光谱方案”这个在当今世界幼儿教育改革中颇具影响力的早期教育方案可以被看作基础性的“多元智能理论”走向幼儿教育改革实践应用研究的典范。

与“光谱方案”相比，当今世界上颇具影响力的另一个早期教育方案——“瑞吉欧教育方案”则更多的是实践研究的总结和提升。“瑞吉欧教育方案”初步成型以后，它主动寻求多种理论支持，“多元智能理论”的提出者加德纳教授和美国一些著名的幼儿教育专家都曾给予它多方面的理论指导，提升了“瑞吉欧教育方案”的教育思想内涵并推动了它在世界范围内的广泛传播，使之对世界各国的幼儿教育改革特别是幼儿园课程改革产生了巨大的影响。

二、课程开发研究与课程评价研究相结合

当代西方幼儿教育研究的一个主要内容是幼儿课程开发研究。可以说，在20世纪80年代以前的幼儿教育研究中，幼儿园课程开发研究和幼儿园课程评价研究是分别进行和各行其是的——课程开发研究在先，课程评价研究在后；课程开发研究由课程专家织织，课程评价研究由评价专家进行。

90年代以来，西方幼儿园课程开发研究和幼儿园课程评价研究已经紧密地结合在一起，形成了一种“你中有我，我中有你”的新关系。

“瑞吉欧教育方案”非常强调教师通过各种评价手段观察并记录儿童在教育活动中的表现，并根据所观察到的儿童发展状况和教育需求随时调整下一步的教育活动方案以生成新的课题。教师对幼儿的观察和评价在课程的组织和实施中随时进行，教师根据自己对课程实施过程中幼儿在实际情景中的反应不断对课程进行进一步的提升和调整，从而使课程的不断开发与对课程的持续评价走向一体化。

“光谱方案”则明确提出它是一份早期教育课程开发和课程评价研究一体化的早期教育方案。在“光谱方案”中，对课程的评价不是在课程开发前的前测和课程实施后的后测，也不是和课程开发分开进行、在课程实施的过程中不断对课程进行评价的形成性评价，而是自始至终相互交织在一起、难分彼此的“一体化进程”。虽然在观念上我们可以把“光谱方案”中的课程开发和课程评价分开来谈，但它们在幼儿教育实践中是交织进行、相辅相成和相得益彰的，从课程开发的角度来看，课程的总体规划和基本框架的设计基于对儿童年龄特征、发展特征的评价，课程的不断生成、随时调整基于对教育活动过程中不同儿童的个性特征和发展需求的评价；从课程评价的角度来看，对儿童整体的评价是为了设计出适合所有儿童的基本课程，而不间断、随时随地地观察分析和评价每一个教师的所教和每一个儿童的所学是为了调整基本课程，使之更适合于每一个儿童的学习需求。

三、课程开发研究与教师发展研究相结合

幼儿园课程开发研究和教师的专业化成长研究紧密地结合在一起，已经成为西方幼儿教育研究的又一个重要特点。可以说，20世纪80年代以前，西

方的幼儿教育课程研究多由课程专家在研究机构里进行，教师发展的途径不外乎职前专门学校的培训和在职返回专门学校的进修。90 年代以来，西方的早期教育课程研究形成了专家指导下的以教师为中心开发课程的新模式，教师发展的途径除了职前学习和在职进修外，增加了在专家的指导下、和专家一起、和课程一起在开发课程的过程中得到发展，从而开辟了一条教师专业化成长的新途径。

从专家的角度来讲，西方的幼儿教育课程开发可分为三个阶段：第一阶段，专家根据新的课程理念设计出新的课程方案或课程框架，并走向课程现场向参与课程开发和实施的教师讲解课程理念，演示课程方案，即对参与课程开发研究的教师进行有关课程开发研究的整体培训。第二阶段，在教师按照新的课程方案或课程框架实施课程时，专家深入到课程实施的现场进行课程研究，并长期留在研究现场，和教师一起将新的课程方案或课程框架转化为教师具体的教育行为。课程专家是教师的引导者、支持者和合作者，他和教师“同吃同住同劳动”，“拧成一股绳”，共同开发课程。第三阶段，在课程开发告一段落后，专家应有一段时间离开课程研究现场，在课程之外客观地反观和透视课程研究的现场，进一步完善课程方案，并帮助教师进一步提升课程实践。也就是说，专家既需要在第二阶段时作为“内部人员”认同所处的情境，以便能设身处地地了解该情境中人们的思想与行为，也需要在第三阶段作为外部来客退出这个情境，去思考、分析、解释所观察到的现象。

从教师的角度来讲，对应着专家在课程开发中三个阶段的工作，教师在每一个阶段中都得到了专门化的发展。在第一阶段，教师可以近距离地向专家系统地学习一种专门的课程理念和课程模式——这种对专门化课程理念和课程模式的系统学习在一般性的职前培训和在职培训中、在书本上、在会议中、在自己的经验性的工作中都是不可能得到的，而且，教师并不是为了学习而学习，而是带着把学到的课程理念和课程模式很快运用到实践中的任务以及困惑和问题来学习的，因此，这种学习的目的性更强、研究性更强、反思性更强。第二阶段，教师可以和原来“可望而不可即”的专家面对面地讨论课程开发中的实际问题，特别是他们能够把课程理念和课程模式落实到自己的教育行为中之后出现的新情况、新问题及时反馈给专家，并和专家就这些专门问题开展现场的、情景式的讨论，请专家及时解决他们的困惑，以接受专家的指导并与专家一起将课程理念和课程模式更好地转化为实际的教育行为和儿童的发展。第三阶段，教师成长为“研究型”或“反思型”的教师。在专家离开课程研究现场之后，教师的课程研究工作不仅不能停顿下来，而且应该更好地向前推进，因为经过前面两个阶段的发展，到这个阶段教师已经成长为能够独立把课程开发和课程研究继续进行下去的具有“研究性”和“反思性”特点的教师，他们不仅能够在原有的课程理念下和课程模式中发展出新的教育行为，而且能够对课程理念和课程模式，特别是课程模式，提出建设性的改进和提升的意见。

正是由于幼儿教育研究中课程开发研究和教师发展研究的结合，开发一种课程模式、成就一个有为的专家、带出一批研究型的教师已经成为西方幼儿教育研究的一个重要特点。

第三节 当代西方学前教育的发展趋势

学前教育是终身教育的起始阶段，是基础教育的有机组成部分。学前教育的发展水平既是一个国家教育水平的反映，是一种文化传承的首要环节，也是一个民族文明程度的反映。

世界各国都高度重视发展幼儿教育。许多国家都把对幼儿教育的投资看作是国家对未来发展的投资，并根据这种观点来制定社会和教育政策。因此，20 世纪后半叶世界范围内出现的保护儿童权利的运动，已经不只是保护儿童本身了，从一定意义上说，也是保护国家和民族。《联合国儿童权利公约》等文件也对儿童的各项基本权利加以清晰的说明并提出保护的要求。其中对儿童受教育的权利、游戏的权利、参与文化和艺术活动的权利等的强调，体现了国际社会对儿童发展和教育的社会价值和个人利益的确认。

自 20 世纪 80 年代以来，加强学前教育成为世界未来教育的主要目标之一。许多国家把学前教育作为整个教育的基础，并依据教育学、心理学、生理学和保健学等方面取得的科研成果，尝试新的改革，以促进本国学前教育的发展。学前教育逐步被纳入义务教育和终身教育体系，在学前教育的目标、制度、内容、方式和方法等方面，都出现了一些新的趋势。

一、国家财政大力支持幼儿教育

19 世纪中叶以前，幼儿教育一直是私人行为，但在 20 世纪逐渐发展成为公众的责任。国家介入幼儿教育成为一个世界性的发展趋势。政府介入幼儿教育的方式很多，制定政策、加强管理固然是重要方面（如严格幼教机构的审批制度，加强资产监控；制定幼教质量标准并监督执行；建立教师资格和培训制度等），但公共财政支持也是国家介入幼儿教育的重要方式。

经济合作组织（OECD）国家主要是通过公共财政来支持幼儿教育。一些国家不论父母的就业状况和收入如何，幼儿教育都是免费的；另外一些国家则是采用国家财政支持和根据父母收入交费并行的方式，父母所支付的部分一般不多于费用的30%。其他一些发达国家虽然没有像OECD国家那样管理，但也通过多种支持方式承担起政府对幼儿教育的责任。这些方式包括：

第一，国民教育向下延伸。这是包括美国在内的许多国家的做法。

第二，国家专项拨款资助面向社会处境不利幼儿的早期补偿教育，如美国的提前开端计划和英国的确保开端计划等。

第三，政府举办一定数量的公办园，对政府认可的非盈利性私立幼教机构提供财政补助。

第四，通过各种方式（如返还个税、发放补助等）为幼儿家庭提供保育和教育资助，等等。

二、学前教育从“智育中心”转向促进幼儿个性全面发展

20世纪80年代以来，世界发达国家学前教育目标有一个明显的变化，那就是由“智育中心”向注重整体发展方向转变。20世纪60年代，美、日、苏等国在冷战和“知识爆炸”等因素的压力下，都以高、新、难等原则进行中小学课程改革，教学内容逐级下放。尤其是美国心理学家布鲁姆关于儿童早期智力发展的观点，受到许多国家的重视，加强早期智力开发成为美、苏、日、德等国教育改革的重要内容之一。在这种情形下，人们倾向于把早期教育误解为早期智力开发，导致“智育中心”，忽视了学前儿童社会性和情感的发展。

随着冷战时代的结束和人文主义教育观的复归，20世纪80年代以来，各国教育工作者都呼吁要纠正这种认识上的偏颇。1985年6月，在日本召开的“日、美、欧幼儿教育、保育会议”的中心内容，就是要求从“智育中心”转向幼儿个性的全面发展。人们意识到，各育之间是相互联系的，社会和情感问题应被看成智能发展的一个重要组成部分。1990年4月，日本开始实施新修定的《幼儿园教育要领》，明确地将人际关系、环境、表现列入幼儿园的教育内容中，以纠正偏重智育的倾向，促使儿童在天真、活泼、幸福的气氛中得到良好的发展。美国幼儿教育界也普遍重视通过社会教育促进幼儿智力、社会交往能力、价值观和自我意识的发展。

但是，智育中心的问题并没有因此而得到根本的解决。由于家长们望子

成龙心切，社会也要求高层次的人才，成人仍对幼小的孩子寄予过高的期望。在儿童很小的时候，人们就对他们进行某一学科或某一方面如计算、阅读、体操、芭蕾、钢琴、健美、武术等的教育。这种单一的技能技巧训练有着明显的片面性，并且在教学过程中无视儿童的兴趣，强制行事，过于正规和严格，给幼儿个性的发展带来不良影响。因此，各国教育专家认为，尊重、研究和了解幼儿的特点，提供适合他们发展的教育，仍然是摆在教育工作者面前的一项重要任务。他们主张让儿童通过自然经验、社会交往和游戏等方式自发地、自主地去学习。

三、尝试不分年级的教育

不分年级的教育在世界发达国家已成为影响现行教育改革的一种重要潮流。1990 年，法国政府颁布关于建立初等教育 3 年制学习阶段改革计划的法令，进行打破传统的年级概念的改革尝试。其做法是：将 2～11 岁儿童的教育分为 3 个阶段，每个阶段一般由 3 个学年组成。每一个阶段称作初步学习阶段，包括幼儿学校的小班和中班，儿童年龄为 2～5 岁。第二阶段称作基础学习阶段，包括幼儿学校的大班和小学前 2 个年级，儿童年龄为 5～8 岁。第 3 个阶段称作深入学习阶段，包括小学后 3 个年级，学龄为 8～11 岁。

在美国，近年来人们对学前教育中的混合年龄组和小学低年级中的不分年级计划的潜在作用也倍感兴趣，如 20 世纪 90 年代肯塔基教育改革法和俄勒冈州迎接 21 世纪教育法案，就是这种情况的反映。不分年级的教育形式古已有之。到近代，年级制和班级授课制在推动义务教育的普及和发展方面，发挥了重要的作用。但这种制度过于强调整齐划一，忽视儿童的个性差异，因而在 19 世纪末开始的欧美教育革新运动中就受到批评。

不分年级教育的指导思想的核心是重视儿童个体发展的差异性，允许超前和落后，使优秀学生和后进生都能获得有效发展。其次，不同年龄儿童混合在一起共同活动，通过社会交往，无论是年龄大的儿童还是年龄小的儿童，都能学到大量知识，并获得社会能力的发展。再次，不分年级的教育还促进了教师对儿童的因材施教，以及父母和教师之间相互联系的加强。最后，不分年级制有利于幼小衔接，使儿童从幼儿园教育自然地过渡到正规的学校教育。

四、产生了多形式和多功能的学前教育机构

学前教育社区化是当今世界发达国家学前教育发展的一个重要趋势。一般说来，社区教育须以发达的经济实力作为后盾。美国、日本、英国和澳大利

亚等国的社区学前教育都较为发达。社区学前教育的基本特点是非正规性、开放性、综合性和地域性等。社区学前教育设施大致有三种：一是专为儿童设立的，如儿童馆、儿童咨询所、儿童公园等；二是为儿童与家长共同参与服务的，如图书馆、博物馆、儿童文化中心和各种终身教育中心等；三是所谓"父母教育"，如母亲班、双亲班和家长小组会议等。20 世纪 70 年代左右，英国就出现了"玩具馆"，到 1996 年已发展到 1000 多家。它实际上集社区中心、收藏馆和学校为一体。玩具馆的设立者充分认识到游戏和玩具在儿童成长中的重要性。玩具馆酷似图书馆，所不同的是书架上陈列的是玩具而非书籍。玩具馆给儿童带来了欢乐，增长了他们的知识，培养了他们与人交往的能力和对学校的愉快体验，有助于他们更好地适应学校生活。

五、倡导多元文化教育

多元文化教育是当今世界教育的一个热门话题。联合国教科文组织 21 世纪教育委员会认为，教育的使命就是教学生懂得人类的多样性。多元文化教育实际上包括两个组成部分：一是国内，二是国际。就国内而言，多元文化教育即在多民族的各种文化共存的国家社会背景之下，允许和保障各民族的文化共同平等发展，以丰富整个国家文化的教育。这是一国以内为了解各民族文化而实施的多元文化教育或跨文化教育。它的目的或中心在于满足少数民族儿童的需要，促进民族团结。从国际上讲，是要加强全球观念的培养。一方面，世界文化多元并存，各文化有其独特价值。文化多元主义强调尊重文化差异，鼓励各种文化之间的相互交流，以促进世界和平。另一方面，今天的人类面临着许多共同的问题，如环境污染、贫困、人口过剩、艾滋病及其他疾病的蔓延等。这些问题的解决需要世界性的合作，而这种合作的前提是要求人类对多元文化有深刻的理解。

为适应未来世界各国之间联系和交往日益频繁的趋势，各国普遍重视多元文化教育、全球教育或国际理解教育。教育家们提倡在婴幼儿教育阶段，就应开始多元文化教育。教师应尽量保证所使用的教具(玩具、音乐、书籍等)能反映多元文化的要求。此外，在组织各种教学活动时，也应尽量使用具有不同文化和民族特色的图片等。教师应教育儿童尊重所有的人及其文化，尊重来自不同文化背景中的儿童，促使他们与来自不同文化背景中的人们愉快交往。

主要参考书目

[1] 陈汉才. 中国古代幼儿教育史[M]. 广州:广东高等教育出版社,1996.
[2] 杨汉麟,周采. 外国幼儿教育史[M]. 南宁:广西教育出版社,1998.
[3] 卢清. 中外学前教育史研究[M]. 福州:海风出版社,2008.
[4] 中国学前教育编写组. 中国学前教育史资料选[M]. 北京:人民教育出版社,1989.
[5] 何晓夏. 简明中国学前教育史[M]. 北京:北京师范大学出版社,1990.
[6] 中国学前教育研究会. 百年中国幼教[M]. 北京:教育科学出版社,2003.
[7] 吴式颖. 外国教育史教程[M]. 北京:人民教育出版社,1999.
[8] 周采,杨汉麟. 外国学前教育史[M]. 北京:北京师范大学出版社,1999.
[9] 单中惠,刘传德. 外国幼儿教育史[M]. 上海:上海教育出版社,1997.
[10] 唐淑,钟昭华. 中国学前教育史[M]. 北京:人民教育出版社,1993.
[11] 唐淑,何晓夏. 学前教育史[M]. 大连:辽宁师范大学出版社,2001.
[12] 孙培青. 中国教育思想史(第一卷)[M]. 上海:华东师范大学出版社,1995.
[13] 孙培青. 中国教育思想史(第二卷)[M]. 上海:华东师范大学出版社,1997.
[14] 单中惠. 西方教育思想史[M]. 北京:教育科学出版社,2007.
[15] 张斌贤. 外国教育思想史[M]. 北京:高等教育出版社,2007.
[16] 杜成宪,单中惠. 幼儿教育思想史[M]. 北京:人民教育出版社,2008.
[17] 唐淑. 学前教育思想史[M]. 北京:人民教育出版社,2009.
[18] 喻本伐. 中国幼儿教育发展史[M]. 武汉:华中师范大学出版社,2012.
[19] 杨汉麟. 外国幼儿教育名著选读[M]. 武汉:华中师范大学出版社,2008.
[20] 杜成宪. 中国幼儿教育史[M]. 上海:上海教育出版社,1998.

后　记

《中外学前教育史》以中、外幼儿教育思想和学前教育制度的产生、发展的过程及其规律为研究对象，是一本主要面向高等学校学前教育专业本专科层次学生的教学用书，也可作为幼儿园教师在职培训的参考用书。现对以下几个问题作简要说明。

近年来，国家对幼儿教育的发展越来越重视，相继出台了一系列的政策文件，明确提出了“幼儿为本”、“师德为先”、“能力为重”、“终身学习”等教师专业发展理念和“实施科学的保育和教育，促进幼儿身心全面和谐发展”的教育理念。为体现相关理念，本教材在编写过程中避免面面俱到，在内容的选择上偏向于重点介绍一些强调幼儿为本的教育思想和制度，而对其他的一些教育家及制度则有所舍弃。

本教材主要由淮阴师范学院学前教育系组织编写，同时也有兄弟院校的相关老师参与。具体分工为：王宜鹏（第一章，第二章第1、2、3、4节，第三章第1、2、3、4节，第五章第5、6节）；夏如波（第二章第5节，第三章第5、6、7节）；孙启进（第四章第1、2节）；阳曼超（第四章第三节）；耿俊霞（第五章，第八章）；郑慧俐（第六章）；钱慧（第七章）。由王宜鹏和夏如波负责制订编写大纲并最后统稿。

教材编写过程中参阅并借鉴了周采、杨汉鳞、单中惠、唐淑、何晓夏、张斌贤、卢清、吴式颖等相关研究者的成果，在此表示衷心感谢。

本教材的编写和出版还得到了淮阴师范学院2013年度教材建设基金的支持，得到了南京大学出版社相关同志的帮助，在此也表示诚挚的谢忱。

由于受编写者水平和编写时间较紧所限，书中内容上的错误和体例上的缺点在所难免，希望能得到教材使用者的谅解，并批评、指正。

编　者

2013年11月